상담연습 교본

[제4판]

이장호 · 금명자

法文社

제4판 머리말

　　본 상담연습 교본의 개정은 제3판까지 충족시키지 못했던 [연습 19~30]의 집필자 측 해답 및 제안 내용을 제시하는 데 있다. 당초 독자 측 스스로의 실습기회가 되도록 공란으로 남겨두었으나, 많은 문의와 집필자 측 전문적 의견을 확인하려는 요청에 부응키로 한 결과물이다.

　　한편 일부 연습문제 10개 해답란 중 후반부를 독자(학습자) 측의 그룹토의로 (가장 바람직한 답을) 선정-기록하도록 권유하였다. 물론 이 [권고-유의사항] 관련의 집필자 측 예정의 자문-회신도 '독자 주도형 학습' 취지의 존중 의도가 담겨 있음을 이해 바란다.

　　제4판 출간에 즈음하여 선임 공저자의 심정 두 측면을 '자기공개(희망)' 하고 싶다. 본 상담연습 교본의 내용을 상담연습의 '만능적 교본' 으로 여기거나 '상담기법 습득의 전부' 로 간주하지 않기를 바라는 마음이 있다. 즉, 첫째로는 연습의 효과적 반응 숙달에만 그치지 말고 진정성-존중성-공감성의 공통요소인 '감각의 예민성' 발휘와, 둘째로 '공동체의식적 상담자 관점' 의 함양(정립)이다.

　　이런 희망과 관련하여 독자 측에 권유하는 바로는, '교육분석 및 집단상담 참여' 와 사회적 재난피해자를 위한 '봉사적 상담활동' 이 포함될 것이다.

　　독자 여러분과 댁내 강녕을 기원하며 감사의 마음을 드린다.

2014년 5월
공저자 올림

머리말

상담은 근래 우리나라에서도 학교에서 뿐만 아니라 사회 각 기관의 전문영역으로 확대되고 있다. 학교 상담자, 각종 전화상담의 자원봉사자들, 각 산업체의 고충처리실의 상담자들, 기숙사의 사감들, 근로복지회의 자원봉사자들 … 등 상담활동을 직업으로 하거나 사회봉사에 참여하는 기회를 갖는 사람들이 많아졌다. 그러나 이렇게 많은 사람들이 상담에 임하고 있다고는 하나, 이들에 대한 상담 교육이 제대로 이루어지는지에 대해서는 의문이 남는다.

지금까지의 상담 교육은 국내 몇 개 대학의 대학원 과정에서 제한된 인원을 대상으로 이루어져 왔으며, 근래에 와서 몇몇 기관에서의 교육 프로그램을 통해 자원봉사자와 상주 상담자들을 양산하는 경향이 있다. 그러나 이들은 충분한 실습이 없이 그대로 현장에 투입되기 때문에, 자신감이 없이 상담에 임하거나 일상의 대화수준을 벗어나지 못하는 상담을 하여 대부분 상담자로서의 기능을 충분히 발휘할 수 없는 상태이다. 전문 상담교육자가 턱없이 부족하고 실습장소가 마땅하게 없는 것도 이러한 현실에 대한 타당한 이유가 되겠지만, 혼자서도 면접기술을 연마할 수 있는 상담 실습서가 없었다는 것도 그 한 몫을 차지한다. 물론 상담을 혼자서 공부한다는 것이 다소 위험한 일이지만, 상담에 관한 기초지식과 활동경험이 있는 독자들은 이 상담연습서를 통해 부족한 상담기술을 향상시킬 수 있을 것이다.

본 상담연습 교본은 충분히 상담 교육이나 실습을 받지 못한 예비 상담자나 초심 상담자들 및 상담활동 햇수는 꽤 되었어도 상담에 별 진전을 체험하지 못하는 경험자들을 위해 마련되었다. 책 제목이 말해 주듯이 이 책은 상담에 대한 이론서가 아니라 상담연습서이다. 다시 말해서, 이 책은 보는 책이 아니라 답을 직접 써가며 상담기술을 익혀가는 수행교본이라고 할 수 있다. 여기에는 자신이 현재 어떤 식으로 반응하는지 알아보는 자기 점검 연습에서부터 촉진적 관계형성에 필수전인 공감적 이해, 수용적 존중, 일관적 성실성 및 전문적 구체성을 높이기 위한 연습들, 문제에 대한 새로운 조망을 촉진시키는 반응들에 대한 연습들, 상담활동에서의 문제점을 다룬 연습에 이르기까지 모두 30개의 연습들이 수록되어 있으며, 앞으로의 전문적 성장을 위해 몇 가지 조언도 첨부되었다. 책 내용에서도 부연되지만, 좀 미련스럽게 처음부터 끝까지 해보는 것, 몇몇 동료들과 의견을 교환하면서 하는 것, 그리고 전문가의 지도 · 감독하에 역할 연습이나 실습이 병행되도록 공부하기를 권한다.

이 책에 나오는 연습사례들은 필자들의 실제 상담사례 자료와 상담교육 분야의 다른 책들에서 부분적으로 발췌된 것이다. 그 책들은 다음과 같다: 상담심리학 입문(이장호, 1986), 상담면접의 기초(이장호, 1982), 조력 기술 훈련의 실제(이형득 · 설기문 역, 1989), 학생발달봉사 · 조력과정과 기예(박성수 편, 1987), *Exercises in Helping Skills*(Egan, 1982), *Face to Face in the Counseling Interview*(Mucchielli, 1983). 지면을 통해 저자들에게 양해와 감사를 전한다.

본서의 많은 부분이 비슷한 목적을 가진 여러 책들의 도움을 받아 이루어졌듯이, 이렇게 한 권의 책으로 나오기까지 여러 사람의 손길이 있었다. 김은선 양은 처음부터 끝까지 인내심을 갖고 원고를 타자해 주었고, 최명숙 양은 학위를 끝내고 쉬지도 못하면서 교정을 보며 무더운 여름을 보냈다. 다시 한 번 지면을 통해 감사를 전한다.

1991년 12월
지은이

차 례

1 상담 연습을 하기 전에 _ 1

무엇이 문제인가? ···································· 2
상담은 단계적으로 진행한다 ···························· 4
상담을 촉진적 관계의 형성에서부터 ······················ 9
상담기술의 연마에도 순서가 있다 ······················ 11
몇 가지 주의할 점 ································ 14

2 상담 연습자의 자기 점검 _ 15

우리는 이런 어려움에 처해 있다 ························ 16
    연습 1   자기점검 (1) 19
    연습 2   자기점검 (2) 23

3 상담 연습 (1): 촉진적 관계의 형성 _ 33

공감적 이해 ···································· 35
    연습 3   일상적 정서의 이해 38
    연습 4   감정과 정서의 지각 43
  공감적 이해의 5수준   50
    연습 5   공감적 이해 수준의 변별 52
    연습 6   공감적 이해의 기본 수준 56
    연습 7   성장동기의 이해 61
    연습 8   높은 수준의 공감적 이해 64

수용적 존중 ···································· 67
  수용적 존중의 5수준   68

［연습 9］ 수용적 존중 수준의 변별　69

［연습 10］ 높은 수준의 수용적 존중　73

일관적 성실성 ·· 76

· 일관적 성실성의 5수준　77

［연습 11］ 일관적 성실성 수준의 변별　78

［연습 12］ 높은 수준의 일관적 성실성　81

전문적 구체성 ·· 86

· 전문적 구체성의 5수준　87

［연습 13］ 전문적 구체성 수준의 변별　88

［연습 14］ 높은 수준의 전문적 구체성　92

▨ 연습문제 답안 및 예시　96

4 ＞＞ 상담 연습 (2): 문제의 이해와 새로운 조망의 촉진 _ 113

요약 반응 ·· 117

［연습 15］ 요약 반응의 연습　118

정보제공 반응 ·· 125

［연습 16］ 정보제공 반응의 연습　126

직면 반응 ·· 131

· 직면 반응의 5수준　135

［연습 17］ 직면 반응의 변별　136

［연습 18］ 높은 수준의 직면 반응　140

자기 공개 반응 ·· 144

· 자기 공개 반응의 5수준　146

［연습 19］ 자기 공개 반응의 변별　147

［연습 20］ 높은 수준의 자기 공개 반응　152

즉시성 반응 ··· 155

· 즉시적 반응의 5수준　159

［연습 21］ 즉시적 반응의 변별　160

［연습 22］ 높은 수준의 즉시적 반응　164

질문 반응 ·· 168

　연습 23　바람직한 질문 반응의 변별　176
　연습 24　질문 반응 연습　187

통합적 연습 ·· 191

　연습 25　통합적 면접 연습 (1)　191
　연습 26　통합적 면접 연습 (2)　196

　■ 연습문제 답안 및 예시　205

5　상담 연습 (3): 상담 목표의 설정 _ 217

　연습 27　상담 목표의 구체화　223
　연습 28　준거에 따른 목표의 검토　227

　■ 연습문제 답안 및 예시　233

6　상담 연습 (4): 상담 실행 방법의 모색 _ 237

　연습 29　실행 방법의 다양성 검토　241

　■ 연습문제 답안 및 예시　245

7　상담 연습 (5): 당황스러운 상황의 처리 _ 249

　연습 30　당황스러운 상황에서의 반응　251

　■ 연습문제 답안 및 예시　270

8　상담 실습자에게 보내는 몇 가지 조언 _ 277

상담자 자신의 정신건강 ·· 278
상담 이론 및 기법의 활용 ·· 281
상담 실습자의 전문적 성장 ··· 286

　■ 상담 실습자를 위한 참고문헌　291
　■ 맺음말　297
　■ 찾아보기　299

상담 연습을 하기 전에

무엇이 문제인가?

우리나라에서 상담이 하나의 전문적 활동으로 형태를 갖춘 지 40여년이 경과하였다. 스트레스(긴장)란 용어가 유행어처럼 사용되고, 정신건강에 대한 요구가 더욱 커가는 가운데 상담활동의 필요성이 강조되고 상담을 받고자 하는 사람도 늘어가는 추세이다. 기업체나 공장에서는 사원들의 고충처리를 위해서 상사의 상담 능력을 요구하며, '사랑의 전화', '여성의 전화', '청소년 전화' 등 지역사회의 많은 상담 수요를 만족시키기 위해서 자원 봉사자들의 활동 영역도 나날이 확대되고 있다.

그러나 지금까지의 상담교육은 중등학교 상담자를 위한 연수나 대학원 수준의 상담 심리학 과정에서 대체로 서구식 이론과 인접 분야의 지식을 전수하는 정도여서 상담자가 현장에서 내담자의 문제를 어떻게 다루는지에 대해서는 구체적인 도움을 주지 못했다. 최근 들어 현장에서 활동하고 있는 상담자의 상담면접에 대한 감독과 효율적인 상담을 조력하는 차원에서 수퍼비전에 대한 연구가 나오고 있다. 하지만 아직도 흔히 단순히 상담에 먼저 종사해 온 선배가 상담 문제에 관한 자기의 경험을 후진들에게 단편적으로 일러주는 정도에 그쳤기 때문에, 기초적인 면에서나 포괄적인 면에서 교육적인 실효를 거두기 어려웠다. 이런 현상은 상담자가 전문적 '지식인'이 아니라 '협조자로서의 기능인'이라는 점에서 큰 모순이 아닐 수 없다. 즉 종래의 상담자 교육에서는 성격이론이나 주로 심리치료에 바탕을 둔 상담이론을 철학적으로 가르치기는 했어도, 상담 실제에 관해서는 막연한 개념들을 전달하는 데 그치고 있었다.

특히 초심상담자는 이런 현실에 직면하게 되면, 상담의 실제 장면에 나서기조차 두려워지기 마련이다. 그래서 이들은 고민을 가지고 있는 사람을 도와주려면 무엇을 해야 하는지, 어떤 기술이 필요한지, 그리고 이런 기술을 획득하려면 어떻게 해야 하는지 등 실제적 행위에 관한 지식이나 기술을 필요로 한다. 다시 말해서, 내담자의 문제를 해결하기 위해 어떤 방법이 있느냐보다는 우선 어떤 말과 반응을 해야 하느냐 하는 문제에 부딪히게 된다.

이 책은 상담에 관한 수많은 이론들을 개관하기보다는 실제 상담장면에서 어떻게 해야 하는지에 대한 방법을 제시하고자 한다. 초심 상담자들은 그들이 배운 이론적 틀과 실제간에 차이를 보인다고 주장한다. 한편, 서로 다른 이론에 정통해 있는 상담자나 치료자들이라 하더라도 상담 활동의 실제는 상당히 비슷하며, 같은 이론적 조망이나 틀을 갖고 있는 전문가라고 하더라도 상담장면에서의 실제 행동은 상당히 다르다. 이렇게 볼 때 이론과 실제가 반드시 일치하는 것은 아니며, 이론 교육만으로 실제 교육까지는 다룰 수 없음을 알 수 있다. 사실 대부분의 상담자들이 상담 및 심리치료에 관한 이론 중심의 교육과정을 마치자마자 실제에 관한 충분한 준비없이 내담자를 만난다는 것은 윤리적인 면에서도 저촉이 된다고 말할 수 있다. 때때로 상담이나 임상심리 전공의 대학원 학생들이 매우 엄격한 학문적 교육에서부터 곧바로 내담자들을 상대하는 실습과정으로 넘어가는 경우도 적지 않은 것이 현실이다. 그러나 찾아오는 내담자는 심각하든 그렇지 않든 간에 실제적인 문제를 갖고 있기 때문에, 상담자가 당연히 전문가일 것을 기대한다. 요컨대 상담자는 상담에 임하기 전에 내담자들을 도울 수 있는 면접방법을 충분히 터득하고 있어야 할 것이다. 이 책은 실제 상담장면에서의 면접방법에 관한 초심상담자들의 연습을 돕는 것에 초점을 맞춘 하나의 실습교본이다.

상담은 단계적으로 진행한다

상담은 상담자가 내담자와 만나기 시작해서 종결될 때까지 여러번의 면접을 거치는 일련의 과정이다. 한두 번의 면접으로 내담자의 관심사와 문제가 해결되는 경우도 있지만 대개는 교육 기관에서 5회 내지 6회 이상에서 20여회에 이르는 면접이 진행된다.

상담이 한두 번의 면접으로 끝나든 20회 이상이 진행되든 그 과정을 단계적으로 구별해 볼 수 있다. 상담 과정의 단계는 문제의 정의에서부터 바람직한 행동의 실천에 이르기까지, 상담자와 내담자의 공동 노력의 특징들을 나누어 본 것이다. 상담을 단계적으로 생각하는 것이 상담 과정의 이해와 효과적인 상담 진행에 도움이 될 뿐만 아니라, 상담 기술 훈련에도 지침이 될 수 있다.

다음에 설명되는 5단계의 상담 과정은 동기 조성, 촉진적 관계의 형성, 목표 설정, 실천행동 계획 및 평가를 중심으로 하고 있다.

1단계: 동기 조성 및 구조화

먼저 내담자에게 자신의 걱정거리, 문제, 찾아온 이유를 말하도록 한다. 이 때 상담자는 내담자의 진술에 주의하면서, 그의 비언어적인 행동을 관찰하고 문제가 무엇인지를 파악한다. 또한 상담에 대한 내담자의 기대와 느낌을 명료화하여 내담자가 상담 과정에 적극적으로 참여하도록 이끌어 주며, 상담 과정의 방향과 골격을 분명히 한다. 내담자들은 흔히 상담자가 자신의 문제를 직접 해결해 주기를 바라거나 문제에 대한 해답 및 행동 방향을 제시해 주기를 기대한다. 따라서 상담자는 구조화를 통해서 내담자로 하여금 상담에 대한 인식을 갖게 하여,

상담의 진행 과정에 대한 두려움이나 궁금증을 줄일 수 있다.

구조화는 상담의 효과를 최대한으로 높이기 위해 상담의 기본 성격, 상담자 및 내담자의 역할 한계, 바람직한 태도 등을 설명하고 인식시켜 주는 작업이다. 이런 점에서 구조화는 일종의 내담자 교육이다. 구조화에 포함되는 사항은 상담의 성질, 상담자의 역할과 책임, 내담자의 역할과 책임, 상담의 목표 등이다. 아울러 시간적·공간적인 제한 사항도 포함된다.

2단계: 촉진적 관계의 형성

이 단계에서는 상담자와 내담자가 솔직하고 신뢰로운 관계를 형성하게 된다. 내담자가 상담자에게서 느끼는 전문적 숙련성, 매력, 신뢰성 등은 내담자로 하여금 상담에 대해 긍정적인 기대를 갖게 하는 요인이다. 상담의 촉진적 관계 형성을 위해서는 상담자의 적극적 경청, 공감적 이해, 내담자에 대한 수용적 존중, 성실한 자세 및 구체성 등이 필요하다.

3단계: 목표 설정 및 문제 해결을 위한 노력

이 단계에서는 문제에 관한 내담자의 감정 표현을 촉진시키고, 제시된 문제를 구체적으로 정의한다. 이 과정에서 현재의 '문제 행동'과 바람직한 '목표 행동'에 대한 내담자의 자각과 문제 해결 과정에서의 실제적인 노력을 촉진하는 것이 필요하다. 이를 위해 문제 및 상담목표에 관련된 내담자의 감정 및 생각을 탐색하고 정리하는 것이 바람직하다. 탐색을 통해 내담자는 자신과 생활 과정에서의 주요 경험 및 사건들을 이전보다 분명히 그리고 통합된 시야에서 재인식하게 된다. 내담자 자신에 대한 이러한 자각이 이루어져야 상담 목표에 도달하기 위한 실제적 노력을 하게 된다. 탐색의 대상에는 내담자의 관심사, 문제의 형성 배경, 충격적인 경험, 방어기제와 습관적 행동, 상담효과 등에 관련된 느낌 등이 주로 포함된다. 이 때 고려해야 할 점은 내담자들이 도중에 그만두려고 하거나 직접적인 혹은 간접적인 저항이 생길 수 있다는 것이다. 이러한 심리적 부담과 저항은 상담의 목표 행동에 대한 상담자와 내담자간의 개념의 차이, 목표행동을 위한 수행기술의 부족, 또는 상담자와 내담자 양자간의 의사소통 문제의 차원에서 탐색되고 조정되어야 한다.

4단계: 실천 행동의 계획

자각과 합리적 사고의 달성만으로 상담이 끝나는 것은 아니다. 내담자들은 상담을 받고 있는 동안에는 앞으로 모든 문제가 잘 해결될 것 같이 예상하지만, 실제 생활에 부딪혔을 때 당황하는 경우가 많다. 따라서 내담자의 새로운 견해나 인식이 실생활에서 실현되도록 내담자의 의사 결정이나 행동 계획을 도울 필요가 있다. 이 단계에서 이루어져야 할 목표는 내담자의 구체적인 행동 절차를 협의하고 세부적인 행동 계획을 작성하는 것이다.

5단계: 실천 결과의 평가와 종결

종결은 주로 내담자와 상담자의 합의에 의해 이루어진다. 내담자가 종결을 희망하더라도 아직 불충분하다는 판단이 설 경우에는, '잘 대처해 나가는지 서로 확인해 보기 위해' 상담을 당분간 계속하도록 권유하는 것이 바람직하다. 또한 내담자의 입장에서는 상담을 '종결한 후 다시 문제가 발생하지 않을까?', '앞으로 혼자서 해결할 수 있을까?' 등 우려와 더불어 불안해 하는 경우가 있다. 상담의 종결을 상담자가 자기를 거부하는 것으로 생각하는 내담자도 있으므로 상담자는 내담자가 이러한 문제에 갑자기 직면하지 않도록 서서히 종결시킨다. 즉 종결 무렵에는 2주일이나 3주일의 간격을 두고 만나는 것이 바람직하다.

종결에 앞서 그동안 성취한 것들을 목표에 비추어 평가하거나 설정해 놓은 목표에 도달하지 못한 이유를 토의해야 한다. 종결에 즈음하여 상담의 전체 과정을 내담자로 하여금 요약하게 할 수도 있다. 또한 문제가 생기면 다시 상담자를 찾아올 수 있다는 추후 상담의 가능성을 제시한다. 상담 결과가 만족스럽지 못한 경우에는 상담과 상담자의 한계에 대해서 명백히 밝히고, 필요하면 다른 기관이나 다른 상담자에게 의뢰하는 것이 바람직하다.

앞에서 기술한 5단계의 상담 과정은 대체적으로 시간의 흐름에 따라 설정된 것이긴 하지만 실제 상담 과정에서는 이른 분류가 분명하지 않고 서로 중복되거나 생략되는 경우도 있다. 예를 들어 촉진적 관계 형성을 이루는 태도나 기술은 상담 과정의 어느 단계에서나 요구되며, 구조화도 상담 초기에만 필요한 것은 아니다. 5단계의 상담 과정을 더 집약하여 설명하면, 내담자의 말에 주목, 경청하고 그 말에 대한 이해를 표시하여 상담자 내담자 관계를 맺은 다음, 행동방향의 제시 등 실제적 문제 해결을 꾀하는 과정으로 이루어진다. 집약된 상담 과정은 상담 1회기내에서의 면접 진행 요령에도 해당된다. 한번의 내담자 말에 상담자는 경청, 주목하고 그렇게 하여 얻은 내담자 말의 의미, 감정 등에 대한 이해를 표현한 후 문제 해결과 관련된 선도적 반응으로 마무리지을 수 있다.

아래에 제시된 그림은 상담의 전체 과정을 집약된 면접 과정과 관련시킨 것이다. 즉 한번의 상담자 반응은 당시의 내담자 반응에 충실할 뿐만 아니라 상담 전 과정의 목표와 유관된 반응이어야 함을 보여준다. 꼭 몇 회가 지난 후에, 상담자는 "이제, 3단계의 목표 설정 시기가 되었지"하며 비로소 목표와 관련된 반응을 하는 것이 아니고, 상담 초기부터 동기 조성과 촉진적 관계 및 목표 설정과 실

상담의 과정과 집약된 면접 과정의 관계

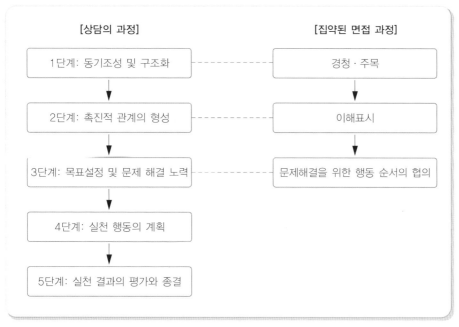

천에 대해 유념하여 상담을 진행시켜야 된다는 것이다.

상담의 진행과정을 살펴볼 때, 내담자의 말을 경청하고 그에 대한 이해 표시로 이루어지는 것이 촉진적 관계의 기초를 형성하며, 이러한 관계는 상담의 기본 주춧돌이자 상담의 성패를 결정하는 열쇠라 해도 지나치지 않다.

상담은 촉진적 관계의 형성에서부터

두말할 나위도 없이 인간은 죽을 때까지 타인과의 관계 속에서 산다. 가령 부모나 자녀, 교사와 학생, 남편과 아내, 의사와 환자, 윗사람과 아랫사람, 친구와 친구, 상담자와 내담자 등 모든 것이 인간관계이다. 이러한 인간관계를 잘 맺느냐 그렇지 못하냐에 따라 행, 불행이 결정되기도 한다. 물론 인간관계가 생활의 전부는 아닐지라도 주어진 일을 행하기 위해 필요한 기초가 되기 때문일 것이다.

우주선이 발사되기까지의 과정은 두 가지로 이루어져 있다. 먼저 튼튼한 발사기지와 발사대가 건설되어서 우주선을 받쳐주어야 할 뿐만 아니라 우주선이 발사될 때의 강력한 추진력을 견딜 수 있어야 한다. 그리고 그 위에서 우주선이 발사된다. 상담 과정도 이와 비슷하다. 상담자는 상담 초기에 내담자로 하여금 자신의 행동을 개선하기 위해서 반드시 필요한 도전과 변화를 받아들일 수 있는 마음의 자세를 우선 갖추게 해야 한다.

이런 준비가 바로 촉진적 관계 형성이며, 이것은 상담자나 내담자가 서로 상대방을 어떻게 보며 받아들이느냐의 지각 및 태도의 차원에서 이해될 수 있다. 촉진적 관계를 위해 필요한 상담자의 바람직한 태도 및 행동 특징은 공감적 이해, 수용적 존중, 일관적 성실성 및 전문적 구체성으로 집약된다고 할 수 있다. 이러한 상담자의 행동 특징이 내담자에게 느껴지고 전달될 때에 내담자가 편안하게 자기를 탐색할 수 있고, 상담자와 효과적으로 교류할 수 있다. 상담자의 네 가지 촉진적 태도에 대한 내담자의 지각은 다음의 표를 참고하기 바란다.

그러나 문제는 그렇게도 중요한 공감적 이해, 수용적 존중, 일관적 성실성 및 전문적 구체성을 내담자에게 어떻게 표현하느냐 하는 것이다. 남을 이해한다는 것은 그 사람이 어떤 마음 상태에 처해 있는지 파악하는 것만도 아니고, 그 마음

촉진적 관계에서 상담자의 태도와 내담자의 지각

상담자의 태도	내담자의 지각
공감적 이해	'상담자는 내가 어떻게 느끼는지를 알고 있다.'
수용적 존중	'상담자는 애가 어떤 생각, 어떤 행동을 하더라도 나를 있는 그대로 받아 들이고 있다.'
일관적 성실성	'상담자는 말과 행동이 같고 또 나를 항상 순수하게 대할 것이다.'
전문적 구체성	'상담자는 내 문제에 대해 실타래의 매듭을 풀 듯 내 문제를 하나씩 해결 해 나갈 능력이 있다.'

에 동감한다는 것만도 아니다. 내담자를 충분히 이해한다는 마음만으로는 부족하고 그 마음을 밖으로 표현하여 내담자에게 전달하는 것이 중요하다. 상담자의 이러한 태도의 표현은 일종의 기술이다. 사람에 따라 이런 기술을 이미 지니고 있는 사람도 있지만 대부분은 힘겨운 연습을 통해서 획득할 수 있는 제 2의 특성임을 무엇보다도 강조된다.

상담자와 내담자간에 촉진적 관계가 형성되어야 그 다음이 작업을 할 수 있다. 본 교본은 촉진적 관계형성을 위한 연습을 한 후, 내담자가 갖고 있는 문제와 내담자 자신에 대한 조망에 도전하는 연습을 한다. 내담자가 새로운 조망을 형성하게끔 도전하는 반응에는 요약하기, 정보제공하기, 직면시키기, 자기 공개, 즉시적 반응 및 질문이 포함된다. 촉진적 관계형성을 위한 반응들처럼 이들 반응들도 그 특성을 살펴본 후 구체적 반응연습을 하도록 하였다.

내담자와 좋은 관계도 형성하였고 내담자가 자신과 문제를 보다 객관적이고 타당하게 보고자 하는 자세를 갖게 되면, 내담자가 호소한 문제에 상담자가 적극적으로 개입하여 다루어도 별 문제가 생기지 않게 된다. 본 교본은 이러한 내담자 마음의 터전을 닦은 후 상담 목표를 설정하는 방법과 실행방법을 모색하는 연습을 하도록 꾸며졌다.

다급하게 찾아온 내담자는 자기문제를 호소하면서 그 문제에 대해 어떤 목표를 가지고 어떻게 다루어 나가겠다는 상담자의 정견발표를 기대할지 모른다. 그러나 상담은 내담자와 상담자와의 관계를 맺는 일부터 시작된다. 상담자 자신도 이를 자각해야 함은 두말할 나위도 없다.

상담기술의 연마에도 순서가 있다

앞에서 무엇이 문제인지, 그리고 상담과정에서 상담자와 내담자간의 촉진적 관계 형성이 왜 중요한지에 대해서 기술하였다. 당신도 상담자가 면접에 관한 충분한 연습이 없이 상담현장에 뛰어드는 것이 정말 문제라고 생각하는가? 촉진적 관계를 형성하는 것이 상담에서 정말 그렇게 중요한 조건이라고 생각하는가?

아마도 당신은 지금까지 살아오는 동안, 그렇게 중요하다고 생각하지 않는 일을 보이지 않는 압력에 의해 하게 될 때, 그 일이 얼마나 재미없고 괴로운지, 그리고 그런 일에는 성과도 없다는 것을 경험한 적이 있을 것이다. 이와 마찬가지로 상담에서도 내담자 쪽에서 상담을 할 필요가 있다는 의지와 상담을 받고 싶다는 마음이 있어야 한다. 또 노력을 하는 데도 그 과정이 지루하고 노력하는 만큼 눈에 띄는 성과가 없을 때, 당신은 어떤 심정이 되는가? 도중에라도 포기하고 싶은 심정이 되기 마련인데 바로 이것이 이 책을 교본으로 삼아 기술을 연마해 나가는 데 있어서 가장 경계해야 할 것이다. 앞에서 힘겨운 노력이라 하였는데 당신도 이 책을 공부하면서 가끔 이것을 경험할 것이며, 이를 이겨낼 자신이 없으면 시작하지 않는 편이 나을지도 모른다. 도중에 포기하면 인내심이 없다거나 자기 통제가 안된다는 식의 자가당착에 빠질 수 있기 때문이다.

이런 어려운 여정에 대비하여 이 책은 몇 가지 단계로 구성되어 있다. 상담을 하기 위해서는 먼저 상담이 정말 필요하고, 상담을 하고 싶다는 마음이 요구되므로 책의 앞부분은 이를 위한 내용으로 구성되어 있다. 이 부분에서는 상담을 전공하는 대학원 과정에 있지만 아직 상담을 해 본 경험이 없는 사람들의 의구심이나 기대감, 약 1년 정도의 상담 경험을 갖고 있는 초심상담자가 느끼는 좌절감,

경험은 쌓여가고 있지만 상담능력이 향상되지 않는다고 느끼는 상담 경험 10년 정도의 유경험자의 수치심 등 면담하여 정리한 것들을 소개한다. 이것은 상담자의 의구심이나 수치심을 드러내어 당신에게 겁을 주려는 것이 아니고, 당신을 미리 준비시키기 위해서이다. 또 실제 상담 사례를 제시하여 그 사례에 대한 당신의 상담 책략은 무엇이며 어떤 반응을 할 것인지를 물을 것이다. 이렇게 하는 것은 상담 사례에 대해 준비한다는 의미가 있다. 뒷부분에서 그 사례에 대한 당신의 견해를 전문가의 견해와 비교하여 자신의 상담 진행 수준을 가늠하는 척도로 삼을 수 있다.

다음 단계는 현재의 자신에 대해 점검을 하여 상담자로서 자신이 무엇에 주력해야 하는지를 파악하도록 하는 연습들로 꾸며져 있다. 자신도 의식하지 못하는 중에 자주 사용하는 반응이 무엇인지를 인식하여 그러한 반응이 결국 자신이 갖고 있는 태도 때문에 나타난다는 것을 이해할 수 있도록 한다. 이 연습은 자신의 태도를 이해하게 할 뿐만 아니라 자신의 부족한 점이 무엇인지를 자각하게 하여 상담자로서 보강해야 하는 항목이나 방향을 제시하기도 한다.

그 다음 단계에서는 촉진적 관계 형성에 필요한 기술들을 소개하여 그 기술들이 무엇을 의미하는지, 어떻게 표현되는지, 그리고 그 기술들간에 어떤 차이가 있는지 등을 설명한다. 또한 각 기술의 수준을 소개하여 스스로를 평정해 보도록 함으로써 훈련기간 동안 혹은 그 후에라도 자신의 조력 수준을 향상시키는 데 도움을 주고자 한다.

촉진적 관계 형성을 위한 훈련 모형

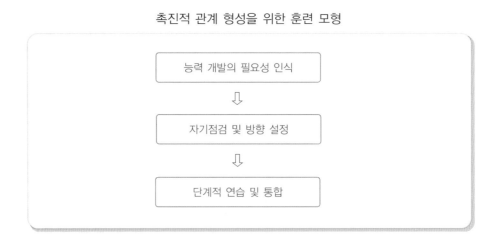

각 기술의 특징과 수준을 익힌 후에는 실제 연습으로 들어가게 된다. 실제 연습에서는 먼저 변별 연습을 통해서 무엇이 높은 수준의 반응이며 낮은 수준의 반응은 어떠한지 확인하게 되고, 그 후 실제 사례에서 발췌한 내담자 반응을 제시하여 기술을 직접 적용하는 연습을 하게 된다.

앞의 그림은 이상에서 말한 훈련 모형을 제시한 것이다.

몇 가지 주의할 점

이 책을 통해 연습을 하면서 몇 가지 점들에 주의해야 한다.

첫째, 앞에서도 언급하였지만, 이 책에 나온 연습을 모두 해보는 것이 무엇보다 중요하다. 물론 자기 점검을 통해 특별히 부족한 점을 찾아내어서 그 면만 보충하면 된다고 생각하는 사람도 있겠지만, 남을 전문적으로 도와준다는 것이 그리 쉬운 일은 아니므로, 조금은 미련스럽다고 생각되더라도 처음부터 끝까지 모든 연습을 해볼 것을 권한다.

둘째, 이 연습들은 혼자서 하는 것보다 집단을 이루어 같은 연습하고 피드백도 받으면서 할 때 충분한 효과가 있다. 경험 많은 상담지도자가 연습을 주도하면 금상첨화이겠고 그것이 안되면 상담에 뜻을 같이하는 사람들이 5명 정도 모여 의견교환을 하면서 연습하는 것도 좋다.

셋째, 이 책에 나오는 연습만으로 충분하다는 생각은 금물이다. 물론 이 책의 연습들이 더 나은 수행을 위해 마련된 것이기는 하나 역할연습이나 상담 실습 등이 병행되면 소기의 목적을 효과적으로 달성할 수 있을 것이다.

상담 연습자의 자기점검

2

우리는 이런 어려움에 처해 있다

　우리는 살아오면서 끊임없이 다른 사람과 관계를 형성해왔지만 이런 일상적인 대인 관계만을 통해서는 상담에 필요한 기술이 연마되지 않는다. 지금까지 익숙해져 온 다른 사람들과의 대화 방식이나 관계형성 방식에서 진정한 상담자의 방식으로 접어들기 위해서는 각고의 노력이 필요함을 이미 앞에서 밝혔다. 그런 의미에서 이 책이 마련된 것이므로, 이 책을 상담 실습에 적용하고자 하는 열정이 필요하다.

　초심 상담자뿐만 아니라 경험이 꽤 있는 상담자도 겪는 상담 실제의 어려움을 소개하는 것은 실제 상담장면에서 겪는 어려움에 대비하기를 바라기 때문이다. 충분한 상담면접 연습도 없고 정교한 실습 프로그램도 없는 우리의 실정에서 주먹구구로 상담을 해 보면서 마음의 상처를 수없이 받았던 선배의 경험이나 그래도 여건이 나아진 요즈음의 초심자가 겪는 고충, 상담에 대해 학문적 공부는 하고 있지만 실습과의 연결에 막연해 하는 상담 전공 학생들의 염려는 우리에게 새로운 경각심을 줄 것이며 그러기를 바란다.

　본격적인 훈련에 들어가기 전에 다시 한 번 마음의 준비를 하기 위해서, 상담자의 길에 들어선 지 이미 오래된 상담자와 막 들어선 상담자 그리고 그 길에 들어서려고 준비하는 예비 상담자들의 말을 들어 보려고 한다.

상담 경험이 5~10년 된 상담자들

　"시행착오적 방법으로 이제는 유연하게 대화를 이끌고 관계 형성을 할 수는 있으나 문제에 대한 접근 방법이 문제다. 특정 문제에 대한 특정한 접근 방법이 강구되어야 할 것 같다."

"수용도 하고 공감도 했다고 생각하는 데 녹음된 상담 내용을 들어보면 나의 의도가 내담자에게 제대로 반영된 것 같지 않다. 진정한 수용과 공감이 이루어지지 않았기 때문이라 생각한다."

"내담자가 호소한 문제를 다룰 때 내담자의 핵심적 특성이나 역동을 알아야 자신감있게 상담을 할 수 있는 것 같다."

"내담자에게 심리학적인 기초가 없어서 탐색이 잘 안되거나 억압이 너무 심한 내담자인 경우 개입을 하기가 어렵다."

"내담자가 상담자에게 전이감정을 갖는 경우, 그리고 내담자의 특성 때문에 상담자가 역전이 감정을 느끼면 공감이 잘 안되는데, 상담자가 이를 깨닫지 못할 때 어렵다."

"내담자에게 상담에 대해 동기가 많지 않을 때, 즉 무기력한 내담자일 경우 상담자가 주도하게 되어 상담이 어렵다."

"가끔씩 내담자의 스타일과 상관없이 내 스타일로 상담을 진행하는 경우가 있다."

상담 경험이 1년 정도 된 초심 상담자들

"간단한 이론도, 간단한 원리도 몸에 배어 있지 않기 때문에 이론이나 원리를 상담 장면에 적용하기가 어렵다. 반면에 책에서 본 내용들이 상담에서 실제로 확인될 때 희열을 느낀다. 상담의 주도권을 갖는 데에는 중용이 필요하다. 내가 너무 가져도 안되고 그렇다고 내담자에게 너무 주면 내담자는 마음대로 달아나 버린다."

"어느 시점에서 어떤 방법으로 개입해야 될지를 잘 모르겠다."

"내담자의 호소 문제에 대해 구체적 목표를 설정해야 할 것 같은데 어떻게 설정해야 좋을지 갈피를 잡을 수 없다. 매 순간 내담자는 나에게 자기 문제를 해결해 줄 것을 요구하는 것 같은데 그것에 어떻게 대응해야 좋을지 모르겠다."

"내 자신은 공감하고 있고 존중하고 있다고 생각하지만 실제 행동은 그렇지 않고 내 마음대로 하고 있는 것이 아닐까 하는 의구심이 생긴다."

"선도적이고 적극적 개입 시기에 대한 판단이 서지 않는다."

"내담자의 개별적 특성에 따라(예, 진단명) 일반적인 개입규칙이나 문제 해결 방식을 알고 싶으나, 이것은 그저 희망사항인 것 같다."

"어느 정도까지 내가 개입해야 될지 모르겠다. 다시 말해 내담자가 호소한 문제나 다루기를 바라는 것만을 다루어야 할지, 말하려고 하지 않는 것까지도 다룰 수 있는 것인지 모르겠다."

"내담자와 말이 잘 될 때도 그렇고, 잘 되지 않을 때도 그렇고, 도대체 이 상담이 제대로 되고 있는지 알 수 없다."

"내담자의 이야기에 대한 상담자의 적절한 반응을 생각하느라 정작 내담자의 이야기를 제대로 듣지 않았다."

"효과적인 개입(질문, 해석, 요약 등)이라고 생각했는데 수퍼비전을 받을 때 그다지 적절하지 않다는 평가를 받았다. 내담자에 대한 공감을 전달하라는 말을 많이 들었다."

"다양한 영역에 대한 구체적인 정보를 알고 있어야 한다는 사실을 실감한다. 내가 미처 경험해보지 않은 사건을 내담자가 이야기했을 때는 쉽게 당황하게 된다."

"적절하지 않은 개입을 했다는 것을 말하는 순간 느꼈을 때 어렵다."

상담실습 경험이 없는 상담 전공생들

"내담자에게 아무 도움도 주지 못할까봐 두렵다. 선배들을 보니 확고한 훈련 없이 상담을 하는 경우가 대부분이다. 충분한 훈련과 경험도 없고 책으로 배웠다고 해서 저절로 내 몸에 배어있는 것도 아니기 때문에 상담 장면을 생각만 해도 당황이 된다. 아는 것과 행동하는 것은 별개의 문제인 것 같다."

"내담자가 내 의도대로 따라와 주지 않으면 내담자에게 화를 낼까봐 겁이 난다."

"내가 구체적 기술들을 잘 습득하고 있는지 걱정이 된다. 학문적인 공부는 많이 했지만 실제와의 연결이 없었다."

"내담자를 눈에 띄게 변화시켜야 한다는 강박적 압력이 있는 것 같다."

"내담자가 아무리 정서적 문제가 있어도 실제적 사건을 행동적으로 풀어서 행동적 접근 방법을 쓰고 싶지만 우리나라 문화권의 사람은 쉽게 받아들일 것 같지 않다."

"내가 능력이 없어서 내담자의 상태가 더 악화되면 어떻게 하나 걱정된다."

"내담자와의 만남을 통해 내가 전혀 예상하지 못했던 역전이 일어나게 될까 봐 두렵다."

"내담자를 처음 만났을 때 어떻게 이야기를 꺼내야 할지 모르겠다."

"내담자가 말을 했는데 할 말이 없어서 침묵이 길어지게 되면 당황스러울 것 같다."

"내가 이제까지 배웠던 상담에 대한 이론들이 실습과는 아무 상관이 없을 것 같아서 무섭다."

"내가 잘못 개입한 것 같다고 느꼈을 때, 그것을 내담자도 알게 될까봐 두렵다."

연습 1 · 자기점검 (1)

아래에 10개의 내담자 반응예가 발췌되어 있다. 각 반응의 내용을 잘 읽어 보고 내담자의 상황을 잘 상상해 보시오. 그리고 당신은 내담자의 이 반응 직후에 무슨 말을 할 것인지를 생각하여 그 다음 빈칸에 적어보시오.

연습을 하고 난 이후의 소감
- 나의 현 상태를 객관적으로 다시 살펴볼 수 있는 지표가 된다.
- 실제로 반응하면서 자신에게 특히 어렵게 느껴지는 부분이나 막히는 부분을 찾아낼 수 있다.
- 다양한 내담자를 만날 수 있도록 언제나 개방적인 마음을 지녀야겠다고 다짐했다.

1. 30세의 여인이 피곤한 목소리로 말한다.

　"제 이야기를 어디서부터 어떻게 시작해야 할지를 모르겠군요…… 그러니까, 저는 지금까지 조그만 개인회사 경리과 직원으로 일해 왔는데, 앞으로 일을 계속해야 할지 아니면 그만두어야 할지를 정말 모르겠어요. 신경이 쓰이는 일이긴 하지만 이제는 일이 익숙해졌고 보수도 그런대로 괜찮은데……, 결혼하고도 괜찮았어요. 그런데 아이를 낳고 기르는 데서부터 문제가 생기기 시작하더군요. 아이를 키우는 것과 직장일 두 가지를 한다는 것은 정말 무리예요. 그러나 어느 쪽을 선택해야 좋을지 모르겠어요."

---

2. 30세의 남자가 다소 어색한 표정으로 말한다.

　"도대체 말이 안되는 일이 저에게 일어났어요. 기대하던 일이 현실로 나타났는데 그것을 받아들이지 못하고 일을 망치고 말았어요…… 사실 저는 저희 사무실 미스 박을 좋아하거든요. 그러나 솔직히 용기가 없어서 지금까지 데이트 신청 한 번 못해 보고 그저 그녀의 주위를 맴돌기만 했었죠. 그러다가 며칠 전에 큰 맘을 먹고 데이트 신청을 했더니 의외로 쉽게 응해 주더군요…… 그런데 문제는 제가 그 사실을 믿지 못했다는 겁니다. 도저히 믿기지가 않았어요. 그래서 결국 약속장소에 나가지를 않았답니다. 속으로 농담일거야, 나처럼 중요하게 생각하지 않고 건성으로 대답한 걸꺼야 식으로 생각했던 거지요."

---

3. 35세의 남자가 단호한 어조로 말한다.

　"저는 일을 할 때는 분명히 하려고 해요. 현재 제 자신의 처지를 제가 잘 알고 있으니까 다소 힘들거나 좀 모욕적인 대우를 받더라도 별로 개의치 않습니다. 그리고 저는 만사를 제 위주로 처리하기 때문에 다른 사람이 저의 일에 방해가 된다면 저는 가차없이 그 사람을 무시해버릴 수도 있습니다. 저는 어중간한 것은 딱 질색입니다. 뭔가 확실한 사람이 되고 싶어요!"

---

4. 중3(16세) 여학생이 긴장된 목소리로 말한다.

"저는 아빠가 미워요! 정말 미워요! 아무 이유도 없이 그냥 미워요. 저의 아빠는 목사님이시거든요. 참 좋은 분이죠. 아빠가 저를 얼마나 소중하게 키우셨는지는 알아요. 그런데도 저는 왠지 아빠에게 반감이 생겨요. 그것 대문에 마음이 편하지 않아요. 아빠를 싫어할 만한 이유가 전혀 없어요. 물론 아무 이유도 없이 자기 아버지를 미워하는 것이 얼마나 나쁜 일이라는 것쯤은 잘 알아요. 그래서 더욱 괴로워요."

5. 27세의 남자가 차갑고 단호한 음성으로 말한다.

"저는 최근에 교사라는 직업에 만족하지 못하고 있으며, 차라리 새로운 직업을 찾아봐야겠다고 결론을 내렸습니다. 저는 대학졸업 후에 주욱 교직생활을 해오면서, 지금까지는 그래도 제가 수업장면에 적응을 잘 못해서 어려움을 겪고 있다고 생각해 왔는데, 최근에는 차라리 교사를 그만두고 아예 처음부터 새로 시작하는 한이 있어도 다른 직업을 택하는 것이 더 낫겠다는 생각을 하게 되었습니다."

6. 초등학교 4학년 딸을 둔 학부모가 그 딸에 대해 다소 거친 목소리로 이야기하고 있다.

"우리 애는 정말 힘들어요. 엉뚱한 장난만 치고 벌을 주어도 소용이 없어요. 때려도 울지를 않아요. 정말 말이라곤 전혀 듣지 않고, 점점 나빠지는 것 같아요. 남편과 저는 그 애의 장래를 걱정해요. 그러다가 문제아가 되는 게 아닌가 해서요."

7. 50세의 부인이 매우 걱정스러운 목소리로 말한다.

"저…… 제가 고민하고 있는 문제를 말하기 전에…… 저…… 그러니까 이런 질문을 해도 괜찮을지 모르겠지만…… 당신은 교인이세요? ……제 말은 혹 종교를 갖고 계시는가 싶어서요."

---

8. 어느 시골 출신의 대학생이 말한다.

"서울 애들은 대개 다 잘났어요. 얼굴은 미끈하고 말도 잘하고요…… 그렇지만 도대체가 특징이 없어요. 개성이나 깊이랄까 하는 그런 것 말이에요. 그러니까 마음을 주고 싶은 사람을 찾기가 어려워요. 진짜 친구가 될만한 사람이 정말로 하나도 없어요."

---

9. 군에서 갓 제대한 젊은 남자가 다소 화가 난 목소리로 말한다.

"젠장, 세상 일이 너무나 불공평해요. 군대에 가 있는 동안 세상이 어찌나 변했는지, 군에서 보낸 세월이 아까와 죽겠어요. 군대에 안간 놈만 득을 본 거죠. 빌어먹을, 제 애인만 해도 그래요."

---

10. 37세의 오 계장은 지금까지 직장일에 아주 만족해 하면서 잘 해 오다가 어느날 아침 갑자기 사직서를 제출하였다. 그러자 인사부장이 곧 그를 불렀다.

인사부장: (차분한 목소리로) "오늘 오전에 사직서를 제출했다기에 무슨 일인가 싶어 당신을 불렀어요."

오계장: (낮은 목소리로) "그냥 아무 말도 묻지 말아 주십시요. 그 이유를 설명하자니 꽤나 난처해지는군요."

인사부장:

당신은 위 10개의 내담자 반응에 대해 반응을 하면서 평상시의 대호 양식으로 했는가? 혹은 상담적이 되려고 노력을 했는가? 10개의 반응을 통해 당신이 흔히 쓰는 대화 양식을 어느 정도 파악했는가? 상담적으로 되려고 애쓸 때, 상담 장면에서 내담자의 말에 힘들게 반응을 한다거나 한참 생각을 한 후에야 반응을 하게 된다면 어떻게 될 것인가? 상담장면에서 상담자의 반응은 내담자가 말을 한 후 대개는 즉시 나와야 한다. 그리고 이것은 연습을 통해서 가능해진다.

연습 2 자기점검 (2)

무엇인가를 배우려 할 때에는 어디서부터 출발해야 하느냐가 중요한 문제가 된다. 상담기술을 배울 때도 마찬가지이다. 당신은 다른 사람들과의 일상적인 대화에서 주로 어떤 형태의 반응을 하는가? 다시 말해 자동적으로, 그리고 자연스럽게 나오는 반응은 주로 어떤 형태인가? 연습 2에서는 자신이 주로 어떤 형태의 언어반응을 하는지에 대한 이해를 돕고자 한다.

다음의 표에서 연습 1에 나왔던 내담자 반응들에 대해 나올 가능성이 있는 언어반응들을 각 사례별로 6가지씩 열거하였다. 당신이 연습 1에서 했던 반응과 가장 유사한 반응에 ∨표 하시오.

연습을 하고 나면…

- 나의 반응이 주로 어떤 패턴으로 이루어지는지를 알 수 있다.
- 반응의 6가지 범주에 속하는 대표적인 반응들을 예를 통해 보다 정확하게 이해할 수 있다.
- 자신의 주반응 패턴을 알게 되고, 또 어떤 내담자를 만났을 때 그 패턴에서 약간 벗어나는 반응을 하게 되는지를 알게 될 것이다.

1. 30세의 여인

1. 당신이 정말 원하는 것이 무엇인지 좀더 이야기해 주시겠어요? 그 문제에 대해서 함께 깊이 생각해 보는 일이 매우 중요할 것 같군요.

2. 좀 신중히 생각해야 될 것 같아요. 그래도 잘 적응해 온 직장이냐, 아니면 양육이냐 하는 것은 그리 간단한 문제는 아니잖아요.

3. 에, 지금으로서는 그렇게 절망적이지 않은 것 같군요. 사실 직장도 다니고 아이도 기를 수 있는 것 아니겠어요? 아이를 길러줄 사람만 있으면 되는 데, 혹시 그런 사람을 물색해 보셨어요?

4. 당신의 문제는 이중적인 것 같군요. 첫째, 당신은 현재 직장을 포기하기를 주저하고 있으며, 둘째, 설상가상으로 아이도 잘 키워야겠다는 생각을 한다는 것입니다.

5. 그것 참 어려운 결정이군요. 그러니까 당신이 고민하고 있는 문제는 아이를 키우기 위해 만족스러운 직장을 버려야 하거나 아니면 힘들게 두 가지를 모두 해내야 하는 것이군요.

6. 당신은 참 행복한 고민을 하는 것 같군요. 직장도 있고 아이도 있으니까요. 고민만 한다고 해결되는 것이 아니니까 그렇게 심각하게 고민할 필요는 없어요. 지내다 보면 결국 다 잘 해결될 것입니다.

2. 30세의 남자

1. 나이를 생각해 보세요. 그리고 여자에 대해서 그렇게 겁낼 필요가 없어요. 여자도 똑같은 사람이예요. 그리고 여자들도 당신과 마찬가지로 남자를 사귀고 싶어한다구요.

2. 당신에게 좋은 일이 일어나도 그것이 마치 사실이 아닌 것처럼 보인단 말씀이죠.

3. 당신은 자신에게 좋은 일이 일어나지 않을 것이라고 지나치게 강하게 믿고 있기 때문에 실제로 좋은 일이 일어난다 해도 그것을 현실로 받아들이지 못하는군요.

4. 혹시, 당신이 그렇게 실감하지 못하는 마음이 과거의 어떤 특정한 경험과 관계가 있지는 않을까 하는 생각이 드네요. 그러니까, "중요하게 생각하지 않고 건성으로 대답한 것이다"라는 당신의 말이 무엇을 의미하는지에 대해서 더 상세히 이야기해 주시겠어요?

5. 뭐 그렇게 심각하게 고민할 게 있나요? 원래 사람이란 다소 어려운 일에 부딪쳐도 잘 극복해 나가거든요. 그러니 당신도 결국에는 잘 해결해 나갈 것입니다.

6. 아마도 이런 경험이 당시에는 아주 훌륭한 교훈이 될 것이라고 생각됩니다. 다음 번에는 당신의 행운을 잘 살릴 수 있도록 해 보세요.

3. 35세의 남자

1. 간단히 말해 당신은 자신의 가치를 증명해 보이려는 욕구가 너무 강하기 때문에 제가 보기에 당신은 마치 야망가처럼 행동하는 것 같군요.

2. 당신은 어떤 노력과 수단을 다해서라도 최선을 다해야 한다고 믿고 계시군요.

3. 당신은 무엇 때문에 그렇게 강한 소신을 갖게 되었다고 생각하십니까?

4. 혹시 당신이 무슨 분야에서 가장 잘 할 수 있을런지 테스트해 보고 싶지 않으세요? 당신의 독특한 성격 때문에 여러 분야에서 다 잘하시겠지만 그래도 그런 테스트를 해 보신다면 크게 도움이 될 것이라고 생각됩니다.

5. 사람이 큰 야망을 품는다는 것은 자신에게 대단한 힘이 되지요. 그러나 그렇다고 해서 당신이 자신의 일에 방해가 되는 사람을 가차없이 무시할 수 있다고 생각하는 것은 위험한 일이지요. 그렇게 하면 득보다는 해가 더 많을 수가 있어요.

6. 당신은 참 단호하시군요. 최근에 무슨 실망하실만한 일이 있었던 것 같아요. 이제 진정하시고 잘 생각해 보세요. 그러면 당신 같은 사람은 자신의 정열을 식히지 않고도 곧 침착함을 되찾아 잘 해 나갈 수 있을 것입니다.

4. 16세 여학생

1. 당신이 특별한 이유도 없이 아빠에게 좋지 않은 감정을 가지고 있다는 데 대해 스스로 못마땅해 하고 있다는 점을 잘 이해할 수가 있겠군요. 하지만 당신은 그런 증오심의 밑바탕에 아빠에 대한 사랑이 숨어 있으며, 이 사랑은 죄책감의 형태로 작용하고 있다는 사실을 깨닫게 될 것입니다.

2. 사람은 누구나 자신의 부모를 미워할 때가 있답니다. 그러므로 당신이 그런 감정을 갖는 것은 정상적이라고 할 수 있습니다. 사람들은 결국에는 그러한 감정을 잘 극복해 나가게 되지요. 그러니 너무 신경쓰지 마세요.

3. 아주 심각한 문제군요. 특히 당신 또래의 나이에서는 부모와 자식간의 관계가 참 중요한데……

4. 그러니까 당신은 뚜렷한 이유도 없이 아빠에 대해 미워하는 감정을 갖게 되어 너무 괴로워 하고 있군요.

5. 잠시 집을 떠나 보시겠어요? 아마 그러면 다소 그런 감정이 누그러질텐데……

6. 아빠에 대해 좀더 이야기해 보세요. 무엇이든지 좋으니 머리에 떠오르는 대로 얘기해 보세요.

5. 27세의 남자

1. 당신은 자신의 직업을 바꾸는 것이 가장 좋을 것이라고 결정을 내렸단 말씀이군요.

2. 당신이 현재의 직업을 바꾸게 되면 결국 지금까지 당신이 얻어왔던 여러 가지 혜택뿐만 아니라 당신의 전공까지도 포기해 버린다는 이야기가 되는데 그렇게 하기에는 너무 큰 손실이 아닐까요?

3. 새로운 직업에 대해 뭔가 잘 알아 보셨나요? 어느 정도 알고 계신지 한번 얘기해 볼까요.

4. 그러니까 지금 당신이 종사하고 있는 그 직업에 대해 도저히 더 견디기 힘들다고 느끼시나보죠?

5. 어쨌든 현재로서 고무적인 현상은 당신이 자신에 대해 이미 마음의 결정을 내렸으며, 또 더 많은 자신감을 갖고 있다는 사실입니다.

6. 절충안을 한번 생각해 보지요. 음…… 예를 들면, 당신의 전공을 살려볼 수 있는 현재와 비슷한 직업이 있는지 찾아보세요.

6. 초등학교 4학년생의 학부모
  1. 그 심정을 알 것 같아요. 딸애가 그렇게 말썽부리는 것을 본다는 것은 결코 즐거운 일이 아니지요.
  2. 그 아이가 그렇게 당신 속을 썩인다고 하니 틀림없이 그럴만한 무슨 이유가 숨겨져 있을 것 같군요. 뭔가 불만이 있어서 그럴 겁니다.
  3. 이 아이가 혹시 뭔가 잘못된 것은 아닌지, 또 이 때문에 장래에 크게 문제되지는 않을까 하고 걱정을 하시는군요.
  4. 혹시 아동상담소와 같은 기관에라도 가서 이런 아이들을 따로 교육하는 프로그램이 있는지 알아 보셨나요? 그것이 좋은 방법이 될텐데……
  5. 아이가 말썽을 많이 피운다고 하셨는데, 구체적으로 어떻게 말썽을 피우는지 이야기해 주시겠어요?
  6. 아이들은 누구나 그만한 나이가 되면 그렇답니다. 그러니 너무 예민한 반응을 보이지 마세요. 좀 더 자라면 저절로 해결될 거에요. 그러니 너무 염려 마세요.

7. 50세의 부인
  1. 예, 물론이죠. 저도 교인입니다. 충분히 이해할 수 있어요…… 그러니 안심하고 얘기해 보세요.
  2. 그렇게 물으시는 것을 보니 당신의 문제는 종교적인 문제 같은데 차라리 목사님께 가서 상담하시는 것이 더 나을 것 같은데……
  3. 그러면 당신도 신자입니까?
  4. 당신의 문제가 종교를 갖고 있느냐 가지고 있지 않느냐 하는 문제와는 별로 관계가 없는 것 같은데 그러한 질문을 하시니 제가 난처하군요.
  5. 그러니까 당신은 자신의 이야기를 시작하기 전에 먼저 제가 교인인가 아닌가 하는 점에 관심이 있으시군요.
  6. 당신은 사람을 교인과 비교인이라는 두 가지의 범주로 나누시는군요.

8. 시골출신의 대학생
  1. 당신은 도시 학생들에게 질투심 같은 것을 느끼고 계시군요. 그리고 그들이 당신의 친구가 되지 못한다는 식으로 생각하여 분개하고 있군요.
  2. 당신은 도시 학생들이 피상적이며 개성과 깊이가 없다고 생각하고 있군요.
  3. 당신은 아직 도시 학생들의 진면목을 이해하지 못하고 있는 것 같군요. 앞으로는 당신도 그들 집단에 보다 적극적으로 참여하여 그들을 좀더 이해하려고 노력해 보지 않겠어요?
  4. 왜요? 도시 학생들과 무슨 문제라도 있었나요? 아니면 경쟁자라도 생겼나요? 더 상세히 이야기해 보는게 어떨까요?
  5. 당신은 그런 선입견 때문에 대학생활에 잘 적응하지 못하고 있다는 사실을 알고 있나요? 그런 면에서 대학생활의 적응쪽을 먼저 이야기해 봐야 될 것 같아요.
  6. 지방 출신 학생들은 누구나 한번쯤은 당신처럼 그런 생각들을 하더군요. 그러니 너무 크게 마음을 쓰지 마세요. 차차 시간이 지나면 당신도 잘 적응해 낼거에요. 다른 학생도 그랬던 것처럼 말이에요.

9. 갓 제대한 젊은 남자

1. 당신의 애인에 대해서 이야기를 막 시작하려 했는데 무슨 말씀인지……?
2. 당신은 지금 너무 손해를 많이 보고 있다고 생각하여 몹시 화가 나 있군요.
3. 당신 생각에 자신은 다른 사람들 만큼 혜택을 받아야 하는데도 그들이 당신보다 저만치 앞서 가 있으니 그것 때문에 당신은 화가 나 있군요.
4. 저도 당신의 심정을 충분히 잘 알 수 있어요. 하지만 만약 당신이 그러한 감정을 극복하지 못한다면 결코 성공하지 못해요. 그러니 감정을 잘 다스리세요.
5. 당신 혼자만 그런 것이 아니니 너무 상심마세요. 차차 시간이 지나면 다 잊고 당신은 다시 시작할 수 있어요.
6. 당신은 괜히 누구의 핑계를 대고 자신의 책임을 회피하려는 것 같군요. 그러나 그런 식으로 생각하면 오히려 사태가 더 악화됩니다.

10. 37세의 오 계장

1. 그래요? 도대체 무슨 일로 사직을 해야겠다고 생각하게 되었는지 말해 보세요.
2. 괜찮아요. 나를 믿어도 좋아요. 두려워할 것은 조금도 없으니 솔직히 말해 보세요. 해명도 없이 그렇게 사직한다는 것은 좋게 보이지 않는군요.
3. 그러니까 순전히 개인적 이유 때문에 사직한다는 말이군요.
4. 그 이유를 솔직히 얘기해 준다면 좋은 해결책이 나올테니 섣불리 사직하겠다는 결정을 내리지는 마세요.
5. 이해하겠어요. 상사에게 사직하겠다는 의사를 표시하기가 곤란한 일임에 틀림없지요. 나도 과거에 그런 경험을 해봐서 잘 알아요.
6. 그러니까 그 문제에 대해 자세히 이야기한다는 게 어렵단 말이군요.

[연습 2를 활용하는 방법(1)]

당신이 각 반응예에 대하여 보였던 반응의 번호를 아래 표의 해당란에서 찾아 ○표를 하시오.

분류기호 \ 사례	1	2	3	4	5	6	7	8	9	10
A	2	1	5	3	2	1	4	5	6	2
B	4	3	1	1	4	2	6	1	2	3
C	6	5	6	2	5	6	1	6	5	5
D	1	4	3	6	3	5	3	4	1	1
E	3	6	4	5	6	4	2	3	4	4
F	5	2	2	4	1	3	5	2	3	6

표시한 후 나타나는 특징에 주의하라. 당신은 10가지 반응예의 답으로 표시한 칸을 수평으로 연결해 봄으로써 자신의 반응 특성을 알 수 있다. 다음은 수평으로 연결된 선들에 대한 설명이다.

(1) **중심선:** 가장 많은 칸(5개 이상)으로 연결된 수평선

중심선으로 나타난 선의 분류기호는 면접상황에서 당신이 보여주는 습관적인 태도나 행동 경향성을 의미한다. 예를 들어 10개 중에서 9개가 표시된 중심선이 있다면 그것은 엄격하게 규칙적인 태도로 반응을 한다는 것이고, 10개 중 5개 정도만 표시되었다면 그 분류에 대한 경향성이 있다는 것이다. 이 연습을 통해 당신의 습관적인 태도 — 비록 그것이 자연스러운 반응으로 나타나는 것 같지만 — 를 알아볼 수 있다. 그 태도란 다음 쪽에 제시된 면접의 습관적 태도 유형 6가지 중 하나이다. 당신은 이제 당신의 습관적인 태도 — 즉 당신이 가족, 친구, 다른 동료들에게 아무 생각없이 보여주는 — 를 깊이 생각해 보아야 한다.

당신도 의식하지 못하는 가운데 자주 나타내 보이는 반응의 종류를 지적해 보라. 이제 당신은 그것이 결국 당신이 갖고 있는 태도 때문에 나타나는 것이란 점을 이해할 수 있을 것이다.

(2) **이차선의 의미:** 중심선보다는 적은 수의 빈도 표시로 연결된 수평 이차선은 당신이 면접에서 사용하는 또 다른 습관적인 태도를 보여준다.

(3) **고립형의 반응:** 중심적인 특질도, 이차선적인 특질도 보이지 않고 3개 이하로 표시된 줄이 있을 뿐이다. 고립형의 반응 태도란, 당신이 처한 면접 상황이나 내담자에 의해 반응이 결정되거나 유도된다는 것이다. 당신은 내담자의 정서적인 반응에 의해 쉽게 영향을 받으며 민감하다. 고립형의 반응이 나타나면 다음과 같은 검토를 통해 자신에 대한 각성을 증진시킬 수 있을 것이다. 고립형 반응을 보인 면접사례를 찾아서 그 면접의 정서적 경험을 살펴보라. 즉 어떤 문제가 상담 내용이었는지, 어떤 사람과의 상담이었는지, 이야기의 특징은 무엇이었는지 등을 살필 수 있을 것이다. 다시 말해 당신이 그런 내용이나, 그런 특성의 내담자, 그런 분위기에 민감하다는 것을 유추할 수 있다.

당신의 반응 태도를 탐색해 가면서 특별히 염두에 두어야 할 점이 두 가지가 있다.

첫째는, 사람들마다 반응들이 다양하며 주관적이라는 점이다. 대개는 확고한 중심선이 없을지 모른다. 그러나 연습 2를 할 때 당신이 일상적인 대화에서 흔히 보이는 반응보다는 각 사례가 제시하는 상황에 맞추어 적당한 반응을 생각해 보고 골랐을 수도 있다. 비교적 적당하다고 생각한 반응이라도 사람마다 다양하고 주관적이다. 사람들마다 자라온 배경, 사는 배경이 다르기 때문에 적절성의 선택도 다양하다.

면접의 습관적 태도 유형

분류기호	면접의 습관적 태도 유형
A	당신의 반응은 **평가**적이다. 즉 당신은 반응을 통해 개인적인 도덕기준을 암묵적으로 제시하여 다른 사람들을 판단한다. 비판적이거나 시인하는 태도를 보여 줌으로써, 자신을 도덕적인 검열관으로 나타내 보인다.
B	당신의 반응은 상대방이 말한 내용을 **해석**해 주는 것이다. 당신은 당신이 이해하기를 원하는 것만 이해하고 당신에게 중요하다고 생각되는 내용에만 관심을 보이고 그것에 대한 설명거리를 찾는다. 당신은 상대방이 말하고자 하는 내용, 즉 그의 생각을 왜곡한다.
C	당신의 반응은 **지지**적이다. 즉 상대방을 격려, 위로하거나 보상을 해준다. 당신은 그를 몹시 동정한다.
D	당신의 반응은 **조사**하는 듯하다. 당신은 상대방이 본질적인 이야기를 하지 않는다거나 괜히 시간을 낭비하고 있다고 비난하는 듯한 태도로 그에게 질문을 자꾸 던지고, 당신이 중요하다고 여기는 방향으로 대화를 이끌어 간다. 당신은 성급한 것처럼 보이며, 당신이 중요하다고 여기는 부분에 관하여 질문함으로써 내담자를 재촉한다.
E	당신의 반응은 문제에 대한 즉각적인 **해결**책을 찾으려고 하는 것 같다. 당신은 자기의 입장이라면 했을 법한 방향으로 즉시 행동하게끔 말한다. 다시 말해서 상대방의 말을 더 들으려고 기다리지 않는다 그렇게 함으로써 내담자의 문제를 해결해 줄 수도 있다.
F	당신의 대답은 **이해**와 **반영**을 통하여 상대방이 경험하는 대로 그의 문제 내면 속으로 들어가 보려는 성실한 태도를 보여준다. 먼저 당신이 그의 이야기를 이해했다는 점을 보이려고 애쓴다. 이러한 태도에 의해 내담자는 자기를 보다 깊이 표현하도록 격려받게 된다. 왜냐하면 당신이 편견없이 그의 이야기를 경청한다는 사실을 보이기 때문이다.

둘째는, 면접의 특정 상황은 내담자의 특정 반응을 유도할 수 있는 힘을 갖고 있다는 사실이다. 예를 들어 사례 3의 경우는 '평가'로 나타날 확률이 크다. 왜냐하면 내담자의 단호한 진술이 기분 나쁜 거부감을 조장시키기 때문이다. 그러나 사례 7의 경우 내담자의 조심스럽고 주저하는 태도는 상담자로 하여금 안심시키려는 반응을 하게 하거나 종교적인 문제로의 단언을 내리게 하기 쉽다. 고립형 반응형태에서 설명했지만 내담자의 태도에 따라 또 전체 상황의 특성에 따라 대답이 달라질 수 있다.

[연습 2를 활용하는 방법(2)]

'연습 2를 활용하는 방법 1'에서는 자신의 반응을 표시해 자신의 반응특성을 알아 보았지만 여기에서는 중심선의 특성을 변별하는 연습을 한다. 이는 앞의 연습을 심화시키는 것으로, 우리가 가려는 방향 — 촉진관계의 형성 — 을 구체화해준다.

아래에 6가지 범주가 소개되어 있다.

평가	상담자 자신의 도덕적 기준에 근거하여 판단함.
해석	내담자의 진의를 왜곡하거나 설명하려 함.
지지	내담자를 안심시키고 동정함.
조사	질문을 하며 관련정보를 더 얻고자 함.
해결	문제에 대해 즉시 대답을 주고자 함. 해결책을 제시함.
반영	내담자의 말을 이해하는 자세로 경청하며 반복 또는 반영해 보임.

앞의 각 사례에 대한 반응을 읽고, 그 반응이 위의 6가지 범주 중 어떤 태도를 나타내는지 적어 보시오.

각 면접사례에 대한 대답을 마칠 때까지 정답을 보지 않는 것이 좋다. 정답을 확인한 후에 사례 내용을 다시 읽어 보고 특정한 실수를 했다면 그 이유를 생각해 보시오.

연습 2를 활용하는 방법 - 2의 정답

분류기호 사례	1	2	3	4	5	6	7	8	9	10
A	조사	평가	해석	해석	반영	평가	지지	해석	조사	조사
B	평가	반영	반영	지지	평가	해석	해결	반영	해석	평가
C	해결	해석	조사	평가	조사	반영	조사	해결	반영	해석
D	해석	조사	해결	반영	해석	해결	평가	조사	해결	해결
E	반영	지지	평가	해결	지지	조사	반영	평가	지지	지지
F	지지	해결	지지	조사	해결	지지	해석	지지	평가	반영

상담 연습(1):
촉진적 관계의 형성

3

지금부터 본격적인 연습이 시작된다. 상담의 촉진적 관계를 형성하는 데 필수 요소인 공감적 이해에서부터 수용적 존중, 일관적 성실성 및 전문적 구체성이란 무엇이며 어떻게 상담자의 반응으로 표현되는지가 설명된다. 설명 후에는 변별 훈련과 획득 훈련으로 나뉘어 연습이 이루어진다.

공감적 이해

공감적 이해란 자신이 직접 경험하지 않고도 다른 사람의 감정을 거의 같은 내용과 수준으로 이해하는 것이다. '공감적'이라는 것은 내담자가 말하는 내용처럼 관찰될 수 있는 것으로부터 그의 감정, 태도 및 신념처럼 쉽게 관찰될 수 없는 것까지도 정확하게 의미를 포착하는 것이다.

내담자를 공감적으로 이해하고 있음이 전달되면 내담자는 자신이 이해받고 있다는 느낌을 갖게 되며, 상담자를 보다 신뢰하게 되어 자신을 깊이 드러내 보이게 된다. 이러한 과정이 진행됨에 따라 촉진적인 관계가 이루어진다. 내담자를 공감적으로 이해하기 위해서는 먼저 내담자의 의사결정 문제, 불안, 좌절, 환경적 압력 등에 관하여 내담자의 입장에서 느끼려고 노력해야 한다. 이때 상담자 자신은 내담자가 아니기에 그러한 내담자의 감정, 신념, 가치관의 내용 등을 아는 것만으로는 충분치 않다. 상담자가 관찰하고 추론하고 느낀 바를 내담자에게 **전달**하는 것이 보다 중요하다. 예를 들면 한 여학생이 상담에 와서 주저하는 태도로 머리를 푹 숙인 채 "부모님들이 이혼하게 됐다"고 말했다고 하자. 이런 경우에 이 여학생이 외로워졌고 버림받는 것이 아닌가 하는 두려움을 아는 것만으로 충분치 않다. 상담자는 이해한 내용을 내담자에게 전달해야 하고, 전달하기 위해서는 반응을 보여야 할 것이다. 가령 "이번 일은 너에게 매우 충격이 크겠구나. 아마 너는 부모님들이 너를 돌보지 않은 채 떠나버릴 것 같아 불안할 수도 있겠구나"와 같은 상담자 반응은 자신의 감정 및 환경조건에 대한 내담자의 자각을 촉진시켜 줄 것이다. 공감적인 이해를 바탕으로 한 상담자의 반응은 내담자에게 강력하고도 긍정적인 영향을 줄 수 있다. 앞의 예에서와 같은 상담자의 공감적 반응은 그 여학생에게 자기의 강력한 감정을 이해할 수 있고 함께 소통할 수 있는 사람이 나타났다는 의미를 주며, 이 상담자와 이야기하면 도움을 받을 수 있으리라는 기대를 갖게 한다. 이러한 기대와 신뢰가 이루어지면 현실적으로 어려운 상황을 어떻게 효과적으로 대처해 나가느냐에 대한 내담자의 학습이 쉽게 이어질 수 있다.

상담자의 공감적 이해 능력에는 두 가지 기초적인 요소가 있다. 첫째는 상담자가 내담자의 말 속에 깔려 있는 중요한 감정, 태도, 신념 및 가치기준을 포착하는 것이다. 이것은 '감수성'의 차원이다. 두번째로, 상담자가 내담자의 외적인 측면뿐만 아니라 내적인 측면까지 이해하고 알게 되었다는 것을 내담자에게 전달하는 것이다. 이것은 '의사 소통의 차원'이다. 아마도 전달의 과정보다는 감수성의 차원이 상담자로서 더 어려운 부분일 것이다. 내담자가 말하고 느끼는 것, 전체적 생활상황 그리고 이것들이 내담자의 현재와 미래에 관련된 의미를 이해한다는 것은 단순한 과정이 아니다. 내담자가 경험하는 감정을 감지하고 인식하는 데는 어떤 단서가 있으면 도움이 될 것이다. 내담자를 이해하는 데 도움이 되는 중요한 단서는 내담자의 말과 행동이다.

상담자는 내담자의 감정과 경험의 강도가 반영되어 있는 말을 경청함으로써 내담자의 감정에 초점을 맞출 수 있다. 어떤 단어와 구절은 '위험 신호기'처럼 불안이 분명히 표시되기도 한다. 내담자가 "화가 났다," "우울하다," "신경이 날카로워졌다," "죄책감을 느낀다"와 같은 말을 사용했을 때는 감정을 분명히 표현한 것이다. 예민한 상담자는 이런 말들을 듣고, 그런 감정의 내용을 이해하고 있음을 전달하기 위해 반응을 보여준다. 그리고 감정의 기본 성질은 같지만, 여러 가지로 표현된다는 점에 주목할 필요가 있다. 가령 "신경이 쓰인다," "긴장된다," "화가 난다," "기분이 나쁘다," "불쾌하다" 등은 감정의 방향은 같지만 그 강도가 다르다. 따라서 상담자는 "신경이 **꽤** 쓰이나 보군요," "**약간** 긴장을 느끼나 보지요"라든가 "기분이 **아주** 나빴겠군요," "**상당히** 불쾌했나요?" 식으로 감정의 강도도 이해했음을 전달하는 것이 바람직하다. 말하는 억양도 감정을 나타내는 또 다른 단서이다. 화가 났을 때의 목소리는 크게 발성되는 반면에 의기소침한 사람의 목소리는 흔히 가라앉기 마련이다. 그리고 불안한 내담자의 말은 더듬거리거나 같은 말을 반복하며 "어…… 어……"와 같은 망설이는 말을 자주 한다. 내담자의 동작도 중요한 단서가 될 수 있다. 즉 얼굴 표정, 눈의 초점, 손의 움직

임, 의자에 앉아서 우물쭈물하는 것 등은 모두 내담자의 감정을 이해하는 데 중요한 단서이다. 의기소침해 있는 사람은 보통 머리를 푹 숙이고 땅바닥을 쳐다보고, 불안하고 긴장되어 있는 내담자는 손을 꽉 쥐고 있거나 가만히 앉아 있지 못하고 자주 들썩거린다.

여기서 주의할 것은 내담자에 따라 같은 감정이라도 다른 어휘를 사용하여 표현하기도 하고, 목소리의 억양이나 동작이 감정과는 다른 방향으로 나타날 수가 있다는 점이다. 예를 들면, 어떤 내담자는 화가 나 있지만 큰 소리를 내지 않고 낮은 목소리로 말하며 조용히 입을 꼭 다문 채 눈만 이글거리며 앉아 있다. 또 어떤 내담자는 감정과 행동이 서로 모순되는 단서를 제공한다. 즉 소리 높여 말하거나 책상을 막 두드리는 학생에게 "자네는 이번 사건에 대해 굉장히 화가 났군"이라는 반응을 했을 때, "아니예요, 단지 좀 흥분했을 뿐입니다"라고 자기의 분노감정을 부인하는 사례도 있다. 이렇게 분명히 관찰되는 감정과 언어반응의 모순은 내담자에게 별도의 감정이 있거나 자기방어적인 심리가 작용하기 때문이다.

아버지에게 확실히 적개심을 느끼고 있는데도 그런 감정이 없다고 부인하는 내담자의 경우는 부모를 증오하는 자기 자신을 수용할 수 없기 때문일 것이다. 이 때 상담자는 내담자가 부모에게 증오심을 나타내는 것에 대한 죄책감을 느낄지도 모른다고 가정할 수 있다. 따라서 내담자가 자신의 감정을 부인한다고 하더라도 상담자의 공감적 이해반응은 결실을 맺기 마련이다.

우리는 공감적 이해반응을 연마하기 위해 6개의 연습(연습 3에서부터 연습 8까지)을 마련하였다. 연습 3과 연습 4는 공감적 이해 능력의 두 가지 기초적인 요인 중 첫 번째에 해당하는 감정포착 능력의 향상을 목표로 하였다 연습 3은 여러 감정이 유발되는 상황을 제시한 후 이를 확인해 보는 작업이다. 연습 4는 사례들을 주고 그 사례 내용에 깔린 감정들을 포착해 내는 훈련이다. 연습 5에서부터 연습 8까지는 공감적 이해에 필요한 두 번째 능력인, 포착한 감정을 전달하는 능력의 향상을 목표로 하였다. 연습 5에 앞서, 카커프[1]의 공감적 이해의 척도를 소개하고 나머지 연습은 이 척도에 기초하여 진행된다. 연습 5에서는 사례와 그 사

---

1) R. Carkhuff, *Helping and Human Relations: A primer for lay and professional helpers*, New York: Holt, Reinhart and Winston, 1969.

례에 대한 반응들을 제시하고 그 반응이 공감적 이해 척도의 5수준 중 어떤 수준인지를 변별하는 연습을 한다. 이러한 변별연습은 각 수준을 명료화하여 가장 높은 수준에 익숙해지도록 하기 위해서이다. 연습 6에서는 공감적 이해척도의 3, 4 수준에 해당되는 기본적인 공감반응을 연습한다. 이 연습은 비교적 기계적이고 형식적이다. 연습 7에서는 공감적 이해 척도 중 성장동기까지 표현하는 5수준의 반응을 연마하기에 앞서, 제시된 각 사례에 나타난 성장동기를 파악하는 연습을 한다. 끝으로 연습 8에서는 파악한 감정을 기본적으로 전달하고 거기에 성장동기까지 포함해서 전달하는 연습을 하게 된다.

연습 3 일상적 정서의 이해

여기에 여러 가지 정서들과 그 의미가 서술되어 있다.

- **두려움:** 위험하거나 위협적인 상황을 느끼면서 그것을 피할 방법을 모를 때 유발된다.
- **불안:** 공포의 원인 혹은 원천을 모를 때 유발되는, 공포의 일반적인 상태라 할 수 있다. 즉 어떤 사람이 불편함을 느끼면서도 그 원천을 모르는 상태를 말하며, 일정한 대상이 없이 전반적으로 걱정이 많은 상태이다.
- **기쁨:** 바라던 목표가 달성되었을 때 생기는 것으로, 그 강도는 목표의 중요성, 획득하는 과정에서 겪는 어려움, 획득의 우연성의 정도에 의해서 결정된다.
- **분노:** 분노는 목표달성과 관련되어 있으며, 목표획득을 좌절시키는 사람과 사물에 의해 유발된다. 즐거움, 분노를 기본적 정서라 하며 이러한 정서들은 일반적으로 목표달성과 관련되어 있다.
- **성공감과 실패감:** 자신의 수행 결과를 자신의 기대와 비교해 볼 때 생긴다. 즉, 성공감은 기대를 만족시켰거나 그 이상일 때, 실패감은 기대에 미치지 못했을 때 각각 생긴다.

- **자부심과 수치심:** 자신의 행위가 자신의 기대에 미치는지를 평가하여 자신을 좋게 혹은 나쁘게 지각할 때 유발된다.
- **죄책감:** 수치심과는 다른 것으로, 수치심이 바라는 행동을 달성할 능력이 없어서 유발되는 데 반해 죄책감은 자신의 행동이 잘못되었거나 비도덕적인 것으로 지각되었을 때 유발된다. 통상적으로 자기의 이상적 자아에 일치하지 못하거나 사회적인 행동 기준을 깨뜨리는 경우에는 수치감과 죄책감을 복합적으로 느끼게 된다.
- **사랑:** 타인에게 이끌리고 또 이끌리고 싶은 욕망을 느낄 때 유발된다. 또한 사랑하는 사람에 대한 헌신의 감정도 사랑의 특징이다.
- **증오:** 타인을 싫어할 뿐만 아니라 그 대상을 파괴하고 싶은 욕망이 있는 정서이다.
- **질투:** 사랑하는 사람이 자기 아닌 타인에게 애정을 준다고 지각할 때 생긴다.
- **시기:** 자신이 바라는 어떤 것을 타인이 소유하고 있다고 지각할 때 생긴다. 사랑, 증오, 질투, 시기는 그 상황적 조건이 타인의 관계라는 점이 공통적이다.

● **위의 정서들의 의미를 숙지한 후 다음의 연습을 하시오.**

지시된 정서를 가장 잘 나타낸 내용은 어떤 것인지 (   )에 그 번호를 써 넣으시오.

연습을 하고 나면 …

- 각 진술문에서 나타내는 감정을 알아차리는 연습이 된다.
- 각 정서에 대하여 재정의할 수 있는 기회가 된다.
- 여러 가지 감정 진술의 예를 통해 각각의 정서가 실제로 표현되는 양상을 알 수 있다.
- 생소하지 않은 정서들이지만 변별하는 것은 쉽지 않다. 이 연습은 정서의 정확한 이해 및 변별할 수 있도록 돕는다.

1. 두려움 ··· (   )

　가. 그 일은 그 사람의 잘못이다.

　나. 그 일이 일어난다면 그것은 나의 잘못이다.

　다. 나는 내가 비난받을 것임을 알고 있다.

　라. 나는 곤경에 빠져 있지만 어쩔 수 없다.

2. 불안 ··· (   )

　가. 지금 아주 긴장이 된다. 뭔가 좋지 않은 일이 일어날 것 같다.

　나. 이번 시험을 기다리는 것은 너무나 싫다. 나는 낙제할 것만 같다.

　다. 나는 내 학점에 대해 생각하고 싶지도 않다.

　라. 아무도 내게 춤을 신청하지 않으면 어떡하지!

3. 기쁨 ··· (   )

　가. 나는 정말 놀랐다.

　나. 나는 정말로 그 파티가 즐거웠다.

　다. 수 년 동안 해 온 노력의 결과, 나는 드디어 그것을 얻었다.

　라. 확실히 우리팀이 훌륭하다. 오늘처럼 이겼으니까.

4. 분노 ··· (   )

　가. 나는 정말 그것을 해 낼 수 없을 것 같다.

　나. 나는 그 사람 근처에 서 있을 수가 없다.

　다. 그가 방해하지만 않았어도 이겼을 것이다.

　라. 이기려고 애를 쓰면 쓸수록 더 잘 안되는 것 같다.

5. 자부심 ··· (   )

　가. 나는 지금 내가 해야 할 일을 하고 있다.

　나. 이겼지만, 최선을 다하지는 않았다.

　다. 나는 더 잘 할 수 있다.

　라. 나는 열심히 최선을 다해서 승리할 수 있었다.

6. 수치심 ··· (   )

　가. 모든 사람은 내가 잘하지 못한다고 생각한다.

　나. 그렇게 쉬운 시험에 실패한 것을 보니 나는 어쩔 수 없는 존재이다.

　다. 어머니는 내가 잘하지 못한다고 생각하신다.

　라. 나는 공부를 하지 않았고 그래서 실패했다.

7. 죄책감 ··· (   )

　가. 훔친다는 것은 나쁘다. 나는 그러지 말았어야 했다.

　나. 내가 잡힌다는 것을 알았어야 했다.

　다. 나는 더 잘할 수 있는 능력이 있다.

　라. 그것은 내가 무엇을 훔쳤는가에 달려 있다.

8. 사랑 ··· (   )

　가. 나는 그녀와 함께 있는 것을 즐긴다.

　나. 그녀는 내가 원하는 것이면 무엇이든지 준다.

　다. 그녀와 함께 있을 때 나는 달라진다.

　라. 나는 그녀와 영원히 함께 있고 싶다.

9. 증오 ··· (   )

　가. 그는 나를 속였다.

　나. 나는 그를 아주 싫어한다.

　다. 나는 그가 죽었으면 하고 바란다.

　라. 나는 그를 잘 모른다. 그래서 그를 인정할 수가 없다.

10. 질투 ··· (   )

　가. 그는 돈이 필요해서 야근을 해야 한다.

　나. 그녀는 말뿐이다. 그래서 나는 그녀를 인정할 수 없다.

　다. 그녀는 내가 가질 수 없는 물건들을 가지고 있다.

　라. 그는 엄마와 지내느라고 나와 데이트할 시간이 없다.

11. 시기 ··· (   )

　가. 나는 직업을 얻기 위해 열심히 공부했다.

　나. 그가 오기 전까지 그 일은 내가 했었다.

　다. 그녀는 나보다 그를 더 좋아한다.

　라. 그는 그 일을 나보다 더 잘 해낸다.

12. 두려움 ·· (   )

　가. 나는 내 학점이 좋지 못할 거라는 것을 안다.

　나. 나는 무엇이 나를 괴롭히는지 알 수가 없다.

　다. 내가 이 시험에 실패하면 퇴학당할 것이다.

　라. 나는 아무래도 좋지 않은 행동을 했다는 느낌이 든다.

13. 분노 .... (　　)

　가. 나의 직무는 그 때문에 두 배나 어려워졌다.

　나. 나는 여섯 번이나 시도했지만 아직도 그것을 이루지 못하고 있다.

　다. 다음번에는 더 열심히 하겠다.

　라. 이제는 시도하는 것조차 짜증이 난다.

14. 수치심 .... (　　)

　가. 그것을 한다는 것은 좋지 못한 일이었다.

　나. 그런 좋지 못한 일을 한다는 건 나답지 못하다.

　다. 무엇이든 어떻게 하는 것이 옳은지를 알 수 없다.

　라. 나는 다른 방식으로 노력했어야 했다.

15. 죄책감 .... (　　)

　가. 나는 정말이지 그런 사람이 아니다.

　나. 그런 일을 한다는 것은 나답지 못하다.

　다. 난 더 잘할 수 있다구.

　라. 내가 왜 그런 짓을 했는지 알 수가 없군요.

16. 증오 .... (　　)

　가. 그녀가 내 근처에 있으면 난 거기서 떠난다.

　나. 그녀는 내 모든 불행의 원인이다.

　다. 나는 그녀를 좋아하고 싶다. 그녀에게는 나를 이끄는 무엇이 있다.

　라. 그녀가 나를 버리면 아무 것도 할 수 없게 만들어 버리겠다.

17. 질투 .... (　　)

　가. 무엇 때문에 그는 나보다 더 많이 가져야 하지?

　나. 그는 확실히 속았다.

　다. 그는 나에게서 그녀를 빼앗아 갔다.

　라. 나는 그의 마음을 돌릴 수가 없다.

여기서는 내담자가 표현하는 감정 혹은 그의 말 속에 함축되어 있는 감정을 파악할 수 있는 능력을 배워 본다. 이 연습은 정서를 서술할 때 사용하는 단어들을 선택하는 데 도움이 될 것이며, 내담자의 감정에 대한 보다 예리한 분석을 가능하게 함으로써 정확한 반응을 할 수 있도록 할 것이다. 당신이 가장 적절한 느낌의 단어를 선택하는 데 도움을 받을 수 있도록 다음의 5가지 단계를 추천한다.

(1) 느낌의 일반적인 범주를 지적하라.

　예 긍정적이다. 부정적이다.

(2) 느낌의 상세한 종류를 지적하라.

　예 즐겁지 않다. 불안하다. 들떠 있다.

(3) 느낌의 강도에 대해 서술하라.

　예 강하다. 보통이다. 약하다.

(4) 내담자가 자신의 느낌을 표현하기 위해 사용하는 단어들과 같은 의미를 가진 단어를 선택하라.

(5) 내담자에게 의미있는 단어, 즉 그가 사용하는 어휘의 범위내에 있는 단어를 사용하여 느낌을 표현해 보라.

내담자의 느낌을 표현하기 위해서 사용될 수 있는 어휘들이 많이 있다는 사실에 주의하라. 그러나 때때로 내담자가 표현한 느낌을 모두 함축할 수 있는 어휘가 없을 수도 있다.

다음의 반응예들을 읽고 말하는 사람이 어떻게 느끼고 있는지를 몇 개의 형용사나 구문으로 표시해 보시오. 그리고 반응예의 내용 중 어느 부분이 그러한 감정을 추론하게 하였는지도 써 보시오.

다음의 보기를 참고하여 연습을 해 볼 수 있다.

27살된 이 남자는 어제 고향의 모친을 방문하고 와서 상담자와 이야기를 나누었다.

"도대체 왜 일이 그렇게 뒤틀리는지 알 수가 없어요. 어머니는 항상 그렇듯이 왜 좀더 자주 내려오지 않느냐고 추궁하듯 말씀하셨지요. 그러는 동안 저는 속에서 점점 더 화가 났습니다. (그는 눈을 돌려 바닥을 내려다 본다) 마침내 나는 어머니에게 소리를 지르며 대꾸했습니다. 제 처지가 되어보라구요. 내가 한 행동을 믿을 수가 없어요. (그는 손으로 얼굴을 가린다) (머리를 저으며) 무려 10번씩이나 그 말을 하고는 자리를 박차고 어머니의 면전에서 문을 꽝 닫아 버리고 집을 나왔어요."

■ 이 사람을 어떤 감정을 느끼고 있는가?
어쩔 줄 모른다, 죄책감에 사로잡혀 있다, 마음을 가누지 못함,
충격을 받음, 자신에 대해 극도로 실망함, 양심의 가책을 느낌.

■ 당신은 그것을 어떻게 알 수 있는가?
"내가 한 행동을 믿을 수가 없어요," "도대체 왜 일이 그렇게 뒤틀리는지 알 수가 없어요." 바닥을 본다든지, 손으로 얼굴을 가린다든지, 머리를 젓는 등의 비언어적 행동을 보고도 알 수 있다.

연습을 하고 나면 …

• 내담자의 진술을 어떤 부분에서 감정을 포착해야 할지를 연습할 수 있다.
• 여러 가지 감정단어를 생각하고 표현하는 연습을 할 수 있다.
• 내담자의 언어적 · 비언어적 표현에 대한 전적인 경청의 필요성을 안다.

1. 40대 주부, 무자녀

"상담을 받고 나서 아주 좋아졌어요! 이제 제 일을 즐거운 마음으로 할 수 있어요. 새로운 사람들을 만나는 것이 기다려지기까지 하니까요. 남편과 저는 서로보다 진지하게 얘기를 나눠요. 이제는 삶 자체가 그렇게 자유로울 수가 없어요."

• 이 사람은 무엇을 느끼고 있는가?

_____

_____

• 당신은 그것을 어떻게 알 수 있는가?

_____

_____

2. 53세 주부, 이혼의 위기에 처해 있다.

"남편과 저는 이혼하기로 합의했어요. (그녀의 목소리는 아주 가냘프고 어두우며 더듬거린다) 나는 정말 그런 일을 법적인 절차에 맡기고 싶지 않아요 …… (사이를 두고) …… 정말 그 어느 것도, 무엇을 기대할 수 있는지 모르겠어요. (깊은 한숨을 내쉬며) 중년까지는 잘 지내왔어요. 이제 재혼은 가능하다고 생각하지도 않구요. 무얼 어찌해야 좋을지 알 수가 없어요."

• 이 사람은 무엇을 느끼고 있는가?

_____

_____

• 당신은 그것을 어떻게 알 수 있는가?

_____

_____

3. 45세 남자, 16세된 딸이 있으나 교통사고를 당하였다.

"내가 딸 혼자서 영화구경가는 것을 절대로 허락하지 말았어야 하는 건데…… (계속 자기 손목을 비튼다) 마누라가 직장에서 돌아오면 뭐라고 말해야 할지 모르겠어요. (얼굴을 찡그린다) 마누라는 늘 내가 부주의하다고 말하지요…… 그렇지만 딸에게 소홀하다는 건 다른 문제가 아닙니까! (그는 자리에서 벌떡 일어나 방안을 왔다갔다 한다) 내가 딸 아이의 팔을 부러뜨린 것이라 생각된단 말입니다. 차를 몰던 운전사가 아니라…… (자리에 앉아 바닥을 응시하며, 책상을 손가락으로 계속 두드리며) 모르겠어요."

- 이 사람은 무엇을 느끼고 있는가?

_____

_____

- 당신은 그것을 어떻게 알 수 있는가?

_____

_____

4. 38세 여성, 미혼, 친구를 잃은 이야기를 하고 있다.

"제일 가까운 친구가 내게 절교를 선언했어요. 이유조차 모르겠어요! (목에 힘 주어 말하며) 그때의 행동으로 미루어 보면 내가 자기 험담을 한 것으로 알고 있 는 것 같았어요. 말도 안되는 소리지요! (역시 힘주어 강조한다) 야유, 속상해. 이 동네는 온통 나쁜 험담으로 가득 차 있어요. 걔는 이 사실을 알아야 한다구요. 말 썽을 일으키는 주둥아리가 나불거리는 소리를 걔가 들었더라면…… 내가 적어 도 무슨 말인가는 했을 거예요."

- 이 사람은 무엇을 느끼고 있는가?

_____

_____

- 당신은 그것을 어떻게 알 수 있는가?

_____

_____

5. 17세의 여고생이 여자친구에게 말한다.

"선생님께서 오늘 나에게 기대 이상으로 공부를 잘 했다고 하셨어. 마음만 먹 고 열중하면 공부를 잘 할 수 있다고 늘 생각해 왔거든. (웃으며) 이번 학기에는 열심히 했기 때문에 성적이 제대로 나온거야."

• 이 사람은 무엇을 느끼고 있는가?

_____

_____

• 당신은 그것을 어떻게 알 수 있는가?

_____

_____

6. 29세, 상담 훈련을 받고 있는 사람, 자기가 속한 집단의 구성원들에게 말한다.

"이 모임에서 무엇을 기대할 수 있는지 모르겠어. (주저하는 빛을 보이며 말한다) 전에는 한 번도 이런 집단에 들어온 적이 없었어. 내가 본 바로는, 글쎄……당신들은 잘 해내고 있지만, 나는 제대로 하는 건지 모르겠거든. (깊게 한숨을 내쉬며) 나 자신과 다른 모든 사람과 비교를 하고 있는데, 이 일을 잘 해냈으면 좋겠어 ……(사이)…… 근데, 솔직히 자신이 없거든."

• 이 사람은 무엇을 느끼고 있는가?

_____

_____

• 당신은 그것을 어떻게 알 수 있는가?

_____

_____

7. 20세의 대학생이 상담자에게 대학생활에 대해 말한다.

"이제 2년째 대학에 다니고 있지만 별다른 일이 없어요. (맥이 풀린 채) 여기 선생님들은 그저 그래요. 솔직히 말해 저는 더 훌륭한 분들일 거라고 생각했었거든요. 적어도 제가 들은 바로는요. 그리고 이곳에서 지낸 생활에 대해서도 이야기할 것이 없어요. 매일같이 그리고 매 주마다 다람쥐 체바퀴 돌듯이 생활을 해요."

• 이 사람은 무엇을 느끼고 있는가?

_____

_____

• 당신은 그것을 어떻게 알 수 있는가?

_____

_____

8. 42세의 기혼 여성, 10대 초반의 세 자녀가 있고, 교회목사와 이야기하고 있다.

"제 남편은 아이들과의 문제를 내게 뒤집어 씌우려는 것 같아요. 저는 늘 중립을 지키고 있어요. 남편은 아이들에 관해 내게 불평을 하죠. 아이들도 똑같이 아빠에 대해 그러구요. (목사를 똑바로 쳐다보며 매우 신중하게 얘기를 한다) 저는 이제 모든 것에 상관하고 싶지 않아요. 도대체 나는 어떻게 처신해야 할지 모르겠어요."

• 이 사람은 무엇을 느끼고 있는가?

_____

_____

• 당신은 그것을 어떻게 알 수 있는가?

_____

_____

9. 39세 총각, 약 1년 정도 소속했던 친목모임에서 이야기한다.

"드디어 마음에 드는 여성을 만났어요. 그녀를 보면 새삼 나 자신을 발견하게 되지요. 아이를 낳지 못한다고 해도 그녀를 깊은 애정으로 돌봐줄 수 있을 것 같아요. (차분하고 부드러운 목소리로) 그녀 역시 나에게 잘 대해 줍니다. 예전에는 생각지도 못한 일이지요. (약간 목소리를 높이며) 이게 정말 나에게 일어나고 있는 일인가요? 정말로요."

• 이 사람은 무엇을 느끼고 있는가?

_____

_____

• 당신은 그것을 어떻게 알 수 있는가?

_____

_____

10. 10대 후반의 소녀, 2년 기간으로 소년원에 복역하는 중에 상담자에게 말한다. (잠시 동안 침묵을 지키며 앉아 있으나, 묻는 말에 대답하지 않는다. 그러다가 머리를 좌우로 흔들면 방을 이리저리 둘러본다.)

"저는 여기서 무엇을 하고 있는 건지 모르겠어요. 선생님은 제게 온 세번째 상담자이시지요…… 아니 네번째인가? 시간낭비일 뿐예요! 왜 그들은 저를 이곳에 오게 하는거죠? (상담자를 똑바로 바라보며) 이제 쇼를 그만 하시죠. 좀 똑똑해지시라구요."

• 이 사람은 무엇을 느끼고 있는가?

_____

_____

• 당신은 그것을 어떻게 알 수 있는가?

_____

_____

11. 54세의 남자, 직장 분위기에 대해 상담자에게 이야기하고 있다.

"어떻게 하면 좋을지 모르겠습니다. 내게 적당하지 않는 일을 시키려드는 겁니다. 그런데 내가 그 일을 안하면, 저는 해고될 겁니다. 이제 와서 다른 직장을 구할 수 있을지 모르겠습니다. 그렇지만 그 일을 하려면 곤경에 빠져들고 말겁니다. 내가 희생의 제물이 되는 셈이죠. 어지럽습니다. 예전에는 이런 적이 결코 없었거든요…… 어떻게 하면 좋겠습니까?"

• 이 사람은 무엇을 느끼고 있는가?

_____

_____

• 당신은 그것을 어떻게 알 수 있는가?

_____

_____

ⓒ 공감적 이해의 5수준

여기에는 공감적 이해의 척도가 제시되어 있으며, 이는 공감적 이해반응을 연습할 때 그 기준을 마련하고자 한 것이다. 이 척도로 자신의 반응을 평정해 봄으로써 훈련기간 동안 또는 그 후에라도 조력 수준을 향상시키는 데 큰 도움을 얻을 수 있을 것이다. 또한 이 척도에 근거하여 전형적인 공감반응의 공식을 마련하였다.

● **수준 1**: 상대방의 언어 및 행동 표현의 내용으로부터 벗어나거나 내용에 주의를 기울이지 않기 때문에 감정 및 의사소통에 있어서 상대방이 표현한 것보다는 훨씬 못 미치게 소통하는 수준.

● **실제**: 상대방이 명백하게 표현한 표면적인 감정조차도 제대로 인식하지 못한 의사소통을 한다. 지루함을 느끼거나 무관심해지거나, 상대방의 참조틀(또는 판단 기준)을 완전히 배제한 경우이다. 즉 상대방의 이야기를 전혀 듣지도 않거나, 명백한 감정을 전혀 이해하지도 못하고 민감하게 받아들이지도 못하여, 상대방과의 의사소통이 손상된 경우이다.

● **수준 2**: 상대방이 표현한 감정에 반응은 하지만 상대방이 표현한 것 중에서 주목할 만한 감정을 제외시키고 의사소통하는 수준.

● **실제**: 상대방의 명백한 표면적인 감정을 어느 정도 인식하나, 정서의 올바른 수준은 흘려버리거나 의미 수준을 왜곡시켜서 의사소통하는 수준이다. 본인

은 자기의 의사를 전달할 수는 있으나 상대방의 표현 수준과 일치하지는 않는다. 즉 상대방이 표현하거나 의도하는 것과는 거리가 있는 감정 및 의미에 반응하는 수준이다.

- **수준 3:** 상대방이 표현한 것과 본질적으로 같은 정서와 의미를 표현하여 상호교류적인 의사소통을 하는 수준.

실제: 상대방의 표면 감정을 정확히 이해하여 반응을 하기는 하지만 보다 내면적 감정에는 반응하지 못하고 있다. 수준 3은 대인관게 기능올 촉진할 수 있는 기초 수준이다.

- **수준 4:** 상대방이 스스로 표현할 수 있었던 것보다 더 내면적인 감정을 표현하면서 의사소통하는 수준. 수준 4부터는 의사소통이 촉진된다.

실제: 상대방이 말로 표현한 것보다 더 내면적인 감정을 표현해 줌으로써 상대방으로 하여금 이전에는 표현할 수 없었던 감정을 표현하거나 경험하게 한다. 즉 상담자는 상대방이 표현한 것 외에 좀더 깊은 감정과 의미를 첨가하여 의사소통하는 수준이다.

- **수준 5:** 상대방이 표현할 수 있었던 감정의 내면적 의미들을 정확하게 표현하거나, 상대방의 내면적 자기 탐색과 완전히 같은 몰입 수준에서 상대방이 표현한 감정과 의미에 첨가하여 의사소통하는 수준. 상대방의 적극적인 성장 동기를 이해하여 표현한다.

실제: 상대방의 표면적인 감정뿐만 아니라 내면적 감정에 대해서도 정확하게 반응하는 경우이다. 상대방과 함께 경험하거나 상대방의 말을 깊이 이해한다. 이렇게 함으로써 상대방으로 하여금 이전에는 깨닫지 못했던 인간 존재의 의미 등을 탐색하도록 힌다. 즉 상내방이 누구인가를 충분히 인식하고 상대방의 가장 깊은 감정까지 포용하여 정확한 공감적 이해를 통하여 의사소통하는 수준이다.

지금부터 공감적 이해의 수준들을 잘 이해하기 위한 연습을 하려고 한다. 다음에 제시된 반응예마다 공감적 이해 척도의 각 수준에 해당하는 5가지 반응들을 섞어 놓았다. 당신은 각 반응이 공감적 이해 척도상 어느 수준에 해당하는지를 평정하되 해당 수준의 숫자를 반응의 왼편에 있는 _____에 써 넣으시오.

> **보기**
>
> "우리집은 왜 그리도 시끄러운지 모르겠어요. 집에서 영 공부할 마음이 없어요."
>
> ___4___ 가. "네가 공부할 때는 식구들이 좀 조용히 해 주었으면 좋겠단 말이지?"
>
> ___2___ 나. "좀 시끄러워도 참고 하면 되잖니?"
>
> ___1___ 다. "뭐가 시끄럽다고 그러니? 공부하기 싫으니까 핑계도 많구나."
>
> ___3___ 라. "그래, 우리집이 시끄러우니까 공부하기 힘들지?"
>
> ___5___ 마. "식구들이 좀 더 조용히 해주면 공부를 더 잘 할 수 있을 것 같단 말이지?"

연습을 하고 나면 …

• 공감적 반응의 실제적인 예를 보고 익힐 수 있다.
• 주위의 일상적인 말에서도 공감적 반응의 수준을 가늠할 수 있다.
• 연습을 거듭할수록 공감적 이해 수준에 대한 정확한 변별력이 생긴다.

1. 퇴근하고 들어오는 남편의 말 "아… 피곤해"

   _____ 가. "남들 다 다니는 회사인데, 혼자 회사 다니는 사람처럼…"

_____ 나. "당신만 피곤한 게 아니에요. 나도 하루 종일 애들이랑 얼마나
        힘들었는데요."

_____ 다. "많이 피곤한가 봐요."

_____ 라. "많이 피곤하시네요. 얼른 쉬세요."

_____ 마. "오늘 정말 수고가 많으셨나 봐요. 얼른 쉬세요."

2. "저는 여기서 일하는 것이 즐겁습니다. 함께 근무하는 다른 선생님들도 다
좋으신 분들이고요. 그런데 교장선생님만은 좀 경우가 다르군요. 그 분의 마
음을 일일이 맞추어 드리자니 여간 힘든 게 아닙니다. 저 나름대로는 열심히
일을 해도 항상 불만이신 것 같아요."

_____ 가. "그럼, 교장선생님께 가서 한번 따져 보시지 않구요? 그냥 지금
        처럼 가만 계시면 앞으로 더욱 힘들어질 겁니다."

_____ 나. "그 심정을 알 것 같습니다. 저도 6년간이나 그렇게 지내왔으니
        까요."

_____ 다. "나름대로는 최선을 다했는데도 교장선생님은 그걸 몰라주고,
        오히려 업무상으로 더 많은 것을 기대하시는 눈치란 말이지요.
        정말 참아내기가 어렵겠군요."

_____ 라. "다른 것은 다 좋은데 교장선생님과의 문제 때문에 의기소침해
        계시는군요."

_____ 마. "교장선생님이 당신의 노력을 조금만이라도 인정을 해주시면
        더욱 잘할 수 있을텐데, 항상 불만을 표현하시니까 참기가 어려
        우시겠어요."

3. "엄마, 나가세요. 노크도 없이 막 들어오시면 어떡해요. 여긴 내 방인
데……"

_____ 가. "너도 이젠 컸으니 너만의 세계를 가지고 싶은 게로구나."

_____ 나. "엄마가 자식 방에도 맘대로 못들어가니? 조그만 게 무슨 비밀
        이 있다구."

_____ 다. "네 방에 노크도 없이 불쑥 들어와서 기분이 몹시 상했나 보구
        나."

_____ 라. "네가 화가 난 모양인데, 엄마가 자식 방에 들어갈 때도 꼭 노크를 해야 하니?"

_____ 마. "혼자 있고 싶었는데 방해를 받아서 언짢았구나?"

4. "이 좋은 일요일날 집구석에 처박혀 있으려니 정말 미치겠네. 에이 신경질나."

_____ 가. "날씨가 화창하니 집에 있기가 답답한 모양이구나?"

_____ 나. "답답하기도 하겠지만 시험이 얼마 안 남았으니 조금만 더 참아라."

_____ 다. "입시 때문에 나가 놀려고 해도 불안하고 집에 있자니 답답하고…… 오늘은 정말 짜증이 난 모양이구나."

_____ 라. "오늘같은 날은 공부고 뭐고 다 그만두고 한번 신나게 놀고 싶기도 하겠지."

_____ 마. "왜 소리를 지르고 난리니? 시간 있을 때 공부나 하지."

5. "일단 저에게 맡겨주신 업무에 대해서는 너무 간섭하지 마세요. 제 소신껏 창의적으로 일하고 싶습니다."

_____ 가. "자네 업무에 대해서 이야기하는 것이 간섭받는다고 생각이 되어서 기분이 상했군."

_____ 나. "자네가 알아서 할 일을 내가 간섭한다는 생각이 들어서 불쾌한 게로군."

_____ 다. "자네가 지난 번에 처리했던 일이 아마 잘못됐었지?"

_____ 라. "믿고 맡겨준다면 잘 할 수 있을 것 같은데, 간섭받는다는 기분이 들면 기분이 썩 안좋겠지."

_____ 마. "기분이 나쁘더라도 상사의 지시대로 해야지."

6. "사무실에서 남자직원들이 당연히 제가 커피를 타야 한다고 생각하는 것 같아요.

_____ 가. "여직원이라는 이유로 무시를 당하면 자존심이 상하지."

_____ 나. "김양이 여자라고 그런 일을 시키는가 보군."

_____ 다. "좀 하면 안되나?"

_____ 라. "남자 직원들과 동등하게 일하고 싶은데 그런 일을 시켰으니 속
상했겠군."

_____ 마. "남자들이 심부름을 시키니 기분이 나빴겠어."

7. "기계가 자주 고장이 나서 목표량만큼 생산할 수가 없습니다. 이번 기회에
기계를 바꾸는 것이 좋겠습니다."

_____ 가. "기계가 자꾸 말썽을 부려서 일을 제대로 못하니 불편하겠군."

_____ 나. "우리도 그런 환경에서 일해 왔다네. 조금만 더 참게."

_____ 다. "기계는 자꾸 고장이 나고, 목표량은 정해져 있으니 회사 눈치도
보이고, 짜증스럽기도 하겠지."

_____ 라. "기계를 바꿔야 할 만큼 자주 고장이 나나?"

_____ 마. "자네는 열심히 하는데 기계 때문에 일을 제대로 못해내니 윗사
람 신경도 쓰이고 속상하겠군."

8. "저는 우리 가족에게 못할 짓을 하고 있는 것 같습니다. 밤에는 대학원에 나
가고 거기다가 집에 오면 할 일이 산더미 같습니다. 그래서, 가족과 함께 보
낼 시간이 전혀 없습니다."

_____ 가. "최선을 다해 열심히 사시지만 학업과 직장 일로 가족과 함께 충
분히 시간을 보낼 수가 없어 안타까와 하시는군요."

_____ 나. "그럼, 한 가지 일이라도 옳게 되도록 선생님이 하실 수 있는 활
동 계획을 다시 세워보는 게 어떻습니까?"

_____ 다. "일이 너무 많아서 가족과 원만히 지내지 못해 염려하고 계시는
것 같군요."

_____ 라. "너무 많은 일을 떠맡고 가족과 함께 시간을 보낼 수 없다보니
자신이 너무 많은 것을 얻으려 하고 있는 것 같이 느끼시는군
요."

_____ 마. "가족과도 잘 지내면서 학교일과 공부도 해내고 싶지만 여의치
가 않아 무척 안타까우시겠어요."

9. "며칠전 ○○와 말다툼을 해서 서로 말도 안하고 지내요. 그 후로 먼저 말을
걸려고 생각해도 그게 잘 안돼요."

가. "○○랑 사이가 안 좋으시군요. 그래도 친구문제는 자신이 알아서 해야 될 것 같군요."

　　　나. "말다툼을 했지만 지나고 보니 후회도 되고 그 친구와 그 전처럼 친하게 지내고 싶은 생각이 드시는군요."

　　　다. "당신의 성격이 까다로운 것 같군요. 그러니 친구가 있겠어요?"

　　　라. "○○와 다투고 나니 마음이 편치 않은 모양이군요."

　　　마. "사소한 문제 때문에 말도 안 하고 지내려니 맘이 편치 않고 말을 걸고 싶은데 막상 그게 잘 안되는 모양이군요."

10. "이제 내 실력으로는 A대학을 포기하겠어요. 에이, 그냥 B대학이나 가죠. 그냥 속편하게 생각하기로 했어요."

　　　가. "무슨 소리니? B대학도 학교니? 거길 가려면 아예 지금 관둬라."

　　　나. "자신이 없어 막상 A대학을 포기 하자니 속이 상하겠구나."

　　　다. "네가 자신이 없는 모양이지만 지금 A대학을 포기하는 것은 너무 일러."

　　　라. "A대학을 가자니 자신이 없고 B대학을 가자니 성에 안차고 그래서 갈등이구나."

　　　마. "네가 A대학 가는 게 자신이 없는 모양이구나."

연습 ⑥　　**공감적 이해의 기본 수준**

　　이 연습에서 당신은 지금까지 학습한 원리 — 감정의 지각과 공감적 이해의 5수준 — 를 이용하여 내담자의 진술내용에 대한 자신의 반응을 기록해 본다. 내담자에게 반응할 때는 그가 표현한 느낌이나 감정을 반영해 주어야 한다. 즉 상담자는 내담자가 말하는 내용을 잘 듣고 있을 뿐만 아니라 심층적 느낌까지도 이해하려고 노력한다는 사실을 내담자에게 보여주어야 한다. 내담자의 표면적 느낌뿐만 아니라 심층적 느낌까지도 지각할 수 있도록 사례들을 주의깊게 읽어

보기 바란다. 그리고 그 느낌과 내용을 가장 잘 대변해 줄 수 있는 한두 마디의 단어를 택해서 그 사례 아래의 문장에 있는 빈칸에 써 넣으면 된다. 자신의 반응이 다소 기계적인 것 같이 보일 수도 있으나 이렇게 시작함으로써 내담자의 감정과 말이 내용을 정확하게 반영하는 단어를 선택하는 데 크게 도움을 받을 수 있다. 더불어 자신의 말로 자연스런 반응을 다시 구술해 보라. 여러 번 연습을 하다 보면 자발적이고 신선한 반응을 진술하기가 더 쉬워진다.

다음과 같은 두 가지 방식으로 반응해 보자.
(1) 공식 반응: _____하기 때문에 _____하게 느끼시는군요.
(2) 자유 반응: 당신 자신의 말로 자기의 반응을 다시 적어 보시오. 〈보기〉를 보고 각 반응예들을 적용해 보시오.

보기

　　　31세의 기혼여성으로 자신의 결혼생활에 대해 이야기하고 있다.

"믿을 수가 없어요! 남편이 매일 저녁식사 시간에 맞추어서 귀가하기로 지난 주에 여기서 약속한 걸 아시지요? (네) 이번 주에 그는 제 시간에 귀가 했어요. 이렇게 완벽하게 약속을 이행할 줄은 상상도 못했어요."

- 공식 반응: 남편이 약속을 정말로 지켰기 때문에 굉장히 기분이 좋으시군요.
- 자유 반응: 그는 당신이 기대한 이상을 해냈군요. 그래서 한편으로 놀라면
　　　　　　서도 또 기쁨을 느끼셨군요.

연습을 하고 나면 …

• 막연히 느껴지는 공감을 언어로 '표현'하는 연습을 해볼 수 있다.
• 자신의 스타일로 자연스럽게 공감을 표현하는 연습을 할 수 있다.

40세의 남자가 자기 어머니가 불합리하다는 사실을 다음과 같이 말한다.

"우리 어머니는 아픈 것을 핑계로 나를 꽁꽁 묶어 두고 있어요. 몸이 편치 않으

신데, 마음이 약한 제가 어떻게 어머니의 요구를 들어주지 않을 수가 있겠어요? (의자를 주먹으로 치면서) 완전히 그런 식이지요. 아마도 일평생 그렇게 나를 묶어둘 거예요. 만약에 내가 그 요구를 들어주지 않아서 어머니가 돌아가신다면 그 책임은 나한테 떨어질 것이 분명하거든요."

- 공식 반응: _____하기 때문에 _____하게 느끼시는군요.
- 자유 반응: _____
  _____

2. 대학생이 학교상담자에게 말한다.

"전에는 차를 마시며 사람들과 대화를 하면서 시간을 보내는 것이 즐거웠는데 이제는 그런 것들이 하찮은 일로 느껴져요."

- 공식 반응: _____하기 때문에 _____하게 느끼시는군요.
- 자유 반응: _____
  _____

3. 학부모가 담임교사에게 말한다.

"성희는 아침에 등교하기를 두려워하는 것 같아요. 어떤 때는 정말 몸이 아파서 등교를 못하기도 합니다."

- 공식 반응: _____하기 때문에 _____하게 느끼시는군요.
- 자유 반응: _____
  _____

4. 25세의 미혼 여성이 그녀의 애인에 대해 말한다.

"나는 그를 이해할 수 없어요. (잠시 머뭇거리다가 머리를 살래살래 흔들며 아주 느리게 말하기) 나는 그가 도대체 나를 사랑하는지 단순히 나와 자려는 수작을 떠는지 알 수가 없거든요. 그는 전에 나를 황홀하게 만들었지요. 그렇지만 다시는 단순히 잠자리를 같이 해서 황홀하게 되고 싶지는 않아요."

- 공식 반응: _____하기 때문에 _____하게 느끼시는군요.
- 자유 반응: _____

_____

5. 38세의 회사원이 그의 친한 동료에게 다음과 같이 말한다.

"나는 우리 사장님이 무엇을 원하는지 정말 알 수가 없단 말야. 내 생각에는 내가 특별한 일을 한다고 생각지도 않는데 사장님은 내가 일을 잘한다고 칭찬하거든. 전혀 꾸중이라고는 없어. 난 도대체 무엇 때문에 사장님이 나를 무조건 칭찬하는지 알 수가 없어. 그래서 난 가끔씩 나도 뭔가 잘못 하고 있지 않을까 생각해 보곤 하는데 이게 내가 잘 처신하고 있는 건지 잘 모르겠어."

- 공식 반응: _____하기 때문에 _____하게 느끼시는군요.
- 자유 반응: _____

_____

6. 대퇴부 골절상을 당한 73세의 할머니가 다음과 같이 말한다.

"당신도 나이가 들면, 당신에게도 이런 일이 일어날 수도 있다는 것을 예상해야만 한다우. 이보다 더 나쁜 상태가 될지도 모르지. 나는 여기 이렇게 병상에 누워 있으면서 세상에서 나보다 더 불행한 일을 겪는 사람들을 계속 생각한다. 나는 절대 불평하지 않아요. 물론, 지금 나는 이것이 재미있다거나, 여기 병원에 종사하는 사람들이 나에게 이 세상에서 가장 서비스를 잘 하고 있다는 뜻은 아니예요. 누가 그렇게 할 수 있겠어요? 그러나 사실 이런 병원이 존재해 준다는 것만도 참으로 다행한 일이지요."

- 공식 반응: _____하기 때문에 _____하게 느끼시는군요.
- 자유 반응: _____

_____

7. 28세의 대학원 여학생이 교수에게 말한다.

"저는 내일까지 학기말 보고서 2개를 제출해야만 합니다. 오늘 오후 수업시간에 하나를 제출해야 하고요. 그런데 제 남편이 감기에 걸려 있어요. 보고서는 제출해야 하고 남편 건강도 돌보아야 하는데 어떻게 해야 좋을지 모르겠어요.”

- 공식 반응: _____하기 때문에 _____하게 느끼시는군요.
- 자유 반응: _____

8. 예기치 않은 임신을 한 21세 여대생이 상담자에게 다음과 같이 말한다.

“저는, 여기서 얘기할 수 없다고 생각해요. ……(사이)…… 선생님은 남자라서…… 나와 내 남자친구, 그리고 나와 가족들간에 일어난 일은 너무 개인적인 것들이라서요. 그런 일들을 낯선 사람에게 얘기할 수 없잖아요.”

- 공식 반응: _____하기 때문에 _____하게 느끼시는군요.
- 자유 반응: _____

9. 대학생이 상담자에게 말한다.

“부모님이 오늘 오후에 내가 자취하는 집에 와 보시겠다는데 정말 야단이에요. 실은 며칠째 설거지도 안하고 빨래와 청소도 오랫동안 하지 않았거든. 집안이 너무 엉망이라서 야단치실텐데.”

- 공식 반응: _____하기 때문에 _____하게 느끼시는군요.
- 자유 반응: _____

10. 41세의 고등학교 상담교사가 동료에게 다음과 같이 말한다.

“때때로 나는 내가 거짓말 투성이로 살고 있다는 생각을 해요. 난 이제 더 이상 고등학교 아이들에게 관심이 없어졌거든요. 그래서, 나는 상담실에 들어가더라도 학생들에게는 결코 큰 도움이 되어 주지를 못해요. 그 아이들 대부분이, 그리고 그 아이들의 문제가 너무나 지겨워요. 그렇지만 나는 여기에 12년째 몸담아 왔지요. 나는 이곳에 계속 머무르고 싶어요. 난 정말 아이들에게 애정과 관심을 가져보려고 꽤 애를 쓰는데 그게 잘 되지가 않아요."

• 공식 반응: _____하기 때문에 _____하게 느끼시는군요.
• 자유 반응: _____

_____

연습 7　성장동기의 이해

　　상담자가 내담자의 감정이나 생각에 공감하고 있음을 전달하면 내담자는 자신이 이해받고 있다는 느낌을 갖게 되며, 상담자를 보다 신뢰하게 되어 자신을 깊이 드러내 보이게 된다. 이러한 과정이 진행됨에 따라 촉진적인 상담관계가 이루어지게 된다고 앞에서도 이야기했었다. 여기서 촉진적인 관계란 '라포'(rapport)를 번역한 말이지만, 원래의 라포라는 말보다도 더 의미있는 우리말이 되었다. '촉진적'이라는 말은 상담의 1차적 목표인 문제해결에로의 변화를 함축하고 있을 뿐 아니라, 보다 더 나은 변화, 즉 생산적이며 성장적인 변화의 의미도 지니고 있다. 다시 말해서 성장, 발달, 생산 및 문제해결과 같은 긍정적 방향으로의 변화를 촉구하고 도와준다는 의미이다.

　　사람의 모든 문제가 성장하고 발전하려는 동기의 다양한 표현이라는 면에서도 촉진적 관계는 순리적인 관계이다. 공감적 이해의 가장 높은 수준에는 바로 이 성장동기를 외현화시키는 반응이 포함된다. 그러나 대개는 문제 자체에 얽매어 성장동기보다는 부정적인 생각이나 감정의 토로나 수용에 집착하기 쉽다. 우리의 일상생활을 돌이켜 보더라도 이러한 성장동기의 발견을 그리 쉬운 일이 아니기 때문에 연습 7은 성장동기의 발견을 목표로 한다. 시끄러워서 공부를 못하겠다고 불평하는 볼메인 소리에도 공부하고 싶다는 생산적 동기가 있고, 어른들의 간섭이 지긋지긋하다고 외치는 소리에도 혼자서 독립적으로 해보겠다는 성장동기가 있다. 이제 불편하고, 무엇인가 안되고, 억울하고, 실망되고, 화나는 등의 부정적 감정이 담겨있는 내담자 반응에서 긍정적 성장동기를 찾아보도록 하자.

다음의 반응들에서 내담자의 성장동기가 무엇인지 찾아 써보기 바란다. 보기를 참고로 할 수 있으며, 내담자의 긍정적인 바람이나 희망이 무엇인기 찾아보면 쉽게 발견할 수 있다.

> **보기**
>
> "우리 사장님은 일단 저에게 어떤 일을 지시하고 맡겼는데도 수시로 간섭하고, 중간에 이랬다저랬다 해서 도대체 무슨 일을 시작하고 싶지가 않아요."
>
> ■ 성장동기: 소신껏 해보고 싶다. 믿고 맡기면 창의적으로 할 수 있다.

연습을 하고 나면 …

- 말의 이면에 담긴 성장동기를 찾아내는 연습을 할 수 있다. 아무리 부정적인 말의 연속이어도 그 이면에는 그 사람의 희망과 원하는 바가 있다는 사실을 다시 한 번 깨닫게 된다.
- 내담자의 언어 속에 숨어있는 성장동기를 찾을 수 있다.

1. "우리 회사는 휴가기간이 너무 짧은 것 같아요. 3일이 뭡니까? 집에서는 야단이고, 가족들에게 들볶여서 죽겠어요."

- 성장 동기: _____

2. "저는 오늘 제가 할 일을 다 해놓고 친구가 왔길래 잠깐 나갔다 왔는데도 엄마는 제가 끈기가 없다고 막 야단하시는 거예요."

- 성장 동기: _____

3. "사무실에서 남자 직원들이 당연히 제가 커피를 끓여야 한다고 생각하는 것 같아요. 서로 똑같이 시험보고 입사한 것인데 단지 여자라는 것 때문에 그런 대우를 받는 거예요."

- 성장 동기: _____

4. "저는 정신집중이 안돼요. 그래서 학교 공부에 지장이 많아요. 한 과목에서는 낙제를 받았어요. 아무리 열심히 책을 읽으려고 해도 머리에 들어오지 않아요."

- 성장 동기: _____

5. "저는 독일에 유학가고 싶습니다. 그런데 4년 동안 약혼자와 떨어져 있으면 여러 가지로 힘들 것 같습니다."

- 성장 동기: _____

6. "저는 여학생들 앞에 서면 아무 말도 할 수가 없어요. 친하게 이야기하는 여학생이 하나도 없어요."

- 성장 동기: _____

7. "오부장은 직장 상사라지만 저에겐 학교 후배인데, 선배인 저한테 너무 건방진 것 같아요."

- 성장 동기: _____

8. "한 주간 동안 저는 열심히 공부하고 과제물도 모두 작성하고 사회문제에 관해 토론두 벌였어요. 그런데 그 다음 주에는 폭음을 하고, 향락을 즐기고, 종일 노름을 했지요. 전혀 딴판의 생활을 한 셈이지요. 집에서 떨어진 이 곳 대학이 좋습니다. 그렇지만 여기서 내가 진정 무엇을 원하고 있는 건지 모르겠습니다."

- 성장 동기: _____

9. "수능은 자꾸 다가오는데 어디서부터 시작해야 할지 너무 막연해요. 그냥

아무 생각없이 멍한 상태로 계속 있어요."

• 성장 동기: _____

10. "공부를 억지로 하는 것 같아요."

• 성장 동기: _____

연습 8 높은 수준의 공감적 이해

이제는 연습 7에서 파악한 성장동기를 언어적 반응으로 내담자에게 표현해
보는 연습을 시도한다.

연습 7의 보기에서 이해된 성장동기로 반응을 해 보면, "믿고 맡기면 소신껏
할 수 있는데 중간에 간섭을 받아서 매우 짜증나고 일하기 싫은 거군요"가 그 한
예가 될 수 있다. 이런 식으로 연습 7에서 제시했던 10개의 반응에 대해 높은 수
준의 공감적 이해 반응을 만들어 보시오.

연습을 하고 나면 …
• 성장동기를 반영하여 실제 반응을 연습해 볼 수 있다.
• 지금까지 연습했던 것을 보다 자연스럽게 나의 스타일로 표현할 수 있는
  기회이다.
• 내담자의 성장동기를 이해하고 수준 높은 공감을 표현할 수 있다.
• 라포형성을 위한 시간을 단축할 수 있다.

1. "우리 회사는 휴가기간이 너무 짧은 것 같아요. 3일이 뭡니까? 집에서는 야
   단이고, 가족들에게 들볶여서 죽겠어요."

• 높은 수준의 공감적 이해 반응: _____

_____

2. "저는 오늘 제가 할 일을 다해 놓고 친구가 왔길래 잠깐 나갔다 왔는데도 엄마는 제가 끈기가 없다고 막 야단하시는 거예요."

 • 높은 수준의 공감적 이해 반응: _____

 _____

3. "사무실에서 남자 직원들이 당연히 제가 커피를 끓여야 한다고 생각하는 것 같아요. 서로 똑같이 시험보고 입사한 것인데 단지 여자라는 것 때문에 그런 대우를 받는 거예요."

 • 높은 수준의 공감적 이해 반응: _____

 _____

4. "저는 정신집중이 안돼요. 그래서 학교 공부에 지장이 많아요. 한 과목에서는 낙제를 받았어요. 아무리 열심히 책을 읽으려고 해도 머리에 들어오지 않아요."

 • 높은 수준의 공감적 이해 반응: _____

 _____

5. "저는 독일에 유학가고 싶습니다. 그런데 4년 동안 약혼자와 떨어져 있으면 여러 가지로 힘들 것 같습니다."

 • 높은 수준의 공감적 이해 반응: _____

 _____

6. "저는 여학생들 앞에 서면 아무 말도 할 수가 없어요. 친하게 이야기하는 여학생이 하나도 없어요."

 • 높은 수준의 공감적 이해 반응: _____

 _____

7. "오부장은 직장 상사라지만 저에겐 학교 후배인데, 선배인 저한테 너무 건방진 것 같아요."

   • 높은 수준의 공감적 이해 반응: _____

   _____

8. "한 주간 동안 저는 열심히 공부하고 과제물도 모두 작성하고 사회문제에 관해 토론도 벌였어요. 그런데 그 다음 주에는 폭음을 하고, 향락을 즐기고, 종일 노름을 했지요. 전혀 딴판의 생활을 한 셈이지요. 집에서 떨어진 이곳 대학이 좋습니다. 그렇지만 여기서 내가 진정 무엇을 원하고 있는 건지 모르겠습니다."

   • 높은 수준의 공감적 이해 반응: _____

   _____

9. "수능은 자꾸 다가오는데 어디서부터 시작해야 할지 너무 막연해요. 그냥 아무 생각없이 멍한 상태로 계속 있어요."

   • 높은 수준의 공감적 이해 반응: _____

   _____

10. "공부를 억지로 하는 것 같아요."

   • 높은 수준의 공감적 이해 반응: _____

   _____

수용적 존중

우리가 누군가를 도우려고 할 때에, 자신의 문제를 스스로 해결할 수 있는 잠재력을 믿지 못한다면 그를 도울 수 없다. 우리가 내담자의 독특한 개성과 자질을 이해함에 따라 그를 존중하는 마음이 생기게 된다. 내담자가 삶의 여러 측면에서 노력하고 있는 모습을 발견하게 될 때 그를 존중하는 마음이 증가하게 된다. 상담자가 효과적으로 관심을 기울이는 행동과 내담자의 능력에 대한 믿음 등을 통하여, 상담자는 내담자에 대한 존중을 나타낼 수 있다. 그리고 내담자가 스스로 할 수 있을 때 그를 위해서 무엇인가를 지원해 주기보다는 오히려 그러한 내담자의 노력을 격려해 줌으로써 내담자에 대한 존중을 보여줄 수 있다.

온정이나 배려는 공감 및 존중과 밀접히 관련되어 있다. 우리가 잘 알지 못하거나 별로 좋아하지 않은 사람을 돕는다는 것은 그리 쉬운 일이 아니다. 그러나 상담을 하다보면 꼭 싫어하는 것은 아니지만 상담자와 다른 의견을 가진 내담자도 만날 수 있다. 아니 상담자와 의견이 비슷한 내담자를 만나기 어렵다는 편이 더 적절한 표현일 것이다. 이 때 의견 차이가 있는 두 사람간에 존중이 어떻게 교환될 수 있느냐 하는 것이 문제가 된다. 상담자가 내담자의 의견에 동의하지 않는 것과 내담자를 거부하는 것은 구별되어야 한다. 즉 내담자의 의견에는 동의하지 않을 수 있지만 내담자를 하나의 인격체로서 존중할 수 있다. 거부나 이의는 수용적 행동이 아니라는 생각에서 내담자의 말을 덮어놓고 받아들여서는 안된다.

한편, 반대 의견을 전달할 경우엔 부드러운 음성이나 기타 비언어적 단서로서 내담자를 인격적으로 수용하고 있다는 것을 전달해야 한다. 반대의견의 표현과 인격적 거부가 서로 다르다는 점을 내담자에게 깨닫게 하는 것은 그 자체가 내담자의 성장을 촉진하는 것이다. 중요한 점은 상담자가 반대의견을 표현했을 때, 내담자가 협박을 받는 듯하고 불안을 느끼게 되면, 내담자는 조심스럽고 주저하게 되며 자신을 방어하게 된다는 것이다. 또한 내담자는 자기의 감정과 생각을 자유롭게 표현하지 않을 것이다. 미소와 침착하면서도 부드러운 목소리 등 주로 비언어적 수단을 통해 온정이나 배려가 전달되나 무엇보다도 내담자를 한 인격체로 대한다는 점이 중요하다. 수용적 존중성을 연마하기 위해 여기에 두 가지의 연습을 마련하였다. 연습 9는 반응예에 대한 각 반응이 어느 수준에 속하는 반응인지를 변별하는 연습이며, 연습 10은 주어진 반응에 대한 높은 수준의 존중 반응을 하도록 하는 연습이다. 연습에 들어가기에 앞서 수용적 존중 척도를 소개한다.

수용적 존중의 5수준

- **수준 1:** 의사소통자의 언어와 행동 표현에서 상대방에 대한 존중이 명백히 결여되어 있거나 부정적 배려만이 있는 수준.

- **실제:** 상대방의 감정과 경험이 고려할만한 가치가 없다거나 상대방이 건설적으로 행동할 능력이 없는 것으로 판단하는 인상을 전달한다. 상대방에 대한 배려가 없고 자신이 평가의 유일한 초점 및 기준이 된다. 즉 여러 가지 형태로 상대방의 감정, 경험 및 잠재력에 대해 전혀 존중하지 않는 경우이다.

- **수준 2:** 상대방의 감정, 경험 및 잠재력에 대해 거의 존중하지 않는 수준.

- **실제:** 상대방의 여러 감정에 대해 기계적으로 또는 수동적으로 반응하거나 상대방의 감정을 거의 무시해 버린다. 즉 여러 가지 형태로 상대방의 감정, 경험 및 잠재력에 대해 별로 관심을 두지 않거나 존중하지 않는다.

- **수준 3:** 상대방의 감정, 경험 및 잠재력에 대해 기본적으로 긍정적인 존중과 관심을 전달하는 수준.

- **실제:** 상대방의 자기표현 능력과 생활환경을 건설적으로 다루는 능력에 대해 존중해 주고 관심을 보여준다. 요컨대 여러 가지 방법으로 상대방이 누구이며 무엇을 하고 있고 또 중요한 존재임을 인식하고 있다는 느낌을 전달한다. 대인관계의 기능을 촉진하는 기초수준이다.

- **수준 4:** 상대방에 대해 깊은 긍정적 존중과 관심을 표명하는 수준.

  - **실제:** 상대방에게 한 개인으로서 자유로움을 느끼도록 하며 자신이 가치있는 인간임을 경험하도록 의사소통하는 수준. 상대방에게 감정, 경험 및 잠재력에 대해 깊은 관심을 전달한다.

- **수준 5:** 상대방에게 한 인간으로서의 가치와 자유인으로서의 잠재력에 대해 매우 깊은 긍정적인 존중을 전달하는 수준.

  - **실제:** 상대방에게 인간적인 잠재력에 대해 아주 깊은 관심을 쏟아주는 경우이다. 상대방의 인간적 가치에 몰입되어 의사소통을 한다.

연습 ⑨ 수용적 존중 수준의 변별

다음의 10개의 반응예가 있다. 각각에 대해 다섯 개씩의 반응을 제시하였는데, 그 반응들이 수용적 존중의 차원에서 어느 수준에 해당하는지를 평정하시되 해당 수준의 숫자를 각 반응의 왼편에 있는 _____에 써 넣으시오.

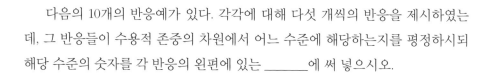

보기

"여자(남자)친구한테 온 편지라고 저한테 보여주시지도 않고 엄마 마음대로 뜯어 보시면 어떻게 해요."

____4____ 가. 옛날 같으면 결혼도 할 나이지. 그러나 아직 그런데 신경 쓸 나이가 아니지 않니?

____2____ 나. 엄마가 자식 편지를 못 뜯어보면 어떻게 하니?

____5____ 다. 네 일은 네게 맡겨도 되는 건데 엄마가 좀 지나쳤구나.

____3____ 라. 잘못인 줄 알면서도 걱정이 돼 그랬다.

____1____ 마. 못된 송아지 엉덩이에 뿔 난다더니 벌써부터 연애니?

- 수용적 존중을 사용한 반응의 실례를 다양하게 관찰할 수 있다.
- 다양한 수용적 존중의 수준을 보고, 높은 수준의 수용적 존중을 나타내는 반응에 대하여 배울 수 있다.
- 수용적 존중의 다섯 가지 수준에 대한 차이를 변별할 수 있게 된다.
- 높은 수준의 수용적 존중 능력을 기른다.

1. "저 오늘 몸이 아파서 조퇴했어요. 좀 더 견뎌 보려고 했는데 참을 수가 없었어요."

   _____ 가. "아플 땐 쉬어야지. 건강해야 공부도 더 잘 할 수 있지."
   _____ 나. "몸이 좀 아프다고 자꾸 조퇴를 하면 어떻게 하니?"
   _____ 다. "또 조퇴냐? 공부하기 싫으니 별 핑계를 다 대는구나."
   _____ 라. "몸이 아프면 힘들지. 그동안 공부하느라고 무리했지."
   _____ 마. "그래 너니깐 그만큼이나 참았지. 넌 왠만하면 조퇴를 하지 않는 아이지."

2. "유학 갈 준비를 해야겠는데, 영 자신이 없어요."

   _____ 가. "그만두지, 그런 정신을 가지고 뭘 할 수 있겠나."
   _____ 나. "그럴 때도 있지. 너무 상심말고 좀 기운을 내면 되지 않겠나?"
   _____ 다. "도대체 무슨 소리하는 건가. 정신차려야 할 시기에."
   _____ 라. "당신은 용기가 있잖아요. 다시 마음을 단단히 잡으면 자신이 생길 거예요."
   _____ 마. "자신이 없어서 걱정이 되시겠어요. 그래도 유학은 가야지요."

3. "애들이 참 얄미워요. 내신등급을 잘 따려고 야단들이예요. 친한 사이에도 노트도 잘 안 빌려 주려고 하고…… 학교 생활이 정말 살벌하고 재미없어요."

   _____ 가. "넌 현실도 모르니? 정말 정신 바짝 차려."
   _____ 나. "친구들이 맘에 안드는가 보구나. 그래도 넌 싫은 아이들과 잘 어울려 지내는 편이야."

_____ 다. "이러쿵 저러쿵 남의 말할 것 없어. 너나 잘해."

_____ 라. "경쟁이 심해서 학교 생활이 삭막할거야. 그래도 넌 애들하고 잘 지내려고 애를 쓰는구나."

_____ 마. "친구들과 지내기가 힘들겠구나. 그래도 넌 용케도 잘 참고 지내는구나."

4. "부모님이 저한테 너무 많은 기대를 하고 계셔요. 관심도 많으시고 너무 잘 해주시니깐 오히려 부담이 돼요."

_____ 가. "당신도 이제 성인이라는 것을 부모님이 모르고 계시는군요."

_____ 나. "어떻게 그런 생각을 할 수 있어요. 부모님 입장이 돼 보세요."

_____ 다. "부모님이 잘 해 줘도 불만이군요."

_____ 라. "부모님이 공연한 참견을 많이 해 신경이 많이 쓰이는군요."

_____ 마. "당신 혼자서 대부분 일을 훌륭하게 할 수 있는데도 부모님이 일일이 간섭하려 하시는군요."

5. "공부하다 쉴 때 소설을 읽는 게 뭐 나빠요? 가끔 기분전환도 하고 독서도 하는 것 아니예요?"

_____ 가. "넌 생각이 깊은 아인데 내가 괜히 잔소리를 했구나."

_____ 나. "어디라고 말대답이야. 열심히 공부나 하지."

_____ 다. "독서를 하면 기분전환이 될 수도 있지."

_____ 라. "공부를 얼마나 했다고 기분전환을 찾고 있니?"

_____ 마. "네가 알아서 하는 걸 엄마가 괜한 소리를 했구나."

6. "저도 좋은 운동화 좀 신어 봤으면 좋겠어요. 딴 애들은 다 이름있는 신발을 신고 있고, 또 좋은 신발을 신으면 훨씬 더 편하다고요."

_____ 가. "운동을 더 잘 하려면 좋은 운동화를 신어야 하겠구나."

_____ 나. "지금 신고 있는 신발이 어때서 그래?"

_____ 다. "좋은 운동화를 진작 새로 사주어야 할 걸 그랬구나."

_____ 라. "좋은 운동화를 신으면 보기도 좋고 운동도 잘 할 수 있단 말이구나."

_____ 마. "듣기 싫어. 또 신발 타령이니?"

7. "저 이번 일요일 날 친구들하고 극장엘 가기로 했는데요. 괜찮겠죠? 영화가 아주 재미있대요."

_____ 가. "네가 요새 갑갑한 모양이구나, 그동안 공부하느라고 애 많이 썼지."

_____ 나. "학생이 극장에 가서 영화나 보면 뭐가 되겠니?"

_____ 다. "넌 생각이 있니 없니? 다음 주에 시험 본다면서 어째 그 모양이냐?"

_____ 라. "영화가 보고 싶은 모양이구나, 영화도 볼 수 있지만, 공부에 지장이 있으면 안되지?"

_____ 마. "공부도 중요하지만 좋은 친구들과 어울려서 바람도 쐬고 싶단 말이구나."

8. "난 바빠 죽겠는데 왜 저만 심부름을 시키세요? 동생이나 형도 좀 시키세요."

_____ 가. "심부름 좀 하는 게 그렇게 억울하니?"

_____ 나. "네가 바쁠 때에는 다른 사람을 시킬 걸 그랬구나."

_____ 다. "넌 심부름만 시키면 바쁘다는 핑계를 대는구나."

_____ 라. "좀 덜 바쁜 사람을 시킬 걸 그랬구나."

_____ 마. "네가 평소에 심부름을 잘해 주니까 너만 자꾸 시키게 되는구나."

9. "형하고 싸우면 왜 저만 야단치세요? 형도 잘 한 게 없어요."

_____ 가. "사람이 큰 일을 하려면 싸움도 할 줄 알아야겠지."

_____ 나. "넌 버릇이 없는 놈이야. 사람되긴 틀렸어."

_____ 다. "다 같이 공평하게 대해 주면 좋겠단 말이구나."

_____ 라. "형에게 덤비는 법이 어디 있니?"

_____ 마. "하기야 너도 이유가 있어서 싸웠겠지."

10. "부장님이 저에게 아주 심하게 화를 내면서 몰아대더군요. 그게 기안작성한 거냐고요. 저는 무엇이 잘못된 것인지 정말 모르겠어요."

_____ 가. "부장을 질책 때문에 자기 능력에 대한 회의가 느껴지시는가 보군

요."

_____ 나. "뭔가 잘못된 것이 있으니까 그러지 괜히 그러시겠어요?"

_____ 다. "저도 전에 그런 일을 당한 적이 있지요."

_____ 라. "뚜렷한 이유도 모르고 상사로부터 그렇게 공격을 받았으니 무척 당황하셨겠군요."

_____ 마. "부장의 공격적인 질책 때문에 놀라셨겠어요."

연습 10   높은 수준의 수용적 존중   >>>>

아래에 있는 각 내담자 상황을 읽고 그와 직접 이야기하듯이 당신의 반응을 구상해 보시오. 대화체가 유지될 수 있도록 반응을 가능하면 빨리 기록해 보고, 반응 내용이 수용적 존중 척도의 3수준 이상인지를 검토하시오. 만약 그것이 3수준에 미달되면 3수준 이상이 될 때까지 연습을 하시오.

연습을 하고 나면 …

- 실제 나의 표현방식으로 높은 수준의 수용적 존중을 표현하는 연습을 할수 있다.
- 내가 각각의 진술에 대해 얼마나 수용하고 존중할 수 있으며, 이를 어느 정도로 표현할 수 있는지 돌아볼 수 있는 기회가 된다.
- 상대방의 말에 높은 수준으로 수용적 존중을 표현할 수 있다.

1. "저는 도저히 감을 잡을 수가 없어요. 이 문제에 대해서 제가 무엇을 어떻게 해야 할지 전혀 모르겠는데요."

- 당신의 반응: _____

  _____

2. "우리 어머니와 아버지는 왜 항상 돈 때문에 말다툼을 하시는지 모르겠어.

서로 고함을 지르고 싸우실 때 나는 정말 괴로워."

- 당신의 반응: _____

_____

3. "우리집 영희는 받아쓰기를 하려고 하지 않아 걱정입니다. 집에서는 통 공부를 하지 않아요. 그래서 점수도 형편없답니다."

- 당신의 반응: _____

_____

4. "옆집 남자가 또 술주정을 하는데 정말 견디기 힘들어요. 이제 한번만 더 그러면 경찰에 신고해야겠어요."

- 당신의 반응: _____

_____

5. "도대체 이 학교가 우리 아이에게 무엇을 가르치는지 알 수가 없군요."

- 당신의 반응: _____

_____

6. "최선을 다하고는 있지만 갈피를 잡을 수가 없습니다. 부모님 말씀을 들어야 하고, 선생님께서 지시하신 것도 해야 하고, 때로는 형이나 누나도 일을 시킵니다."

- 당신의 반응: _____

_____

7. "그 친구는 초등학교 동기입니다. 그런데 이 녀석이 회사에서 저보다 지위가 높습니다. 저보고 이래라 저래라 지시를 하려들지 뭡니까?"

• 당신의 반응: _____

_____

8. "나는 사람들이 학력에 관해 물을 때마다 주눅이 든답니다. '고등학교' 하고
대답하면 사람들이 시큰둥해지는 것을 보게 되죠. 저는 대졸자 못지 않은 교
육을 받았다고 자부합니다. 책도 상당히 읽었지요. 사람들과의 사이도 원만
하고요. 나는 학위만 없을 뿐이지 대학졸업자와 별 차이가 없다고 봐요."

• 당신의 반응: _____

_____

9. "당신은 항상 젊은 사람들과 지내며 수영하고 노래도 하지요. 나는 당신이
나처럼 나이든 사람들과 지내는 것을 중요하게 여길 거라고 생각지는 않아
요. 나는 대부분의 시간을 혼자 방에 앉아 있지요. 당신이 나에게 말을 걸어
오면 나는 당신이 시간을 낭비한다는 느낌이 들거라고 생각합니다."

• 당신의 반응: _____

_____

10. "나는 아내와의 관계에서 무엇이 잘못된 것인지 알 수가 없습니다. 그녀가
원하는 것이면 무엇이든지 해 주었습니다. 나는 내가 잘못한 것이면 모두
인정을 하고, 심지어 아내의 잘못이라고 생각되는 것이라도 기꺼이 내 탓
으로 돌리기까지 했습니다. 이제 나는 이래도 안되고 저래도 안되는 꼼짝
달싹할 수 없는 지경에 빠졌습니다."

• 당신의 반응: _____

_____

일관적 성실성

일관적 성실성에는 상담자가 내담자와의 관계에서, 상담자의 역할을 하기보다는 한 인간으로서 내담자를 만난다는 의미가 포함되어 있다. 때로는 이러한 태도를 솔직성(genuineness)으로 표현하기도 하는데, 이것은 상담자가 내담자에게 개방적이고 정직하고 신뢰로운 사람임을 의미한다. 그러나 상담자가 내담자에게 꾸준히 성실하고 정직하게 대하는 것은 쉽지 않다. 간혹 초심자들은 "내담자에게 솔직하게 말하는 것이 내담자에게 나쁠 뿐만 아니라 자신에게도 불리한 결과를 초래하지 않느냐?"고 물어 온다. 그런데 이러한 의문은 일관적 성실성이나 솔직성에 대한 오해에서 나온다. 솔직성이란 상담자의 감정을 모두 표현할 것을 요구하는 것이 아니다. 다만 표현한 것이 진실되고 일관성이 있기를 요구한다. 진실성은 적어도 거짓말을 하지 않고, 꾸미지 않으며, 이랬다저랬다 하지 않는 것을 말한다.

그러나 솔직하고 일관적이 되려면 많은 노력이 필요하며, 이러한 노력이 꾸며진 솔직성을 만들 수도 있다는 점에 주의해야 한다. 그러므로 상담자는 자신의 감정을 표현하기에 앞서 자신의 감정이 무엇인지를 파악해야 할 필요가 있다. 또 자신의 감정을 알려면 자신에 대한 자각이 있어야 한다. 자신의 가치관과 신념이 무엇이며 자기의 태도와 가치관이 내담자에게 어떤 영향을 주고 있는지를 항상 예민하게 파악하는 것이 바람직하다. 예를 들어 솔직성이란 미명 아래, "당신은 나를 지겹게 하는데요"라고 무심코 내뱉기보다는, "지금 내가 지겨운데, 왜 지겨운가?"에 대해 상담자 자신과 내담자와의 관계를 돌아보는 요령이 필요하다. 다시 말해 "당신이 무덤덤하게 사건만 나열하니까 저는 오히려 지겨워지는데요" 식의 말을 솔직하게 할 수 있고, 이러한 반응은 상담 과정에 활용된다. 우리는 일상생활에서 남을 배려한다는 마음에서, 부정적인 반응을 초래하리라고 예측되는 감정표현을 자제하거나 회피하거나 심지어는 거짓말을 하는 경우가 많다. 그러나 이러한 비솔직성이 솔직히 말해주는 것보다 더 나쁜 부정적 결과를 가져온다는 것을 명심해야 한다.

일관적 성실성의 5수준

- **수준 1:** 자신이 느끼는 감정과는 무관한 표현을 하거나 부정적인 것에만 진지한 반응을 하기 때문에 상대방에게 전체적으로 파괴적인 영향을 주는 수준.

- **실제:** 상대방과의 언어 내용 및 음성에서 방어적인 태도를 나타낸다. 이 수준의 표현을 하는 의사소통자는 자신의 반응을 대인관계에 대한 탐색 기초로 활용하지 않는다. 요컨대 자신의 내적 경험과 말하고 있는 내용 사이에 상당한 모순이 있다. 모순이 없는 경우라도 상대방에게 주로 파괴적으로 사용된다.

- **수준 2:** 자신이 느끼는 감정과 거의 관계가 없는 표현을 하거나 상대방에 대한 진지성이 주로 부정적인 반응에 대해 나타나는 수준이다. 즉 부정적인 반응을 대인관계의 탐색의 기초로서 건설적으로 사용하는 방법을 모르는 수준.

- **실제:** '상담자로서 반응해야 한다' 는 식의 태도나 반복 연습된 '전문적' 인 기법으로만 상대방에게 반응한다. 즉 개인적으로 느끼고 의미하는 바를 표현하기보다는 주어진 역할에 따라 통상적인 반응을 한다. 진지한 반응은 주로 부정적인 성질의 것으로, 보다 깊은 탐색을 위한 기초로는 사용될 수 없다.

- **수준 3:** 말하고 느끼는 것 중에서 부정적인 단서를 보이지는 않지만 정말 진지한 반응을 나타내는 긍정적인 단서를 제공하지 못하는 수준.

- **실제:** 상대방의 말을 잘 듣고 따라 가지만 그 이상은 아무 것도 하지 못하는 경우이다. 요컨대 불성실하게는 보이지 않지만 그렇다고 진정한 몰입 및 반영도 되지 않은 반응들을 한다. 수준 3은 촉진적인 대인관계 기능의 기초수준이다.

- **수준 4:** 상대방에게 긍정적이든 부정적이든 진지한 반응을 나타내며 긍정

적인 반응 단서를 건설적인 방식으로 제시하는 수준.

- **실제:** 비록 자신의 감정을 충분히 표현하는 것은 어느 정도 주저하지만 표현한 내용 자체는 자신의 감정과 일치한다. 감정의 내용이 무엇이든 간에 이 수준의 반응들은 상대방과의 관계에 대한 보다 깊은 탐색의 기초로 사용될 수 있다.

- **수준 5:** 상대방과의 비타산적인 관계에서 자유롭고 깊게 자기 자신의 모습이 되는 수준.

- **실제:** 완전히 자발적으로 상호작용을 하며 즐거운 것이든 상처를 입히는 것이든 모든 형태의 경험을 받아들인다. 상처를 입히는 반응의 경우라도 보다 깊은 수준에서 자신과 상대방에게 개방적이 되도록 자기의 견해를 건설적으로 제시한다. 즉 자유롭게 행동하며 자신의 진지한 반응을 건설적으로 사용한다.

연습 11   일관적 성실성 수준의 변별

다음에 10개의 반응예가 있다. 각각에 대해 반응을 다섯 개씩 제시하였는데, 그 반응들이 일관적 성실성의 차원에서 어느 수준에 해당하는지를 평정하시오. 그리고 해당수준의 숫자를 각 반응의 왼편에 있는 _____에 넣으시오.

> **보기**
>
> "엄마, 제 성적이 떨어져서 걱정을 많이 하시는 것 같아요."
>
> ___3___ 가. "물론 걱정이 되지 왜 안되겠니?"
>
> ___2___ 나. "뭐 별로 신경 안 써."
>
> ___5___ 다. "그래, 걱정이 많이 돼. 엄마가 바라는 것은 그저 너희들 공부 잘해서 잘 되는거야."
>
> ___4___ "그럼, 네 성적에 신경이 많이 쓰이지."
>
> ___1___ "네 성적에 대해서 걱정을 안하기로 했어."

• 일관적 성실성을 보이는 반응의 실제 예를 보고, 그 수준을 구별할 수 있다.

1. "선생님 기분이 안 좋으신 것 같네요. 혹시 제가 뭐 잘못한 거라도 있나요?"

_____ 가. "내 기분이 어떻든 네가 무슨 상관이냐?"

_____ 나. "사실 네가 하는 일을 보면 신경이 쓰이지."

_____ 다. "별일 아니다. 네가 신경 쓸 필요 없어."

_____ 라. "네 태도가 좋아지기를 바라는 마음에 걱정이 되지."

_____ 마. "그럴 만한 일이 있어서 그래."

2. "당신은 다른 사람에게만 관심이 있고 제게는 전혀 관심이 없어요."

_____ 가. "아내에게 관심없는 남편이 어디 있겠소."

_____ 나. "당신에게 관심을 더 많이 써야 하는데 전혀 못쓸 때도 생기더군."

_____ 다. "별 쓸데없는 소리를 다 듣겠군."

_____ 라. "지내다 보면 당신에게 관심을 못쓸 때도 더러 있지."

_____ 마. "당신이 하는 일에 관심을 충분히 못 가질 때도 있구료."

3. "여보, 갑자기 친구들을 집에 데려와서 힘들었지."

_____ 가. "물론 힘들었어요. 그러나 그게 다 사람 사는 재미 아니예요?"

_____ 나. "당신이야 늘 당신하고 싶은 대로 하시니까."

_____ 다. "갑자기 들이닥쳐 힘이 들었어요."

_____ 라. "전화 한 번 하면 어디가 덧나요?"

_____ 마. "힘들기는 했지만 미리 알리기노 힘들었을 것 같더군요."

4. "엄마, 옷도 내 맘대로 못 입어요? 엄마는 구식이에요."

_____ 가. "엄마가 다 알아서 해 주는데 뭘 그러니?"

_____ 나. "그렇게 생각하다니 섭섭하구나."

_____ 다. "섭섭하긴 하지만 네 취향이 엄마랑 전혀 다르다는 것을 몰랐구나."

_____ 라. "엄마가 섭섭하더라도 네가 마음대로 사 입도록 할 걸 그랬구나."

_____ 마. "네가 뭘 안다고 그러니? 네가 옷 하나 제대로 고를 줄 알고 그러니?"

5. "도대체 집이라고 마음에 드는 구석이라고는 하나도 없어요."

_____ 가. "네가 집에 정을 붙이지 못해 걱정이 되는구나."

_____ 나. "네 마음에 드는 게 뭐 있니?"

_____ 다. "그래도 정을 붙이려고 애써야 되지 않겠니?"

_____ 라. "꼭 그렇게 말할 필요는 뭐 있니."

_____ 마. "나에게 뭔가 말하고 싶은 게 있는 것 같은데, 그렇게 말하니 걱정이 되는구나."

6. "도대체가 일만 시키면 되는 겁니까? 아무런 준비도 없어요."

_____ 가. "웬 잔소리가 그렇게 많은가."

_____ 나. "그런 식의 불평을 늘어놓으면 안되네."

_____ 다. "그렇지 않아도 미안한데, 그렇게 말하니 내 심정이 어떻겠나."

_____ 라. "너무 급한 일이라 그랬네. 가끔 이럴 때도 있는 것 아니겠나."

_____ 마. "그렇게 말하니 나도 별 도리가 없군."

7. "엄마, 오늘 학교에서 친구들이랑 싸웠어요."

_____ 가. "싸워서 어른들 속썩이면 되겠니?"

_____ 나. "친구들과 사이좋게 지내야지 싸우면 되니?"

_____ 다. "네가 친구들과 사이좋게 지내지 못하는 게 영 마음에 걸리는구나."

_____ 라. "넌 맨날 싸움질이냐?"

_____ 마. "네가 친구관계를 다 깰까봐 늘 걱정이 된다."

8. "담배 좀 꺼 주시겠어요? 공기가 탁해서 숨을 쉴 수가 없어요."

_____ 가. "좀 참으면 안돼요?"

_____ 나. "적당한 자리를 찾지 못했어요. 그래도 숨이 막힌다니 꺼야 되겠군요."

_____ 다. "숨도 못 쉴 정도라니 참 호들갑스럽군요."

_____ 라. "저도 좀 생각해 주세요."

_____ 마. "끄기보다는 창문을 열면 어떨까요?"

9. "오늘 저녁엔 영 먹을 것이 없어요. 뭘로 저녁을 먹으란 말이예요."

_____ 가. "밥상 놓고 투정하면 못쓰는 거야."

_____ 나. "그렇잖아도 엄마가 미안한데 너희들이 그렇게 말하면 어떻게 되
니?"

_____ 다. "주는 대로 먹어. 웬 잔소리가 많아."

_____ 라. "어떻게 엄마에게 그렇게 말할 수 있니?"

_____ 마. "엄마가 바빠서 그랬어. 가끔 이렇게 먹을 수도 있는 거야."

10. "엄마는 왜 우리들 일보다는 바깥일에 더 신경쓰시는 거예요?"

_____ 가. "넌 버르장머리 없이 어른 하는 일까지 참견하려고 하니?"

_____ 나. "너희들이 엄마의 사정을 좀 알아주면 얼마나 좋겠니?"

_____ 다. "너희들은 너희들 일만 잘하는 되는 거야."

_____ 라. "엄마의 입장을 좀 이해해 줄 수 없겠니? 너희들이 불편한 것을 엄
마가 모르는게 아냐."

_____ 마. "너희들에게 그런 말을 들으니 속이 상하는구나."

연습 12 높은 수준의 일관적 성실성

아래에 있는 각 내담자의 상황과 반응을 읽고 그와 직접 이야기하듯이 당신
의 반응을 구상해 보시오. 대화체가 유지될 수 있도록 반응을 가능하면 빨리 기
록해 보고 반응 내용이 일관적 성실성 척도의 3수준 이상인지를 검토해 보시오.
만약 그것이 3수준에 미달되면 3수준 이상이 될 때까지 연습해 보시오.

연습을 하고 나면 …

- 높은 수준의 일관적 성실성을 표현하는 반응을 스스로 생각해낼 수 있다.
  각 진술문에 대한 나의 생각이나 감정을 먼저 알아차리는 것이 필요하다.
  그리고 그것을 공격적이지는 않지만 명확하게 전달하는 방법을 연습한다.

1. 김영철 씨는 처음 몇 회는 시간을 잘 맞추어 오더니 5회가 지나면서부터 계
속 10분에서 15분씩 늦게 온다. 그 때마다 그는 거의 비슷한 말을 한다.

"죄송합니다. 지난 번에도 늦어서 오늘은 서두르려고 마음 먹었는데 그만 또
늦고 말았네요. 다음에는 꼭 시간을 지키려고 애쓰겠습니다."

- 당신의 반응: _____
  _____

2. 총무과의 미스 리는 대졸 신입사원이다. 그녀가 입사해서 지금 하고 있는 일
들 대부분이 워드치는 것과 정리되어 있지 않은 서류들을 분류 · 정리하는
일이며, 사무실을 방문한 손님에게 자판기의 커피를 접대하는 일들이었다.
이것을 지켜보는 김 대리는 응당 그러려니 하면서도 그녀의 불만 가능성에
대해서 걱정스러워 하고 있던 차에 미스 리가 김 대리에게 이야기한다.

"요즈음은 짜증스럽다기보다는 실망감이 더 앞서는군요. 매일 누구라도 할 수
있는 일들을 이렇게 지시받아 해야만 하다니 미칠 지경이에요."

- 김 대리의 반응: _____
  _____

3. 이 과장은 오 계장을 늘 걱정스러워 했다. 왜냐하면 그의 옷매무새는 세련되
기는 하지만 너무 유행을 따라가는 것 같았고, 그의 몸에서는 진한 향수 냄
새가 풍겨나왔으며, 가끔 진지한 사무실 분위기를 무슨 파티장으로 대하는
듯한 태도가 못마땅했기 때문이다. 마침 이런 오 계장이 같은 직장의 여성과
사랑에 빠져 있다는 이야기를 한다.

"그녀 같은 사람을 예전에 만나 본 적이 없었어요. 우리 둘 다 기혼자라는 사실이 아무 문제가 안되는 것처럼 생각된다 말이예요. 내가 어떻게 하고 싶은지를 잘 알지만 그래서는 안된다는 것도 잘 압니다. 내 마음 속에서는 가정이나 회사 직급 같은 것들이 나를 붙들어 매고 있지요. 눈 앞에 보이는 건 파멸이지만 지금 현재가 너무 저주스럽군요."

- 이과장의 반응: _____
  _____

4. 중학교 2학년인 영수는 오늘 방과 후에 담임인 당신에게 할 말이 있다면서 교무실로 찾아왔다. 영수는 무뚝뚝하고 남을 잘 믿지 않으며, '다른 사람들이 자기를 멀리하고 있다'고 믿는 것 같았다. 당신은 늘 영수에게 진실하고 건설적인 관심을 보이려고 노력해 왔다. 그런 당신에게 영수는 다음과 같이 말한다.

"저는 선생님이 저를 좋아하시지 않는다고 생각합니다. 저는 최선을 다해 오고 있지만, 어쨌든 선생님은 저에게 좋은 점수를 주시지 않으셨어요. 선생님이 수업 시간 중에 저를 당황하게만 안 하셔도 저는 그렇게 나쁜 태도를 보이지는 않을 겁니다. 선생님은 제가 답을 모른다는 것을 알면서도 꼭 제게 질문을 하십니다."

- 당신의 반응: _____
  _____

5. 월요일에 윤 선생님은 자기가 맡고 있는 4학년 아이들에게 간단한 숙제를 내주었고, 화요일까지 그것을 제출하도록 하였다. 영호는 과제물을 사흘이 지나도록 제출하지 않았다. 매일 그는 똑같은 사죄의 말을 했으며, 핑계를 대었다.

"죄송합니다. 숙제를 잊어버렸어요. 다시는 안 그럴께요. 내일 꼭 갖고 오겠습니다."

- 당신의 반응: _____
  _____

6. 경희는 친구와의 대화를 생각하면서, 그녀와의 깊이없는 대화를 불만스러워 하였다. 경희는 친구가 자신의 심층적인 생각, 가치, 관심을 드러내는 것을 주저하고 있다고 생각한다. 이것은 자기도 마찬가지라고 생각한다.

"우리는 서로 즐겁게 지낸다고 생각해. 그러나 나는 너에게 나의 깊은 생각이나 관심을 이야기하는 것이 망설여져. 그리고 내가 잘못 본 것이 아니라면 너에게서도 그런 망설임이 있는 것 같아. 예를 들면 엊그제 종교에 대해서 이야기할 때 다소 움츠리는 것 같았어. 네가 생각하고 있는 '너무 깊지 않게' 라는 것을 내가 깨려는 것은 아니니? 이 모든 것에 대해 너는 어떻게 생각할지 모르겠다."

• 당신의 반응:

_____

_____

7. 첫회 상담에서 40세의 사업가인 내담자와 상담비용에 대하여 이야기했었다. 그 때 당신은 돈에 대해 이야기하는 것이 당신에게는 어려운 일이라고 언급하고 마지막으로 적당하다고 생각하는 가격을 정했다. 그는 그 가격이 좀 지나친 것 같다고 말했었다. 다음의 몇 번의 상담을 통하여 그는 상담이 얼마나 비싼 것인가를 암시했다. 그는 가능한 한 빨리 그 상담을 끝내려고 한다고 말하며 그것은 당신의 책임이라는 것을 넌지시 암시하였다. 당신은 해결되었다고 생각했던 비용 문제가 아직 그대로 남아 있다는 것을 알았다.

"언제까지 상담을 계속해야 할지 모르겠군요. 무엇보다도 경제적 사정이 문제가 됩니다."

• 당신의 반응:

_____

_____

8. 22세의 남자인 내담자는 형 집행유예의 일부분으로 당신을 만나야 한다. 그는 처음 1, 2회의 상담 동안에는 협조적이었으나 점점 저항하기 시작했다. 그의 저항은 미묘한 형태를 띠우면서도 노골적으로 당신의 능력이나 상담의 가치를 묻고, 또 최근의 만남에서는 당신을 필요없는 짐으로 취급하기도 한다. 오늘도 역시 그렇게 생각되는 말을 당신에게 한다.

"나는 이런 상담이 무슨 효과가 있을 지 의문이 들어요. 나는 원래 고질적이거든요."

• 당신의 반응: _____

_____

9. 이 내담자는 19세로 상담자인 당신의 17세된 딸을 연상시킨다. 당신의 딸이 당신으로부터 독립을 하려고 하기 때문에 당신은 그녀에 대한 뒤섞인 감정을 갖고 있다. 어떤 때는 매우 의존적으로 당신을 대하면서, 당신이 그녀를 도와주는 것이 얼마나 좋은지에 대해 이야기하고 당신의 충고를 구하는 등 여러 가지 모습으로 작은 소녀의 역할을 보이고 있다. 그러나 어떤 때는 당신과 전혀 관계를 갖지 않으려고 하며 당신이 아버지와 같은 존재라고 비난한다.

"선생님은 저를 너무 간섭하시는 것 아니예요? 물론 의지할 수 있어서 좋지만 아버지처럼 갑갑한 것은 틀림없어요."

• 당신의 반응: _____

_____

10. 집단상담 중에 집단원 몽룡이가 길동에게 말한다.

"나는 당신과 내가 그룹내에서 비교적 상호작용을 거의 하지 않았다는 것을 알았어요. 나는 당신에게, 당신은 나에게 거의 피드백을 하지 않았습니다. 우리 사이에는 상호작용 금지라는 금기사항이라도 있는 것 같습니다. 나는 당신이 좋고 그룹 내에서의 당신의 행동방식도 좋아합니다. 특히 당신이 다른 사람을 촉진하는 방법을 좋아합니다. 당신으로부터 멀어지고 싶지 않기 때문입니다. 당신과 사귀려는 노력을 하지 않은 것도 사실이지요. 당신도 나와 말하고 싶어 한다는 육감이 들지만 육감은 육감일 뿐입니다. 이 얘기에 대해 당신의 의견을 듣고 싶습니다."

• 당신(B)의 반응: _____

_____

전문적 구체성

　　상담자가 내담자에게 공감, 존중 및 일관성을 보여주면서 촉진적 관계를 조성하면 내담자는 자신을 깊이있게 탐색할 수 있게 된다. 공감이나 존중 등을 통해 관계를 형성하는 이유는 내담자로 하여금 자기에 대해 탐색을 하도록 하기 위한 것이라 해도 과언이 아니다. 일상 생활에서 주위의 사람들에게 공감과 존중을 받지 못하며 살아온 사람들이 상담자가 조성해 놓은 촉진적 관계에서는 마음 놓고 자신을 드러내 놓을 수 있기 때문이다. 이 때 상담자는 자신을 드러내려는 내담자를 세심하게 인도할 책임을 져야 하는데, 내담자가 내어 놓은 주제를 구체적으로 이야기하게 함으로써 이를 이룰 수 있다. 예를 들어 "나는 이상한 성격을 가지고 있어요"하는 내담자의 말에 대해 상담자는 무엇을 보고 이상한 성격으로 스스로를 규정짓는지를 알아보아야 한다. 이렇게 해야 보다 현실적인 자기탐색이 이루어질 수 있다.

　　대부분의 사람들은 일련의 사건들을 종합하여 일반적이고 추상적인 개념으로 요약하여 생활한다. 상담에서도 내담자는 대개 이러한 일반적이고 추상적인 용어로 호소하게 되는데, 상담자는 내담자가 이것을 구체적으로 표현하도록 이끌어 주어야 한다. 이런 과정을 통해서 내담자는 자신의 느낌과 경험을 정확하게 지적할 수 있게 된다. 상담자가 보다 구체적으로 반응함으로써 상담자의 반응이 내담자의 감정과 경험에 보다 일치하게 되며, 내담자로 하여금 특정한 문제에 주의를 기울이도록 격려하게 된다.

　　"사람들이 나를 놀립니다"보다는 "친구들은 나를 뚱뚱하고 놀립니다. 내 별명은 '뚱보', '돼지', '드럼통' 이고요, 자기들의 모임에 잘 끼워주지도 않지요"가 훨씬 구체적인 표현이다. "나는 변덕스러워요"보다는 "나는 종종 주말에 세개 이상의 약속을 하지요. 주말이 되면 그 중에서 가장 마음에 드는 것을 한 개나 두 개 고르게 되고 그러면 나머지 사람은 자동적으로 바람을 맞게 됩니다."가 변덕스러움을 구체적으로 표현해 주고 있다. 상담자는 구체적인 표현에 익숙하지 않은 내담자의 말을 구체적으로 표현하도록 이끌어 줄 수 있어야 하고, 이를 위해 필요한 세심한 관찰력과 민감한 변별력은 전문적인 훈련을 통해 이루어진다. 그러나 상담자가 내담자에게 보다 구체적으로 상세하게 반응하도록 요구하면 오히려 어느 정도의 위협감을 심어줄 수도 있음을 감안하고 있어야 한다. 내담자의 정확한 느낌과 경험의 지각을 토대로 문제 해결책을 강구할 수 있기 때문에 구체성은 촉진적인 반응일 뿐만 아니라 실행지향적 반응이다.

전문적 구체성의 5수준

- 수준 1: 상담자는 상대방의 문제 상황에 대해서 오직 추상적이고 일반적인 수준에서 반응을 보인다. 상담자는 문제상황과 관련된 상대방의 감정, 경험, 행동에 대해서는 논의하려는 시도를 전혀 하지 않는다.

- 수준 2: 상담자는 문제 상황과 관련된 상대방의 감정, 경험, 행동에 대해서 언급하기는 하나 언급이 모호하고 추상적인 수준에서 이루어진다.

- 수준 3: 의사소통자는 상대방으로 하여금 문제상황과 관련된 자신의 감정, 경험, 행동을 구체적으로 표현하도록 하나 개인적으로 의미있는 자료들이 충분이 구체적이고 명료하게 논의되지는 않는다.

- 수준 4: 의사소통자는 상대방으로 하여금 문제상황과 관련된 상대방 자신의 감성, 경험, 행동을 구체적으로 표현하게 하고 이들이 충분히 구체적이고 명료하게 논의되도록 의사소통을 이끌어 나간다.

- 수준 5: 의사소통 과정에서 문제 상황과 관련된 상대방 자신의 감정, 경험, 행동이 아주 충분히 구체적으로 명료하게 논의되어지고 의사소통자는 상대방의 긍정적 변화를 위하여 깊은 수준의 탐색을 적극적으로 촉진한다.

다음에 10개의 반응예가 있다. 각각에 대해 다섯 개씩의 반응을 제시하였는데, 그 반응들이 구체성의 차원에서 어느 수준에 해당하는지를 평정하시오. 그리고 해당 수준의 숫자를 각 반응의 왼편이 있는 _____에 넣으시오.

연습을 하고 나면 …

• 예문을 보고 전문적 구체성을 나타내는 방식을 배울 수 있으며, 높은 수준의 전문적 구체성을 보여주는 예문들을 변별할 수 있다.

1. 기숙사에서 생활하고 있는 어느 대학 1학년 학생이 같은 방을 사용하고 있는 친구에게 이야기한다.

"글쎄, 기숙사에 처음 들어올 때 부모님께 다시는 술을 마시지 않겠다고 맹세했는데, 여기 들어와서 보니까 학생들이 술을 참 많이 마시더군. 술 마시는 것이 재미있어 보이고 또 별 탈도 없을 것 같더군."

_____ 가. "부모님과 그러한 문제에 대해서 어떻게 이야기하게 되었니?"

_____ 나. "아직도 부모님께 얽매여 있다니 어린애 같구나."

_____ 다. "너는 아주 갈팡질팡하고 있구나. 한편으로는 부모님과의 약속을 지키고 싶고, 또 한편으로는 술을 마시고 싶다는 말이지."

_____ 라. "부모와 자식간에 갈등이 일어나는 것은 어쩔 수 없는 일이야."

_____ 마. "네가 그 때도 지금처럼만 술에 대해서 알고 있었더라면 그런 약속은 하지 않았을 것 같구나."

2. 안 선생은 올해 22세의 여교사로서 중산층 사람들이 많이 사는 동네에 위치한 어느 초등학교에 첫 발령을 받았다. 그녀는 학부모를 만나 본 결과 그들이 아주 냉담한 태도를 갖고 그녀를 대한다고 생각했다. 어느 날 그녀는 가장 친한 친구에게 이야기를 한다.

"도대체, 내 마음에 드는 사람은 아무도 없어. 학부모들도 아주 불친절해. 나는 오로지 자기들의 자녀를 훌륭히 가르쳐 주려고 고심하고 있는데 말이야. 왜 나를 그렇게들 못마땅해 하지?"

_____ 가. "무엇이든지 새롭게 시작하려면 으레 저항을 받게 마련인 것 같아. 그러나 나는 너의 말이 무슨 뜻인지 아직 확실하게 모르겠어."

_____ 나. "너는 오로지 도움을 줄려고 했었는데, 학부모들은 그것을 좋아하지 않는다고 생각하고 있구나. 그래서 몹시 속상해 하고 있는 것 같은데, 이것이 너의 장래와 어떤 관계가 있다고 생각하니?"

_____ 다. "너는 거부당하는 데에 너무 민감해서 지나가는 사람이 뭐라고 한마디만 해도 속이 뒤집히는 정도구나."

_____ 라. "사람들이 타인에 대해서 적개심을 가지게 되는 데는 여러 가지 이유가 있단다. 너는 어떤 이유 때문이라고 생각되니?"

_____ 마. "너는 당연히 할 일을 하고 있는데도 냉대를 받으니 마음이 아프겠구나."

3. "엄마는 무슨 잔소리를 그렇게 많이 하세요?"

_____ 가. "넌 엄마가 뭐라고 말해야 한다고 생각하기에 그러니?"

_____ 나. "자식은 잔소리를 들으면서 커야 사람이 되는 법이다."

_____ 다. "내 말은 잔소리가 아니라 꼭 지켜야 되는 일들을 이야기하는 것뿐이다."

_____ 라. "엄마의 어떤 말이 잔소리로 들리니?"

_____ 마. "내 말이 어디가 어때서 잔소리로 들리는지 말 좀 해 보려무나."

4. "나도 무슨 운동 좀 했으면 좋겠어요."

_____ 가. "운동이 필요하다고 느끼는구나. 운동을 어떻게 하려는건지 좀 더 이야기해 보렴."

_____ 나. "학생 땐 운동도 필요하지."

_____ 다. "운동은 누구에게나 필요한 거지."

_____ 라. "그래, 무슨 운동이 필요하다고 생각되는지 이야기를 좀 더 해 보렴."

_____ 마. "네게 무슨 운동이 어떤 점에서 필요하다고 생각되는지 이야기를 좀 더 해 보렴."

5. "요즈음 개그 프로그램이 되게 웃겨요."

_____ 가. "요새 개그는 재미있지."

_____ 나. "특히 어떤 개그를 보고 그런 생각을 하였는지 이야기해 보렴."

_____ 다. "웃기지 않으면 개그가 아니지."

_____ 라. "어떤 개그 프로그램을 봤길래 그러니?"

_____ 마. "개그맨 누가 그렇게 웃기니?"

6. "요즈음에는 공해 문제가 심각해진 것 같아요."

_____ 가. "우리나라도 공해 문제가 심각하지."

_____ 나. "네가 신경을 쓰는 공해 문제는 어떤 거지?"

_____ 다. "경제가 발전되면 으레 공해가 있는 법이야."

_____ 라. "너도 공해 문제에 관심을 가지고 있니?"

_____ 마. "우리 고장에는 어떤 공해 문제가 있을 수 있을까?"

7. "우리 식구들은 말이 통하지 않아요. 말을 해봐야 아무 소용도 없어요."

_____ 가. "식구들끼리는 말을 하지 않고도 다 통하는 것 아니야?"

_____ 나. "식구들이 네 이야기를 어떻게 들어주면 좋겠다고 생각하니?"

_____ 다. "사람은 말이 많으면 못쓰는 법이야."

_____ 라. "네 말을 누가 들어주지 않았길래 그러니?"

_____ 마. "누구에게 무슨 이야기를 했었길래 그러니?"

8. "담임 선생님이 절 싫어하시는 것 같아요. 다른 애들한테는 잘 해 주시는데 저한테는 관심도 없으시고……"

_____ 가. "선생님이 너에게 뭘 어떻게 하셨길래 그러니?"

_____ 나. "사춘기 때는 으레히 그런 생각이 드는 거야."

_____ 다. "사람이란 누구나 좋아할 때도 있고 싫어할 때도 있는 법이야."

_____ 라. "선생님이 다른 애들에게는 어떻게 대하시길래 그러니?"

_____ 마. "선생님이 너하고 다른 애들을 뭘 어떻게 차별하시는지 좀 자세히 이야기해 보겠니?"

9. "난 이 다음에 결혼 안하고 혼자 사는 게 좋겠어요."

_____ 가. "어떻게 그런 생각을 하게 되었니?"

_____ 나. "네가 아직 사람 사는 게 뭔지 잘 몰라서 그래."

_____ 다. "결혼생활과 독신생활이 무엇이 좋고, 나쁘다고 생각하는지 이야기 좀 해볼래."

_____ 라. "결혼을 하면 좋지 못한 점이 뭐라고 생각하기에 그런 말을 하니?"

_____ 마. "사람이란 반드시 결혼해서 살아야 하는 거야."

10. "애들이 절 별로 좋아하지 않는 것 같아요. 말도 잘 걸지 않고 무얼해도 저만 빼놓고 저희들끼리만 해요."

_____ 가. "너만한 나이 때는 그런 생각이 들 수도 있는 거야."

_____ 나. "네 친구들이 너한테 어떻게 하고, 그러는 친구에게 너는 어떻게 하는지 이야기 좀 해보려무나."

_____ 다. "요즘 세상에 사람들이란 다 그런 법이야."

_____ 라. "네 친구들이 널 싫어하는 까닭이 뭘까?"

_____ 마. "네 친구들이 너에게 어떻게 대하는지 좀 더 자세히 이야기해 보렴."

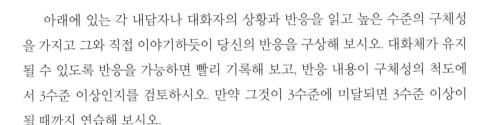

연습 14 **높은 수준의 전문적 구체성**

아래에 있는 각 내담자나 대화자의 상황과 반응을 읽고 높은 수준의 구체성을 가지고 그와 직접 이야기하듯이 당신의 반응을 구상해 보시오. 대화체가 유지될 수 있도록 반응을 가능하면 빨리 기록해 보고, 반응 내용이 구체성의 척도에서 3수준 이상인지를 검토하시오. 만약 그것이 3수준에 미달되면 3수준 이상이 될 때까지 연습해 보시오.

연습을 하고 나면 …

- 높은 수준의 전문적 구체성을 드러낼 수 있도록 표현하는 연습을 할 수 있다.
- 내담자의 진술에서 핵심을 찾아서 그것을 구체화시킬 수 있도록 연습한다.
- 전문적 구체성을 살리면서도 그 이전에 내담자의 감정을 다루어주는 것을 연습한다.

1. "친구들에게 제 의견을 분명히 말하기가 무척 힘들어요. 무슨 부탁을 받을 때 싫다고 딱부러지게 말을 못하겠어요."

- 당신의 반응: _____

_____

2. 고등학교 2학년 학생이 상담자에게 말한다.

"기술 시간에 제도를 하면 아주 재미있습니다. 그래서 저는 아마 나중에 훌륭한 기술자가 될 겁니다. 또한 병원의 자원 봉사도 해 봤습니다만 그것도 참 즐거운 일이었습니다. 저는 생물과 화학도 성적이 아주 좋습니다. 그래서 나중에 의학을 전공해도 잘 해 나갈 것 같습니다.…… 하지만, 음, 아버지는 제게 서둘러서 진로를 결정하라고 말씀하십니다. 저는 어떻게 해야 할지 모르겠습니다."

- 당신의 반응: _____

3. 이웃집 독신남자가 당신에게 주저하듯 말한다.

"지난 주 어머니를 뵈러 고향엘 갔습니다. 3년 만이었습니다. 그러나 어머니는 조금도 변하지 않으셨습니다. 집에 들어서는 순간 아직도 어머니께서는 나를 이해하시지 못하신다는 생각이 들었습니다. '세월이 약'이라고 하지만 그렇지만도 않은 것 같습니다."

• 당신의 반응: _____

_____

4. 40세의 남자. 직장 분위기에 대해 상담자에게 이야기하고 있다.

"어떻게 하면 좋을지 모르겠습니다. 내게 적당하지 않은 일을 시키려 드는 겁니다. 근데 내가 그 일을 안하면, 저는 해고될 겁니다. 이 나이에 다른 직장을 구할 수 있을지 모르겠습니다. 그렇지만 그 일을 하려면 곤경에 빠져들고 말겁니다."

• 당신의 반응: _____

_____

5. "나는 때때로 몸이 안 좋아서 능률을 발휘할 수가 없어요."

• 당신의 반응: _____

_____

6. 사회 생활에 익숙치 않은 대학 2학년 남학생이 선배인 당신에게 말한다.

"으음, …… 형도 알고 있으리라고 생각돼요. 내가 왜…… 음…… 글쎄, 나에게는 문제거리가 있어요. 그러니까, 음…… 그게, 옛날부터 계속되어 왔던 문제예요. 그것은 내게 늘 힘들었어요. 내가 말하는 뜻은 다른 아이들은 할 수 있는데…… 음, 글쎄, 그들은 늘 쉽게 할 수 있는 것인데, 그러나…… 나는 그러지 못해. 나는 그들을 쳐다 볼 수조차 없어요…… 그것이 그렇게 어려워…… 흔히 대화라고 하는 것 있잖아요…… 글쎄…… 어…… 특히 여자애들과의 대화는 도저히 해 볼 수가 없어요."

- 당신의 반응: ＿＿＿＿＿＿＿＿＿＿＿＿＿＿＿＿＿＿＿＿＿＿＿＿＿

＿＿＿＿＿＿＿＿＿＿＿＿＿＿＿＿＿＿＿＿＿＿＿＿＿

7. 27세된 여성이 상담자를 찾아와 이제 막 끝난 이성관계에 대해서 다소 덤덤한 목소리로 말한다.

"부모님을 만나러 고향에 갔다와 보니 경호씨로부터 편지가 와 있었어요. 나에 대한 그의 사랑은 변함없지만 내가 자기에게 잘 맞는 것 같지 않다고 했어요. 그 편지 속에서 지난 3년 동안 함께 나누었던 즐거운 시간들을 생각하면 고마울 뿐이라고 해요. 그는 자기를 잊어달라고 하면서 그것만이 서로를 더 곤란하지 않게 하는 길이라고 했어요."

- 당신의 반응: ＿＿＿＿＿＿＿＿＿＿＿＿＿＿＿＿＿＿＿＿＿＿＿＿＿

＿＿＿＿＿＿＿＿＿＿＿＿＿＿＿＿＿＿＿＿＿＿＿＿＿

8. 49세된 남자가 한 쪽 폐를 제거해 버리는 수술을 한 뒤에 재활 상담자에게 말한다.

"이제 난, 이전처럼 잘 활동할 수 없겠지요. 그러나 인생은 여전히 살 가치가 있다는 것을 알게 되었어요. 난 오랫동안 아주 실나락 같은 가능성이나마 꾸준히 지녀 왔어요. 난 그것을 설명할 수는 없지만 나를 버티게 하는 무엇인가가 있어요."

- 당신의 반응: ＿＿＿＿＿＿＿＿＿＿＿＿＿＿＿＿＿＿＿＿＿＿＿＿＿

＿＿＿＿＿＿＿＿＿＿＿＿＿＿＿＿＿＿＿＿＿＿＿＿＿

9. 45세된 남자가 상담자에게 약물중독에 관해 말한다.

"그 놈의 약이 내 인생을 엉망으로 만들고 있어요. 당신이 내 처지를 진짜 심각하게 받아들일지 모르지만, 그래도 난 나보다 훨씬 더 심한 사람들을 알고 있어요. 이제 난 그걸 조절할 수 있어요. 어느 정도는 그걸 조절할 수 있다구요. 그렇게 심각한 위기는 아닙니다."

• 당신의 반응:
_____
_____

10. 30세된 여자가 상담자에게 생활에 대한 불만을 털어 놓는다. 그 여자는 그다지 수다스럽지 않다.

"이런 것이 삶의 전부는 아니겠죠. 난 내 문제에 별로 관심이 없나봐요. 아마 날 별로 좋아하지도 않는 사람과 있어봐야 더욱 외로울 거예요."

• 당신의 반응:
_____
_____

[연습 3의 답] ·· 38~
1. 라   2. 가   3. 다   4. 다   5. 라   6. 나   7. 가   8. 다   9. 다
10. 라   11. 나   12. 다   13. 나   14. 나   15. 라   16. 나   17. 다

[연습 4의 예시] ·· 43~
1. ① 만족감, 기쁨, 자신감

   ② 즐거움, 설레임, 기대감, 자유로움, 기쁨, 상담자에 대한 고마움

   ③ 만족, 희망, 즐거움, 기대감, 배려할 수 있는 여유, 편안함

   예 "상담을 받고 나서 아주 좋아졌어요!" "즐거운 마음으로 할 수 있어요."
   "~기다려지기까지 하니까요." "남편과 진지한 얘기를 나눠요." "~그렇
   게 자유로울 수가 없어요."

2. ① 좌절감

   ② 당황스러움, 어쩔 줄 모름, 수치심, 막막함, 무기력함

   ③ 주저함, 착잡함, 절망감, 막막함, 막연한 불안

   예 "나는 정말 그런 일을 법적인 절차에 맡기고 싶지 않아요." "무엇을 기대
   할 수 있는지 모르겠어요." "무얼 어찌해야 좋을지 알 수가 없어요." 더듬
   거리거나 깊은 한숨을 쉬는 등의 비언어적 행동들.

3. ① 죄책감

   ② 죄책감, 분노, 불안

   ③ 죄책감, 후회, 불안, 부인에 대한 분노

   예 "절대로 허락하지 말았어야 하는건데" "마누라에게 뭐라고 말해야 할지
   모르겠어요." "내가 딸아이의 팔을 부러뜨린 것이라고 생각된단 말입니
   다." 손목을 비틀고, 자리에서 벌떡 일어나 왔다갔다하는 행동에서 불안과
   분노가 느껴짐.

4. ① 분노, 억울함

   ② 황당함, 배신감, 분노, 속상함, 억울함

   ③ 분노감, 억울함, 화남, 속상함

예 "절교를 선언했어요. 이유조차 모르겠어요." "말도 안되는 소리지요!" "아유, 속상해." "말썽을 일으키는 주둥아리가 나불거리는 소리를 걔가 들었더라면…"

5. ① 만족감, 성공감

② 뿌듯함, 자신감, 기쁨

③ 뿌듯함, 자부심, 자랑스러움, 만족감

예 "기대이상으로 공부를 잘했다고 하셨어." "열심히 했기 때문에 성적이 제대로 나온거야." 수행에 대한 자신감이 진술문 전체에서 느껴짐.

6. ① 부족감

② 좌절감, 막막함, 실망, 슬픔

③ 자신감 결여, 비교의식

예 "무엇을 기대할 수 있는지 모르겠어." "나 자신과 다른 모든 사람과 비교를 하고 있는데 솔직히 자신이 없거든." 말하는 데 있어 계속 주저하고, 머뭇거리며 한숨을 쉬는 행동.

7. ① 실망감, 권태

② 대학생활과 교수님들에 대한 실망, 지루함, 무기력함

③ 실망, 무료함, 삶에 대한 의미를 못 느낌, 권태

예 맥이 풀려서 말하는 것, "더 훌륭한 분들일 거라고 생각했었거든요." "매일같이 그리고 매주 다람쥐 체바퀴 돌듯이 생활을 해요."

8. ① 분노

② 막막함, 억울함, 어쩔 줄 모름, 약간의 분노, 무기력함

③ 답답함, 분노, 짜증남, 관여하고 싶지 않은 마음

예 "뒤집어씌우려는 것 같아요." "이제 모든 것에 상관하고 싶지 않아요." "노대체 나는 어떻게 처신해야 할시 모르겠어요."

9. ① 사랑, 기쁨

② 희열, 설레임, 행복감

③ 기쁨, 사랑, 흥분

예 "드디어 마음에 드는 여성을 만났어요." "예전에는 생각지도 못한 일이지요." "이게 정말 나에게 일어나고 있는 일인가요?"

10. ① 실망, 분노

② 분노, 짜증, 적개심

③ 반항심, 권위에 대한 불신감, 실망, 분노

예 "저는 여기서 무엇을 하고 있는건지 모르겠어요." "시간낭비일 뿐예요!" "이제 쇼를 그만 하시죠." 침묵을 지키고 있거나 묻는 말에 답하지 않는 것, 그리고 공격적인 말투.

11. ① 두려움, 난감

② 막막함, 불안, 분노

③ 두려움, 혼란, 불안, 난감

예 "어떻게 하면 좋을지 모르겠습니다." "이제와서 다른 직장을 구할 수 있을지 모르겠습니다." "어지럽습니다."

[연습 5의 답] ·· 52~

반응예 \ 문항	가	나	다	라	마
1	1	2	3	4	5
2	1	2	4	3	5
3	5	1	3	2	4
4	3	2	5	4	1
5	3	4	1	5	2
6	4	2	1	5	3
7	3	2	4	1	5
8	4	1	3	2	5
9	2	5	1	3	4
10	1	4	2	5	3

[연습 6의 예시] ·· 56~

1. 1) 공식반응:

① 어머니가 당신을 늘 자기 옆에 붙잡아 두려고 하기 때문에 답답하고 어머니에 대한 미움이 생기는군요.

② 어머니께서 당신을 구속하시는 것처럼 느껴지기 때문에 화가 나시는군요.

③ 어머님이 많은 요구를 하시기 때문에 무척 답답하게 느끼시는군요.

2) 자유반응:

① 어머니께서 건강을 이유로 당신을 구속하시는군요. 어떻게 해야 할지

몰라 막막하기도 하고, 한편으로는 이런 상황이 벌어지는 것에 많이 화가 나신 것 같아요.

② 어머님이 너무 많은 것을 당신에게 요구하시는군요. 당신은 어머님이 편찮으신 것 때문에 안 들어줄 수도 없고, 어머님이 아픈 것을 핑계로 계속 요구하실 것을 생각하니 무척 답답하시겠군요.

2. 1) 공식반응:

① 그저 이야기를 주고받는 것이 무의미하다고 느끼시는군요.

② 이전엔 즐거웠던 일들이지만 지금은 무의미하게 느껴져서 허탈하게 느끼시는군요.

③ 무의미하게 느끼시는군요.

2) 자유반응:

① 카페에서 노닥거리는 것이 전에는 즐거웠지만 이젠 할 일 없이 시간만 보내는 것 같아 허무함을 느끼고 있는 것 같아요.

② 사람들과 얘기하는 것들에 아무런 흥미를 못 느끼시는군요.

3. 1) 공식반응:

① 성희가 학교가기를 싫어해서 자못 걱정이 되시는군요.

② 성희가 학교가기를 무서워해서 불안하게 느끼시는군요.

③ 성희가 학교가기를 싫어하기 때문에 많이 걱정스럽게 느끼시는군요.

2) 자유반응:

① 성희가 왠지 학교가는 것을 두려워하는 것 같아 많이 걱정도 되고 불안하신 것 같아요.

② 성희가 학교가기를 싫어해서 어머님이 몹시 걱정되시겠어요.

4. 1) 공식반응:

① 더 이상 맹목적으로 나를 그에게 맡기고 싶지 않으시군요.

② 그의 의도를 알 수 없어서 불안하게 느끼시는군요.

③ 그의 사랑을 못 믿기 때문에 의구심(섭섭함, 미운 마음)을 느끼시는군요.

2) 자유반응:

① 그가 정말 당신을 사랑하고 있는지에 대한 확신을 할 수 없어서 불안하신 것 같아요.

② 그의 사랑을 확신할 수 없어서 이제 단순한 육체적 관계가 싫어지셨군요.

5. 1) 공식반응:

   ① 사장님이 한결같이 칭찬해주시기 때문에 불안하기조차 하시군요.

   ② 사장님이 당신을 칭찬하시는 의도를 알 수 없어서 오히려 당황스러움을 느끼시는군요.

   ③ 사장님이 칭찬만 하기 때문에 약간 불안하게 느끼시는군요.

   2) 자유반응:

   ① 사장님이 왠지 당신을 무조건적으로 칭찬하시는 것 같다고 생각하시나 보네요. 그 의도를 알 수 없어서 부담스럽기도 하고, 당황스럽기도 하신 것 같아요.

   ② 사장님이 매번 칭찬만 해주셔서 의아하고 조금 불안하기까지 하신가봐요.

6. 1) 공식반응:

   ① 당신은 현재의 불행도 여러 가지로 생각해 편안하게 받아들이고 계시는군요.

   ② 이 상황에 적응하면서 안도감을 느끼시는군요.

   ③ 더 심하지 않기 때문에 다행이라고 느끼시는군요.

   2) 자유반응:

   ① 모든 것이 만족스러운 것은 아니지만 그래도 나름대로 안도하고 계시는군요.

   ② 비록 다치시긴 했어도 더 어려운 사람들과 여건을 생각하시며 긍정적으로 생각하시나봐요.

7. 1) 공식반응:

   ① 너무나 많은 일이 한꺼번에 닥쳤기 때문에 무엇부터 해야 좋을지 모를 정도로 부담감을 느끼시는군요.

   ② 여러 가지 일이 겹쳐 있어서 어떻게 해야 할지를 몰라 불안을 느끼시는군요.

   ③ 과제와 남편 돌보는 일이 겹쳐서 부담스럽게 느끼시는군요.

   2) 자유반응:

   ① 해야 할 일이 한꺼번에 몰아쳐서 당황하셨군요.

   ② 할 일이 겹쳐서 어떤 것을 먼저 해야 할지 결정을 못해 부담스러우시겠네요.

8. 1) 공식반응:
  ① 자신의 일이 너무 개인적인 일이라서 아무에게나 쉽게 말할 수 없다고 느끼시는군요.
  ② 제가 낯선 남자이기 때문에 부담스럽게 느끼시는군요.
  ③ 너무 개인적인 일이기 때문에 말하기 곤란하게 느끼시는군요.

 2) 자유반응:
  ① 자게 낯선 사람이고, 게다가 남자이다보니 당신의 사적인 이야기를 꺼내기 부담스러우신가봐요.
  ② 아직 믿고 말할 만큼 제가 편하지 않은가봐요.

9. 1) 공식반응:
  ① 부모님께 혼날까봐 진작부터 걱정이 되는구나.
  ② 부모님이 갑자기 오신다고 하셔서 조급함을 느끼시는군요.
  ③ 부모님이 오신다고 하니까 당황하게 느끼시는군요.

 2) 자유반응:
  ① 집도 어질러져 있는데 부모님이 오신다고 하니 정말 불안하시겠어요.
  ② 정리도 안하고 사는데 부모님이 오신다해서 당황스럽고 무척 걱정도 되나봐요.

10.1) 공식반응:
  ① 애정과 관심을 가지고 상담을 해야 될텐데 그렇지 못해 죄책감을 느끼시는군요.
  ② 아무리 적응하려 노력해도 잘 되지 않아 짜증이 나시겠어요.
  ③ 상담에 관심이 없어져서 죄책감을 느끼시는군요.

 2) 자유반응:
  ① 이젠 아이들에게 더 이상 시경쓰기 싫지만 학교에는 계속 남아 있고 싶은 마음 때문에 혼란스러우신가봐요. 잘하려고 노력해봐도 잘 되지 않아 짜증이 나기도 하구요.
  ② 상담실 일을 애정과 관심을 가지고 하려고 하는데 잘 안되서 죄책감을 갖는군요.

[연습 7의 예시] ···························· 61~

1. ① 집에서 좋은 아버지 역할을 하고 싶다.

② 가족들에게 잘 해주고 싶다.

③ 가족들에게 좋은 가장이고 싶다.

2. ① 있는 그대로 인정받고 싶다.

② 내가 알아서 내 시간을 관리하고 싶다.

③ 엄마가 믿어주면 좋겠다.

3. ① 동등한 대우를 받고 싶다.

② 나도 내 능력을 최대한 발휘할 수 있는 일을 하고 싶다.

4. ① 정신집중을 잘해서 공부를 잘하고 싶다.

② 책을 집중해서 읽고 싶다.

③ 공부를 잘하고 싶다.

5. ① 약혼자와 함께 독일유학을 가고 싶다.

② 유학을 가고 싶기도 하지만 약혼자와 함께 있고 싶기도 하다.

③ 공부도 하고 싶고 약혼녀와 함께 있고 싶다.

6. ① 여학생들 앞에서도 서슴없이 이야기를 하여 좋은 여자친구를 사귀고 싶다.

② 여학생들과 친하게 지내고 싶다. 말을 잘하고 싶다.

7. ① 학교 선배로서의 대접을 받고 싶다.

② 나를 인정해주면 잘할 수 있을 것 같다.

③ 후배한테 선배로 대우받고 싶다.

8. ① 나 자신을 스스로 통제하여 정말 원하는 것을 하고 싶다.

② 내가 원하는 것을 분명히 해서 더 나은 삶을 살고 싶다.

③ 스스로 조절을 잘하면서 공부하고 싶다.

9. ① 구체적으로 시험준비에 집중하고 싶다.

② 남은 기간 동안 열심히 공부해서 수능을 잘 보고 싶다.

③ 구체적으로 시험준비를 하고 싶다.

10.① 자발적으로 공부를 하고 싶다.

② 내 의지로 공부를 하면 더 잘할 수 있을 것 같다.

③ 즐기면서 공부하고 싶다.

1. ① 가족에게 좋은 아버지 역할을 하고 싶은데 휴가가 너무 짧아 실망이 되는군요.

   ② 휴가가 좀 더 길다면 가족들에게도 더 잘해 줄 수 있는데 휴가 기간이 짧아 참 곤란하시겠어요.

   ③ 가족들에게 좋은 가장 역할을 하고 싶은데 안되서 짜증이 나시나봐요.

2. ① 내 모습 그대로 인정을 받고 싶은데 엄마는 무조건 혼을 내시니 내심 억울하시겠어요.

   ② 당신이 알아서 자기 시간을 잘 관리하고 있는데 어머니께서 그렇게 야단하시니까 억울하셨겠네요.

   ③ 제 할 일을 제가 알아서 하는데도 엄마가 믿어주질 않아 속상해요.

3. ① 남자직원과 동등한 대우를 받고 싶은데 여자라는 이유 때문에 하찮은 대우를 받아 화가 나시겠어요.

   ② 당신도 남자직원들과 같은 대우를 받으면 잘 할 수 있는데, 여자라는 이유로 잡일까지 도맡아야 하니 화도 나고 허탈하실 것 같아요.

   ③ 같이 시험보고 들어와서 동등한 대우를 받고 싶은데 차별해서 기분이 나쁘군요.

4. ① 정신집중 잘하여 공부를 잘하고 싶은데, 그렇지 않고 낙제 점수까지 받아서 두렵기까지 하시는군요.

   ② 집중을 잘 해서 공부를 잘하고 싶은데 그렇질 못해서 답답하시군요.

   ③ 집중을 잘 해서 공부를 잘하고 싶은데 낙제하는 과목도 있고 잘 안되서 힘들군요.

5. ① 약혼자와 함께 유학을 가면 좋겠지만 둘 중에 하나를 선택해야 되기 때문에 갈등하시는군요.

   ② 약혼자와 함께 유학을 가서 공부하고 싶은데 아직 의견의 조율이 안돼서 답답하시군요.

   ③ 유학가고 싶은데 약혼녀와 함께 있지 못하면 힘들 것 같아 걱정되나봐요.

6. ① 여학생들과 서슴없이 이야기하여 여자친구를 사귀고 싶지만 여학생 앞에 서면 말문부터 막혀 좌절감을 느끼시겠어요.

   ② 여학생들 앞에서 말도 잘하고 친하게 지내고 싶은데 막상 앞에 서면 말을

잘 못해서 실망하신 것 같군요.

③ 여학생들과 친하게 지내고 싶은데 여학생 앞에서 말을 못해서 친하지 못해 속상하신가봐요.

7. ① 최소한의 선배대접을 받았으면 이렇게 화는 안 나셨을 것 같군요.

② 오부장에게 선배로서 대접을 받고 싶은 마음이 있는데 그가 너무 건방져 보여서 화가 나셨군요.

③ 선배 대접을 받고 싶은데 직장 상사랍시고 후배가 건방지게 굴어서 기분 나쁘신가봐요.

8. ① 스스로를 통제하여 정말 원하는 것을 하며 대학생활을 하고 싶지만 무질서한 생활로의 번복이 당신을 혼란스럽게 하는군요.

② 당신이 원하는 것을 분명히 해서 더 잘 살아보고자 하는 마음이 있는데, 아직까지는 혼란스럽게 느껴지시는 것 같군요.

③ 자신을 조절하면서 공부도 하고 즐기고도 싶은데 조절이 잘 안되서 힘든가봐요.

9. ① 공부해야 할 것을 분명하게 알면 집중해서 시험준비를 할 수 있을 것 같은데 너무 막연하니까 무력해진단 말이지요?

② 지금부터라도 열심히 해서 시험을 잘 보고 싶은데 엄두가 나질 않아 막막하신 것 같군요.

③ 구체적으로 시험준비를 하고 싶은데, 어떻게 시작해야 할지 몰라 막막하시군요.

10. ① 자발적으로 공부하면 더 열심히 할 수 있을 것 같은데 억지로 공부하니까 마음대로 되지 않는군요.

② 자발적으로 궁부를 한다면 더 성과가 좋을 것 같은데 떠밀려서 공부를 하는 것 같아 짜증이 나신 것 같아요.

③ 공부를 즐기면서 하고 싶은데 그렇지 않아 힘든가봐요.

[연습 9의 답] ·· 69~

반응예\문항	가	나	다	라	마
1	3	2	1	4	5
2	1	4	2	5	3
3	2	3	1	5	4
4	3	2	1	4	5
5	5	1	3	2	4
6	3	2	4	5	1
7	4	2	1	3	5
8	1	4	2	3	5
9	5	1	3	2	4
10	4	2	1	5	3

[연습 10의 예시] ·· 73~

1. ① 자네가 이 문제를 어려워하는 것을 보니 문제가 어렵기는 어려운가보군.
   ② 문제가 무엇을 말하고자 하는지만이라도 이해가 되면 좀 더 잘 풀 수 있을 텐데 답답하지?
   ③ 문제를 얼른 파악해서 어떻게 했으면 좋겠는데 잘 안된다는 말이군요.

2. ① 특히나, 부모님들이 돈 문제로 다투실 때는 몹시 괴롭고 힘이 들거야. 이제는 다 성장한 자식으로서 부모님의 갈등을 풀어드리고 싶은 게로군.
   ② 자녀로서 부모님이 말다툼을 하시는 것을 듣고 있는 것은 참 괴로운 일이지.
   ③ 부모님이 화목하셨으면 좋겠는데 돈 때문에 서로 싸우시니 정말 괴로웠구나.

3. ① 영희가 엄마 말을 잘 들어 조금만 공부해 주면 좋겠는데 그렇지 않아 걱정되시겠어요.
   ② 영희가 받아쓰기를 좀 잘했으면 하는 마음이 있는데 그렇질 못해서 답답하셨겠어요.
   ③ 영희가 공부를 열심히 해서 받아쓰기를 잘 했으면 좋겠는데 점수를 제대로 못 받아와서 정말 속상하시겠어요.

4. ① 여지껏 잘 참으셨네요. 오죽하면 경찰에 신고까지 하려고 하시겠어요.
   ② 좀 조용히 살고 싶은데 옆집 남자가 또 술주정을 해대니 정말 짜증이 나셨겠네요.

③ 여태껏 어떻게 참으셨어요? 정말 힘드셨겠어요.

5. ① 오죽 답답하시면 이렇게 학교에까지 찾아오셨겠어요. 학교에서 그동안 너무 무성의했군요.
   ② 아이가 도무지 학교를 다니는 의미가 없다고 생각하셔서 화가 나셨겠어요.
   ③ 무척 답답하셨겠어요. 학교가 뭘 어떻게 하는지를 알려주지 않았으니 말이에요.

6. ① 여러 가지 상황이 겹쳐 어렵지만, 당신이니깐 최선을 다하셨지요. 그러나 이제는 갈피를 잡을 수 없이 벅차고 힘이 드시군요.
   ② 최선을 다하고는 싶은데 해야 할 일이 많아서 혼란스러우시군요.
   ③ 주변사람들의 요구가 너무 많아서 정말 정신을 못 차리겠네요.

7. ① 지위가 높다고는 하나 친구사이에 무시다하는 것 같은 태도에는 누구라도 기분이 나쁠거예요.
   ② 초등학교 동창생이 이래라 저래라 지시를 하니 자존심이 상하신 것 같군요.
   ③ 초등학교 동기가 직장 상사라고 건방지게 굴어서 힘드시겠네요.

8. ① 만약 사람들이 학력에 대해 편견을 갖고 있지 않다면 당신은 대졸자 못지않은 능력의 자부심으로 주눅이 들지 않을텐데.
   ② 나름대로 열심히 살아오셨고 대졸자 못지않은 지식도 쌓으셨지만 학력에 대해서는 사람들이 색안경을 끼고 보는 것 같아 서러우셨을 것 같아요.
   ③ 대졸자 못지 않은 지식과 원만한 대인관계에 대한 평가를 제대로 받지 못하시는군요. 그런 사람들의 편견 때문에 주눅이 드시는거구요.

9. ① 당신은 젊은 사람들을 잘 이해하시면서도 혹시 폐가 될까봐 걱정을 하시는군요.
   ② 제가 가서 함께 시간을 보내면 사실 반가우시겠지요?
   ③ 젊은 사람을 무척이나 배려해 주시면서도 혹시 피해를 주게 될까봐 걱정하시네요.

10. ① 당신 나름에는 최선을 다해서 아내와의 관계를 회복하고 싶었는데 회복은 커녕 악화만 되니, 당신의 아내가 당신의 노력을 조금이라도 알아주기를 바라시는군요.
    ② 나름대로는 상당히 노력하셨는데, 이젠 도무지 막막한 상황이 되어 버리셨네요.

③ 부인을 무척이나 배려하고 챙겨주시면서 잘 지내고 싶었는데 그렇지 못해 힘드시네요.

[연습 11의 답] ··· 78~

반응예 \ 문항	가	나	다	라	마
1	1	4	2	5	3
2	2	5	1	3	4
3	4	1	3	2	5
4	2	3	5	4	1
5	4	1	3	2	5
6	1	2	5	4	3
7	2	3	5	1	4
8	2	4	1	5	3
9	2	5	1	3	4
10	1	4	2	5	3

[연습 12의 예시] ··· 81~

1. ① 당신이 빈번히 늦는 게 마음에 걸렸습니다. 당신은 그러지 않겠다고 스스로 다짐하는 것 같은데도 잘 안되는 것 같군요. 우리는 이것에 관해 이야기해도 될 것 같습니다.
   ② 나름대로 노력은 하시겠지만, 계속 상담시간에 늦으시니 다른 이유가 있는 것은 아닐까 하는 생각이 듭니다.
   ③ 반복적으로 늦는 게 마음이 쓰이는데요. 안 그러려고 해도 잘 안되는 것 같네요.

2. ① 우려하던 일이었지만 막상 그런 말을 들으니 당황이 되는군요. 기대했던 일이 아닌 단순작업만 하니 얼마나 실망이 되시겠어요.
   ② 그렇잖아도 미스 리가 일을 하면서 실망할까봐 걱정을 하고 있었습니다.
   ③ 그렇잖아도 걱정하고 있었는데 미스 리가 직접 말을 해서 놀랐어요. 단순작업만 하느라고 많이 힘들지요?

3. ① 자유분방해 보이는 오 계장을 걱정하고 있었어요. 회사 생활에서 그런 어려움이 있었군요. 그래도 아직은 잘 견뎌가고 있다고 생각이 되는데 그 문제에 대해 더 이야기해 볼까요.
   ② 어려운 사랑에 빠지게 되어 여러 가지 고민이 많겠군요.

③ 평소 오계장의 자유스러운 생활이 마음쓰였어요. 그런데 회사에서 그런 어려움이 있었군요.

4. ① 네가 생각하는 것과는 달리 늘 너에게 좋은 관심을 갖고 있었는데도 네가 그렇게 생각하니 섭섭하구나. 그래도 그렇게 생각하였다면 미안하구나.

② 네가 최선을 다한다는 것을 알고 있고, 나도 너에게 항상 관심을 가지고 있었단다. 그런데 네가 그렇게 생각하리라고는 전혀 예상하지 못했기 때문에 조금 섭섭하네.

③ 영수야, 나는 관심의 표현으로 너에게 질문도 하고 했는데 네가 그렇게 말하니 당황스럽구나. 왜 네가 그렇게 생각하는지 이야기해보자.

5. ① 이제는 숙제보다 반복되는 네 말이 걱정되는구나. 어떻게 된 일인지 자세히 이야기해 주지 않겠니?

② 네가 반성하고 있다는 건 알지만, 전에도 같은 이유로 과제를 제출하지 못했던 것 기억하니?

③ 영호야, 네가 3번째 같은 말을 하는 걸 보니 뭔가 다른 사연이 있을 것 같구나. 오늘은 그 얘기를 한 번 해보자.

6. ① 그래, 그렇다고 분명하게 말하기는 어려워도, 선뜻 내 집안 이야기에 대한 것은 말하기가 어렵고 겁이 나더구나. 네가 먼저 말해주니 얼마나 고마운지 몰라.

② 관계가 너무 피상적이 되어가는 것은 아닌가 염려하고 있었구나. 네가 나와 그렇게 좋은 관계를 맺고 싶어하는 것이 나에겐 참 감사한 일이야.

③ 나도 너와 비슷하게 생각하고 있었는데 네가 그렇게 말하니까 이 점에 대해서 같이 이야기할 좋은 기회인 것 같아.

7. ① 당신은 내가 너무 비싼 가격을 받고 있다고 생각하여 상담을 될 수 있는대로 빨리 끝내시려 하기 때문에 이 점을 분명히 다루지 않았다는 것에 자책감이 드는군요. 우리 허심탄회하게 이야기해 보지요.

② 경제적 사정 때문에 상담에 부담을 느끼시는군요. 저에게도 상담료에 관한 것은 조금 부담스러운 주제이긴 하지만 우리는 이 문제를 좀 더 이야기할 필요가 있을 것 같아요.

③ 상담료에 대해서는 지난 번에 얘기가 끝난 줄 알았는데 그렇게 말씀하시니 좀 당황스럽군요. 지금이라도 솔직하고 분명하게 얘기하고 정리를 하

면 좋겠네요.

8. ① 나는 당신이 점점 상담과 저에게 회의를 느끼신다고 생각되어 당황하고
   있었어요. 당신이 고질적이라기보다는 상담이나 제가 더 고질적인 문제가
   있는 것은 아닌지 모르겠습니다.

   ② 이런 식으로 만나서는 당신에게 도움이 되지 않을 것이라고 생각하는 것
   같아 조금은 당황스럽네요. 이 문제에 대해 좀 더 이야기해볼까요?

   ③ 그렇잖아도 별 기대없이 상담에 임하고 있는 것 같아 마음이 쓰였는데, 얘
   기가 나왔으니 그것에 대해 같이 얘기를 하면 좋을 것 같아요.

9. ① 당신이 나에게 의지할 수도 있지만 당신의 독립을 막는 거물과 같이 느낀
   다고 할 때 내가 당신에게 내 딸에게 대하듯이 행동했다는 생각이 들어 아
   차 했어요. 어떤 때 내가 당신에게 아버지처럼 굴었는지 이야기해 주시겠
   어요?

   ② 내가 마치 당신의 아버지처럼 당신을 간섭하는 것으로 느껴져서 불편했던
   것 같군요. 사실 저도 어쩌면 순간순간 제 딸에게 하듯 했을지도 모른다는
   생각이 드네요. 혹시 앞으로의 상담에서 그런 느낌이 든다면 바로 저에게
   말씀해주세요. 우리는 이 문제를 좀 더 다룰 수 있을 겁니다.

   ③ 당신이 그렇게 얘기하니 깜짝 놀랐어요. 내가 당신에게 딸을 대하듯이 했
   나 싶어서요.

10. ① 그렇지 않아도 당신과 내가 좋은 관계를 맺지 못해서 망설이고 있었는데
   당신이 더 용감하게 먼저 지적해주셨군요. 특별한 이유가 있어서 그랬던
   것은 아닌데 나중에는 오히려 말을 거는 것이 어색해져서 더 못하게 되었
   어요.

   ② 저 역시 당신과 이야기해보고 싶었지만 기회가 잘 닿지 않더군요.

   ③ 안 그래도 당신과 좋은 관계를 못 맺은 것 같아 망설였는데 그렇게 말해주
   니 고맙군요.

[연습 13의 답] ···································· 88~]

반응예 \ 문항	가	나	다	라	마
1	4	1	5	2	3
2	4	5	1	3	2
3	4	1	2	5	3
4	3	2.	1	4	5
5	2	5	1	3	4
6	2	5	1	4	3
7	2	3	1	4	5
8	4	2	1	3	5
9	3	2	5	4	1
10	2	5	1	3	4

[연습 14의 예시] ···································· 92~

1. ① 어떤 친구가 무슨 부탁을 한 때가 거절하기 가장 어려웠는지 이야기해볼까요?

② 답답하겠나. 부탁을 받았을 때 싫다고 얘기하면 무슨 일이 일어날까?

③ 거절하는 게 힘이 드나봐요. 친구들이 어떤 얘기를 했는데 자신의 의견을 말하기 힘들었나요?

2. ① 아버지가 서두르시니까 부담이 되겠네요. 여러 가지 흥미를 갖고 있는 일에 대해 말씀하셨는데, 특히 당신이 하고 싶은 일은 무엇인가요?

② 뭘 해도 재밌을 것 같고 잘할 수 있을 것 같아서 당장 진로를 결정하려니 고민이 많았을 것 같다.

③ 여러 가지 것들에 재능도 있고 흥미도 있는데 진로 결정을 서둘러야 해서 고민이군요. 그럼 그 각각의 분야들의 장단점을 한번 생각해볼까요?

3. ① 새로운 기대를 걸고 집에 갔으나 어머니께서 여전히 당신을 이해해주지 않으셔서 실망이 자못 컸을 것 같군요. 어머니께서 어떻게 하셨길래 그런 실망을 하시게 되셨나요?

② 세월이 지나도 당신을 이해하지 못하는 어머니를 보면서 실망하셨군요. 어머니가 어떤 점에서 당신을 이해하지 못하는 것 같으세요?

③ 어머니께서 당신의 어떤 점을 못하신다고 생각하세요?

4. ① 당신을 곤경에 빠뜨리고, 당신에게 적절치 않은 일이 과연 어떤 일인지 궁금하군요.

② 이러지도 저러지도 못하는 상황이 되어 불안하시겠어요. 어떤 일이 당신을 난처하게 하나요?

③ 그 적당하지 않은 일은 어떤 일인가요? 또 그 일을 하려면 어떤 곤경에 빠져들거라고 생각하세요?

5. ① 어떤 일을 할 때 특히 몸이 안 좋아 일을 하시기가 어려웠나요?

② 그럴 때면 짜증나시겠어요. 어떨 때 그렇게 되는지 말씀해주실 수 있을까요?

③ 어떤 일을 할 때 몸이 안 좋은가요?

6. ① 이런 말은 나에게 하기가 무척 어려워 보이는구나. 특히 어떤 여자애와 이야기하고 있는데 잘 안되는거니?

② 대화를 쉽게 할 수 없어서 많이 힘들었구나. 애들하고 대화를 할 때 어떤 점이 특히 힘드니?

③ 이런 말을 하기도 참 힘들어 보이는구나. 어떤 여자애들이랑 이야기가 잘 안되니?

7. ① 전혀 생각지도 않았던 실연을 하니 슬프기보다는 삥하고 한 대 얻어맞은 기분처럼 얼떨떨하겠어요. 부모님을 만나러 가기 전에 어떤 일이라도 있었던 것인가요?

② 많이 당황하고 화가 나셨을 것 같아요. 그 편지를 봤을 때 무슨 생각을 하셨어요?

③ 갑자기 그런 편지를 받아서 놀라기도 했겠네요. 그 전에는 이와 비슷한 아무런 얘기도 없었는가요?

8. ① 절망적인 상황에서는 당신을 격려하는 것이 무엇인지 궁금하군요. 언제 그 고무하는 힘을 느끼셨는지 그때를 자세히 설명해 주시겠어요?

② 인생의 어떤 면이 당신으로 하여금 살 가치가 있도록 하나요? 구체적으로 느꼈던 계기가 있었나요?

③ 어려운 중에도 자신을 버티는 가능성을 지니고 계시니 참 다행이에요. 언제 그것을 느끼셨는지 말해주실 수 있나요?

9. ① 당신이 스스로 조절할 수 있다는 것이 도대체 무엇인지 궁금하네요.

② 약물 조절이 쉬운 일은 아니지요. 스스로 조절할 수 있다고 하셨는데, 이제까지 어떻게 조절하셨나요?

③ 조절할 수 있다니 다행이네요. 약을 조절한다는 것이 무엇인지 말해줄 수 있나요?

10. ① 별로 다른 방책을 구하지도 않은 채 당신이 별로 좋아하지 않는 사람과 계속 있어야 하는 이유라도 있나요?

② 마음이 허탈하신가봐요. 이제까지 ○○씨를 별로 좋아하지 않는 사람과 함께 있어본 경험이 있으셨나요?

③ 당신을 좋아하지 않는다고 생각하는 사람과 함께 있어야 하는 이유라도 있나요?

상담 연습(2):
문제의 이해와
새로운 조망의 촉진

4

이제 상담자가 공감적 이해, 수용적 존중, 일관적 성실성 및 전문적 구체성을 통해 내담자와 상담의 촉진적 관계를 형성하였다. 상담자는 내담자의 문제를 내담자의 입장에서 탐색하도록 도왔다. 다시 말해 내담자는 자신의 문제를 공정하고도 구체적으로 탐색하게 되었다. 그러나 대개의 경우, 탐색할 뿐이다. 즉, 내담자들은 자기의 문제를 반복적으로 검토하기는 하지만, 어떻게 해야 할지를 결정짓는 데까지는 나아가지 못할 때가 많다. 내담자가 자신의 입장 및 관점에 머물러 있기 때문이다. 이런 내담자의 입장 및 관점은 너무 제한적이거나 자기 파괴적일 수 있기 때문에 내담자를 그 다음 단계로 넘어가게 하기에는 역부족이다. 과거에 지녔던 관점 및 사고방식은 생산적인 목표를 설정하게 하거나 실제 행동으로 이끌 수가 없다. 내담자들은 문제와 자신에 대한 어떤 고정된 틀에서 새로운 조망으로 넘어가야 할 필요가 있다. 다음의 이○○씨의 사례를 통해 살펴보자.

이○○씨는 34세의 명랑하고 쾌활한 성격을 가진 미혼 여성이다. 그녀는 상담센타에 와서 몇 번의 상담을 받고 있다. 그녀는 여러 가지의 불편과 고통을 호소하지만 대개는 모호하다. 그것들 중 신체적 고통(비록 실제 병원진료 결과에 따르면 이상이 없지만)과 자신의 직장근무 조건에 대한 불평은 상당히 집요한 편이다. 그녀는 비교적 큰 회사의 직원으로 약 8년간 일해 왔다. 그녀는 자기의 상사와 동료들에게 불만을 표시했으며 몇 번의 상담시간에 걸쳐 불평을 계속하였다. 마침내 상담자는 다음과 같은 말을 하였다.

상: "이○○씨, 나는 점점 당신의 근무 조건이 주요문제같지 않다는 생각이 드는군요. 그것보다는 더 중요한 것이 그 속에 있는 것 같군요. 나에게 드는 생각은 당신이, 당신이 하고 있는 일을 별로 좋아하지 않는 것 같다는 거예요. 당신은 상당한 능력을 갖고 있는데, 그냥 컴퓨터 워드 치는 것으로는 만족할 수 없는 것 같다 하는 거지요."

내: (잠깐 머뭇거리다 놀란 표정으로) "그 말은 좀 안 맞는 것 같은데, 아무튼 그런 생각은 해본 적이 없어요. 나는 이 직업이 내 천직이다라고 당연스럽게 받아들였지요. 내가 지금 이 나이에 이보다 더 좋은 직업을 가질 수 있다는 거예요?"

내담자가 어떤 상황에서의 자신의 경험, 행동 및 감정을 탐색할 때 그는 자신이 지금 어떤 상황에 처해 있는지를 알 수 있게 된다. 촉진적 관계형성을 통해 내담자를 여기까지는 이끌 수 있다. 예를 들어 이○○씨의 경우, 그녀가 현재 자신의 직업에 대해 실망하고 불만족스러워 한다는 것을 알게 되었다. 다음 단계는 그 문제 상황에 대한 새로운 조망을 발달시키도록 돕는 것인데, 이 새로운 조망을 통해서 내담자는 자기가 진정으로 원하는 것을 알게 된다.

　이○○씨 경우 현재의 직업에서 더 나아질 희망이 없는 것으로 보기 때문에 만족스러운 새 직업을 얻는 것이 목표라 할 수 있다. 그러나 새로운 조망을 얻기 전에는 이처럼 간단한 변화, 다시 말해서 불만스러운 직업이 아닌 만족스러운 직업으로의 선택을 생각하지 못한다. 만족스러운 새 직업을 얻기 위해 이○○씨가 필요로 하는 새로운 조망은 '좋아하지도 않는 내 직업을 유지해야만 하는 이유가 전혀 없다'는 것이다. 이○○씨는 "내가 일하는 회사에 언제나 충성스럽게 남아 있어야 한다," "비록 좋아하지는 않아도 안정을 위해서는 그냥 꾹 참고 있는 편이 낫다"와 같은 자기 패배적 신념과 태도에 둘러싸여 있다. 상담자가 이 내담자로 하여금 이런 소극적 신념을 검토해 보고 뛰어넘도록 도전함으로써 이○○씨는 새로운 직업을 얻으려는 목표를 세울 수 있게 된다.

　이미 독자는 간파했겠지만, 새로운 조망을 얻게 하는 이유는 목표설정을 위해서이다. 새로운 조망 그 자체가 목적이 아니고 문제 상황을 더 효과적으로 다룰 수 있는 어떤 일을 선택하도록 하기 위해서이다. 이○○씨 경우, 그녀가 자신을 너무 무시하고 있어, 스스로의 인생에서 더 많은 것을 받을 가치가 없다거나 그냥 자신의 운명으로 만족해야 한다는 식의 말들을 해왔다. 일단 자기가 스스로를 여러 가지 방법으로 무시했다는 것을 발견했다면 그녀는 자기의 직업에 이것이 어떻게 적용되어 왔는지를 일일이 열거할 수 있게 되다. 그러면 그녀는 몇 가지 목표를 세울 준비가 된다.

　새로운 조망을 발달시키는 데는 두 가지 주의할 점이 있다. 첫째, 내담자가 적절한 목표를 세우는데 필요한 여러 가지 조망을 발달시킬 수 있도록 다양한 방법으로 도전해야 한다. 앞으로 우리는 이 도전기술들을 하나씩 다루게 될 것이다. 도전기술로는 요약 반응, 정보제공 반응, 직면 반응, 자기 공개 반응, 즉시성 반응들이 소개된다. 둘째, 새로운 조망 그 자체보다는 문제 상황을 다룰 수 있게 하는 대안을 내놓도록 새 조망을 형성하는 것이다. 내담자가 새로운 조망을 제안하거나 스스로 도전할 때 상담자는 이렇게 자문할 필요가 있다. "이 통찰이, 내담자가 자기 문제를 다룰 수 있게 하는 행위나 행동변화들에 어떻게 연결되는가?," "이 새로운 조망이 내담자의 현재 상태를 보다 명확하게 하는가?" 등이다.

자, 이제 내담자가 이러한 새로운 조망들을 발달시킬 수 있게 하는 상담 기술들을 다루어 본다. 이들 모두는 동일한 목적을 갖고 있기 때문에 간혹 겹치는 경우도 있다.

요약반응

상담자는 내담자가 촉진적 관계의 형성을 통해 다루고 있는 문제상황을 더욱 초점화하고 구체적으로 탐색하게끔 돕기 위해 요약을 사용할 수 있다. 이렇게 하여 탐색에 머물지 않고 그 다음으로 넘어가게 할 수 있다. 그런 의미에서 요약은 중개반응으로 작용한다. Brammer[1]는 요약을 적절히 사용함으로써 얻어질 수 있는 여러 가지 효과를 열거하였다. 즉, 내담자를 준비시키거나, 흩어져 있는 생각과 느낌을 한곳으로 모으거나, 특정 주제에 대한 계속된 논의를 마감한다거나 특정주제를 더 철저하게 탐색하도록 자극하게 된다. 대개 흩어져 있는 요소를 함께 모을 때 내담자는 '큰 그림'을 명확히 보게 된다. 그래서 요약 반응은 새로운 조망이나 대안적 틀로 이끌 수 있다.

좋은 요약은 많은 사실들을 그저 기계적으로 묶는 것이 아니다. 서로 관련있는 자료들을 체계적으로 묶어 표현하는 것이다. 그러나 이러한 요약도 내담자를 경청하고 이해함으로써 가능하다. 효과적 요약이었다면, 그 요약은 내담자로 하여금 중요한 문제에 의도적으로 초점 맞추게 한다. 그러나 단순히 내담자가 말했던 많은 것들을 다시 말하는 것과 같은 비효과적 요약은 탐색을 초점화시키기보다는 오히려 방해할 수도 있다.

요약 반응은 상담과정에 초점을 맞추거나 방향을 제시하기 위해 언제든지 사용할 수 있지만 특별히 요긴하게 사용될 때가 있다. 새로운 상담시간이 시작될 때, 상담 시간 중 내담자가 산만하게 이야기하는 것처럼 보일 때, 내담자가 어떤 주제에 대해 하고자 했던 말들을 전부 한 것처럼 보일 때 등이다.

---

1) L. M. Brammer. *The Helping Relationship: Process and Skills*, Prentice Hall, Inc., 1985.

다음에 10개의 내담자의 반응예가 제시되어 있다. 내담자는 대개 생각나는 대로, 급한대로 자기의 이야기를 한다. 당신은 이 호소를 다 읽고, 요약 반응이 내담자로 하여금 목표설정을 위해 문제를 명료화하도록 하는 것임을 명심하면서 정확하고 간결하게 요약해 보시오.

연습을 하고 나면 …

- 긴 진술문에서 핵심을 찾아내어 이를 요약할 수 있다.
- 내담자의 주호소 문제를 보다 빨리 파악할 수 있다.
- 내담자로 하여금 자신의 문제에 대한 이해를 도울 수 있다.

1. "같은 과에 친하게 지내는 명희가 있는데, 그와 나는 너무 달라요. 나는 딸이 많은 집에서 태어났기 때문에 무시 받으며 살았어요. 한 번도 내 요구를 못했죠. 으레 부모가 해주는 것만 받는 것이고 부모가 시키면 하는 것으로 알았어요. 집을 뛰쳐나가려고 한 적도 여러 번 있었는데 하루도 못 있고 집으로 돌아왔어요. 어처구니없는 일이죠. 그렇지만 명희는 달라요. 그 애는 무엇이건 원하는 것을 다했어요. 여자가 남자보다 못하지 않다고 생각해요. 그러나 저는 그렇지 못해요. 남자에 대한 열등의식이 심해요. 아버지와 오빠와는 이야기할 기회가 전혀 없었어요. 지난 겨울방학 때는 재수하려고 했죠. 지금 다니고 있는 학과는 부모가 원하는 것이고 시킨 것이어서 그 과를 그만두고 싶어요."

• 당신의 요약 반응: _____

_____

2. 상: "그런 욕구가 있다는 것이 전에는 어떻게 생각되었었나요?"

내: "전에도 물론 늘 갖고 있었지만 그것을 자연스럽게 표현할 만한 용기라고 할까, 그만한 마음의 자세가 갖춰지지 않은 것 같아요. 하고 싶긴 한데 할 용기가 없으니까 굉장히 자신이 초라해 보이고 그런 시도를 할 때에는 늘 힘이 빠진 상태거나 허전한 상태거나 외롭다는 느낌이 들 때 했기 때문에, 어쩜 더 어려운 상태에서, 못하기 때문에 굉장히 피곤함을 느껴요. 모든 게 자신이 없어지고 또 피곤하고 요새 같으면 자는 것에 대해서도 편하게 잘 수 없는데 그때에는 피곤하면 피곤할수록 편하게 잘 수 없다는 생각이 많이 들었어요. 오늘 하루를 이대로 막을 내릴 수 없다는 생각이 들었기 때문에 굉장히 심한 운동을 하거나 밤에 다시 나가 버스 타고 시내를 돌아다니다가 들어온다거나 그래야만 직성이 풀리고 잠을 좀 잘 수 있고, 아침에 늦게 일어나고 그런 우울한 기분을 많이 느꼈는데, 그런데서 빠져 나오려는 게 점점 더 몸을 피곤하게 하고, 힘겨웠던 것 같애요. 요즈음은 일찍 자고 일찍 일어나는 식으로 생활하거든요. 몸이 피곤해서 그런지 요즈음엔 그런 생각, 아 오늘 하루가 부족하다는 생각보다도 내일을 위해 오늘은 자두자 하는 식으로 편하게 생각을 하며 자지요."

• 당신의 요약 반응:

_____

_____

3. "그 뒤로부터는 내 자신이 하고 싶은 것이니까 엄마 아빠가 어떻게 원하든 지간에 나중에 어쩌면 내가 하고 싶은 것을 하는게 부모님께 효도하는 길이 아닌가 하는 생각이 들고, 부모님들은 부 같은 것을 낳이 보시지만 그런 것은 별 문제가 아니다는 생각이 들었어요. 고 3때 다니면서 행동으로 나타났다고 그럴까, 과학관도 열심히 다니면서 보고 그런걸 많이 했었어요. 고 3이 되니까 엄마 아빠가 너 가고 싶은데로 가라 그러시데요. 그 때 고민이 생겼어요. 과학자는 굉장히 메마른 사람으로 생각하기 쉽잖아요. 딱딱하고 그런 생각을 많이 했던 것 같아요. 나는 그렇게 되지 말아야지 해서 문학적인 책도 많이 보고 과학자를 놓고 생각했을 때 그쪽으로만 갈 것이냐. 인간적인

학문도 접해 가면서…… 공부할 시간이 별로 없었고 나름대로 초조하기도 했고, 그러다 좀 아팠어요. 그래서 점수가 생각보다 안 나와서…… 그동안 쭉 엄마 아빠한테 죄송한 마음을 가지면서도 좀 내 생각을 해 왔는데 와르르 한 순간에 무너지니까…… 어떤 사람은 대학에 들어올 때 하늘이 돈짝만해 보인다는데 저는 그게 아니었거든요. …… 이런 거 저런 거 많이 접하다보니 그 동안 내가 한 쪽만 생각해 왔는데 여러 방면을 생각해 보자 하는 생각이 들었어요."

- 당신의 요약 반응: _____

_____

4. "글쎄요. 그 전까지 저는 저 자신한테 상당히 강했던 것 같은데 요즈음은 점점 약해지는 것 같아요. 강하다는 게…… 대학에 들어오기 전까지는 주어진 삶이랄까, 자신이 주관해 왔다는 삶보다는 선생님이나 부모님이 하라시는 대로 따르면 되었고, 그러면서도 말로 직접 부모님께 대항하지는 않았지만 제 문제에 있어서는 사소한 것 말고는 제 고집대로 해왔던 것 같아요. 그래야만 했던 것 같고 내가 내 삶을 제대로 살아가기 위해 적극적이어야 한다고 많이 생각하고, 그러기 위해서는 내 자신이 강해져야 한다는 것, 특히 남들에게는 너그러워야 하지만 내 자신에게 엄격해야 한다고 생각했던 것 같아요."

- 당신의 요약 반응: _____

_____

5. "별로 그 얘기 안드렸었어요. (음) 제가 아주 힘들었었어요. 2학년 1학기때, 어, 3학년 1학기때요. 아주 힘들어서 찾아갔어요. 그래서 힘들다 그렇게 얘기를 했어요. 그랬더니 혼자서 휴학을 하래요. 그런 식으로 얘기를 했어요. 걔가 그래서 저는 좀 앉아 있고 싶은데 먼저 갔어요. 수업이 있다구. (음) 학교에서 만났었는데, 그리고 그냥 저를 거기다 혼자서 놔두고 갔어요. 저는 얘가 정리하는구나 느꼈어요(웃음). (그때?) 네, 섭섭하고 그렇긴 한데 맞는 말이다 생각을 했거든요. 제가 제 문제를 해결해야 되는 건 맞는 얘기라고

생각을 했거든요. (음) 그리고 한달쯤 지냈었거든요. (안 만나구?) 네, 그리고 혼자 좀 잊을려고 애썼구요. 그리고 생활이 좀 안정이 됐는데 그 애와의 관계가 이상한 상태라고 제가 생각을 했거든요. 그런 식으로 그냥 가버렸으니까, 그 다음에 연락도 한번도 안 오고 그러니까 친구를 잃고 싶지는 않았거든요. 처음에 제가 남자라고 생각하고 그랬다가 어색해지고 완전히 끊어지고 그러는 것보다 친구로 남아 있는 게 훨씬 낫고 좋다고 생각을 했거든요. (음) 그래서 만나서 얘기를 했다가 이상하게 됐어요."

- 당신의 요약 반응: _____

_____

6. "H대 여학생이었거든요. (음) 이야기하는 가운데, 모르겠어요. 제가 미팅할 기회도 많았었구 했지만 많이 거절했었는데, 아주 친한 친구고 해서, 그리고 그때는 관심도 있고 해서 나갔는데, 그 여학생 (잘 안 들림) 물론 제가 선입견을 가지고 있어 봐서 그런지 약간은 경계하는, 경계하는 게 깊이 친해질 수 있는 관계가 못되리라는 걸 이미 예상하고 나온 것 같은…… (그 여학생이?) 네, 그런 생각들을…… 느꼈었기 때문에 얘기하면서 그런 생각을 하고 있다고 했었구, …… 그 뒤로 제가 진짜 미팅을 안할려구 그랬었는게 인간들이 만나가지고 진짜 그 사람 전면을 보고 헤어지는 경우가…… 거의 없는 것 같아요. 어차피 나도 미팅 해봤자 그럴 것이구, 또 상대방이 나를 그렇게 판단할 것이구…… 그런 생각들이…… 하여튼 그게 싫어 보여서 그 뒤로 학보도 보내 줬었고 또 친구로서 남고자 하는 생각, 그렇지 않은 것이 부담스럽고…… 그게 과연 가능할까라는 생각이……"

- 당신의 요약 반응: _____

_____

7. "저번에 한번 얘기한 것 같은데요. 사람들이 나한테 만약에, (음) 너는 뭐 공부만하고 이기적이다 라고 했을 때, 그렇게 딱 꼬집어서 말은 하진 않았지만, 그런 암시를 풍기면서 얘기를 했을 때에, (으음) 그 말에 대해서 자꾸만

생각을 해보게 되는거죠. 그러니까 (음) 이 사람은 나한테 대해서 인상을 죽 그렇게 갖고 있었구나. 이 사람은 나를 이렇게 생각하고 있었구나 (으음) 라는 게 확실해지면서, 그렇기 때문에 저 사람은 나한테 뭔가 공격을 하려고 하고, 굉장히 나를 밉게 보고 나를 막으려는 것 같다는 생각이 들어요. (으음) 그리고 이런 생각이 들거든요. 내가 지나치게 다른 사람들 앞에서 약점을 많이 보이는 것도 (음) 그 사람들과 거리가 생기는 원인인 것도 같고, 아니면 또 지나치게 그 반대의 면 있잖아요 (음) 그런 걸 많이 보이는 것도 사람들하고의 관계를 어렵게 하는 것 같아요. 제가 느끼기에는, 저는 그런 걸 많이 느껴요. 제가 약점을 보이면은 저를 무시하는 것 같고, 제가 무시해서, 저를 무시하는 것 같다는 느낌이 많이 들고, 그 반대의 면을 보였을 때는 어떤 그 경쟁적인 마음을 많이 느끼기 때문에 (으음) 또 거리감을 두는 것 같아요."

• 당신의 요약 반응: _____

_____

8. "처음에 올 땐 집에서 불길한 소식이 올 것 같고 친구나, 대인관계에 자신이 없고 남의 나에 대한 반응에 굉장히 신경을 써서 마음이 불안했는데 생각해 보니 친구나 대인관계는 나름대로 나쁘지 않다고 생각돼요. 신경은 쓰이지만 내 생각이 원래 소심한 편이거든요. 그래서 타인의 반응에 원래 신경을 쓰는데, 군사교육, 성적 문제 때문에 마음이 불편해서 더욱 그랬던 것 같아요. 내가 남을 싫어하니까 남도 나에게 그런 마음 있지 않을까 생각했었는데 다른 친구들이 잘 대해주니까 좋아요. 전화벨 울리면 아버지가 돌아가셨을 것 같은 느낌이 왜 그랬었는지는 모르지만 요즘은 별로 안들어요. 부모님이 바라는대로 사는 것보다는, 결국 내가 잘 되길 바라실테니까, 내가 부모님에게 해 드리고 싶은대로 해 드리고 내 삶은 내가 찾는 게 좋을 것 같아요. 부모님에게 얽매이는 것이 좋지 않다고 생각해요. 내 자신의 변명 수단이 된 것 같아요. 독립시켜서 생각하고 행동할 수 있을 것 같아요. 집에 계신 부모님께서 잘 계신가 하는 것 때문에 불안한 것은 누구나 어느 정도는 느낄거예요. 그런 생각들 때 전화해 보죠. 설혹 불행한 일이 생긴다고 해도 일생에 한

번은 있어야 할 일이고 그것 때문에 주저앉을 수도 없고, 미리부터 신경 안 쓰기로 했어요. 제 자신의 만족감하고 남에게 보이기 위한 것하고, 남이 볼 때 성공한 것 하고는 다른 것 같아요. 10년, 20년 후 내 모습이 어떨지 구체적으로 모르죠. 어떤 진로가 있는지도 모르고, 교양 쌓고 대학 다니는 동안 충분히 알아보고, 한꺼번에 많이 이루려는 것은 좋지 않은 것 같아요. 그 전의 부모님 영향인데, 고시 붙어서 젊은 나이에 훌륭한 업적 쌓고, 말단부터 계속 조금씩 점점 올라가죠 뭐. 조금씩 죽는 날까지 두렵게 생각하지 않을 것 같아요. 내 장래에 대해 회의를 가질 필요는 없을 것 같아요."

• 당신의 요약 반응: _____ _____

_____

9. "그러니까…… 형들이나 누나네 갈 때 발길이 떨어지지 않았어요. 가면 돈 달라고 왔달까봐. 그러니까 용돈을 타러 왔다고 할까봐 미리 걱정하고 들어가기 때문에 떠나는 게 그렇게 어색했어요. 그러니까 거기서 헤어지는 게 굉장히 어색했어요. 저는 항상 헤어지는 데 문제가 많았어요. 여자 친구를 만나거나, 친구를 만나거나 누나를 만나거나, 형들을 만나거나, 헤어질 때 항상 어색했는데 왜 어색하냐면 나는 그냥 겉으로는 그냥 가길 바래요. 근데 속에서도 또 나도 모르게 용돈타기를 바라는지 모르겠어요. 근데 하여튼 겉으로는 그냥 갈려고 하는데 형은 꼭 주머니를 뒤질 것 같거든요. 그런게 신경쓰여 가지고요. 그리고 또 형수도 신경쓰이죠. 그래가지고 정말 안 좋았어요. 근데 내가 탁 털어놨어요. 앞으로는 내가 필요하면 돈을 달라고 할테니까 달라기 전에는 주지 말라고 그러니까 내가 항상 돈타러 오는 것 같애 미안하니까 내가 그냥 놀러오고 싶은 때도 있으니까 그런 때는 그냥 올 테니까 내가 돈 달라고 하기 전에는 주지 말라고 그런 식으로 하고 그러니까 참 편해요. 그러고 나니까 조카도 봐주러 가기도 하고 또 이제는 나 자신 하나를 걱정하는 게 아니라, 조카들 어떻게 하면 잘해줄까? 누나도 얼마나 힘들까? 맞벌이를 하기 때문에 조카들이 되게 심심하고 요즘 애들 스트레스도 많이 받는다는데, 애들 구경도 시켜주고 어떻게 좋은 시간 보내줄 수 있을까? 그

런 식으로 생각도 하고 그러니까 기분도 좋고 나 자신도 혼자 다니는 것보다 조카를 데리고 생전 가보지도 못한 공원이라든가 그런데, 놀이공원이랄지 그런데 다니면서 나 자신도 기분 좋고, 조카도 좋아하는 모습 보면 좋고 음으로 양으로 누나나 형들에게 약간의 도움이 됐다는 생각을 가질 때 기분 좋고……"

• 당신의 요약 반응: _____

_____

10. "예를 든다면 나 자신은 아주 열심히 한다고 책상에 오래 앉아 있고 그런데 열심히 한다고 생각했지만 하기 싫은데 억지로 한다거나 시간만 채우겠다는 생각이 나 자신 책임있다고 생각했는데 사실은 책임있는 짓이 아니었던 것 같고요. 예는 잘 못들겠는데…… 책임의식이라는 것을 최소한도 알 수 있었다는 것 하고요. 그러니까 내가 그냥 자연스럽게 지나쳤던 생각을, 수줍은 원인이 무엇일까. 그런 원인을 찾아 가지고, …… 아! 그게 중요했던 것 같아요. 내 자신이 책임의식도 부족하고 불합리했던 것 같아요. 지금 생각이지만 노력에 비해서 너무 결과가 좋기를 바랬다거나 뭐 그런 것도 있지만 감정에, 그니까 내 감정을 그때는 나 자신을 솔직하다고 생각했지만 전혀 그게 아니었어요. 감정에 솔직하지 못해가지고 내가 만약에 싫은데도 그냥 억지로 좋다는 표정을 지을려고 했기 때문에 속하고 겉하고 이렇게 맞지가 않고 나 자신은 그 중간에서 뭐랄까…… 얼굴이 빨개진다거나 아니면 속이 안좋다거나 기분이 상한다거나 하는 나쁜 소득을 얻게 되고 기분이 항상 안좋은 상태였는데요. 이제는 그럴 수 있는 것 같아요. 내가 싫으면 싫다고 하고 그 다음 결과를 다시 좋게 하거나 어쩔 수 없으면 그만 두거나…"

• 당신의 요약 반응: _____

_____

정보제공 반응

때때로 내담자는 정보가 부족해서 자신의 문제를 충분히 탐색할 수 없는 경우도 있다. 이럴 때 필요한 정보를 준다거나 정보를 읽을 수 있는 출처 및 자료를 소개하여 간단한 도전 기술로 사용할 수 있다. Berenson과 Mitchell[2]은 이것을 교육적 직면이라고 하였고, Selby와 Calhoun[3]은 심리적 교육이라고 하였다.

정보제공 반응은 내담자가 자기 문제에 대한 새로운 조망을 발달시키도록 돕기 때문에 도전 기술에 포함되지만 어떤 사례에서는 결정을 확신하게 하는 역할이나 지지적 역할을 하기도 한다. 예를 들어 새로 태어난 아기의 갑작스런 죽음에 대해 책임감을 느끼는 부모가 유아급사 증후군(sudden infant death syndrome)의 양상을 이해함으로써 완화되는 경험을 할 수 있다. 이럴 때 내담자는 죄책감을 다룰 수 있는 새 조망을 얻게 된다.

정보를 제공하는 데 몇 가지 주의할 점이 있다. 정보로 내담자를 압도하여, 당황하게 하지 않아야 한다. 문제 상황에 관련된 정보만 제공하여야 한다. 또한 충고를 하는 것과 정보를 주는 것을 혼돈해서는 안된다. 마지막으로 내담자의 가치에 묘하게 압력을 가하는 방법으로 정보를 제공하지 않아야 하다. 예를 들어, 대개이 경우 유산을 하려고 하는 이유는 원하지 않은 임신인 경우가 많다는 식의 편협한 정보를 즉각적으로 말하지 않는다. 정보 제공은 충고도 아니고, 상담자 자신의 철학을 제시하는 것도 아니며, "당신에게 문제가 없다"고 안심시키는 방법도 아니다. 정보 제공은 내담자가 그의 목표를 설정하는 데 필요한 새로운

---

2) B. G. Berenson & K. M. Mitchell, *Confrontation: For better or worse*, Amherst, Mass.: Human Resource Development Press, 1974.

3) J. W. Selby & L. G. Calhoun, "Psychodidactics: An undervalued and underdeveloped treatment tool of psychological intervention," *Professional Psychology*, 11, 1980, pp. 236~241.

통찰력 형성을 돕는 것이어야 한다.

연습 16 정보제공 반응의 연습

이 연습에서는 내담자가 직면하고 있는 문제상황을 보다 분명하게 이해하기 위해 내담자에게 어떤 정보를 제공할 것인지 생각해 본다. 정보는 내담자가 그 문제를 어떻게 다룰 것인지에 대한 것도 포함되지만 여기서는 특히 내담자가 문제를 잘 이해할 수 있도록 돕는 정보에 더 많은 관심을 갖는다. 다음의 보기를 살핀 후 몇 개의 사례에 대한 정보제공 반응을 연습해 보시오.

> **보기**
> 대학 4학년인 한 남학생이 졸업 무렵에 상담자를 찾아왔다. 그는 대학원에서 심리학이나 상담을 전공하려고 하였으나 입학허락을 받지 못해 극도로 좌절한 상태이다. 그는 종합대학의 신학과에 다니고 있으며 평균정도의 지능을 가지고 있다. 그의 친구들은 대부분 신학교에 그대로 남으려는데 반해 그는 다른 전공을 하려고 하였다. 그는 대부분의 사람들이 대학원 수준의 교육을 받는다고 생각하며, 따라서 자신은 실패자라고 느끼고 있었다.
>
> 문제의 명료화를 위한 정보:
> 상담자는 내담자가 교육에 대해, 그리고 교육과 취직의 관련성에 대하 잘못된 개념을 많이 갖고 있다는 것을 알게 되었다. 그래서 그는 내담자와 교육의 피라밋 구조에 대해서 이야기를 나누었다. 예를 들어 초등학교 입학ㆍ졸업인원과 대학교 입학ㆍ졸업인원의 분포를 비교해 보았다. 또 상담자는 직업훈련에 관한 다른 정보들도 이야기해 주었다.

다음의 사례에서 어떤 종류의 정보가 내담자로 하여금 문제 상황을 보다 분명히 자각하는 데 도움이 되는지 제시해 보시오.

연습을 하고 나면 …

• 어떤 정보를 제공하는 것이 내담자에게 가장 유익한 정보가 될지 추론해
  보는 연습을 한다.
• 상담자로서 사전에 다양한 분야의 정보를 가지고 있어야 한다는 생각을
  하게 된다.
• 내담자가 자신의 문제를 정확히 이해할 수 있도록 적절한 정보를 제공할
  수 있다.
• 문제해결을 위한 합리적인 접근을 도울 수 있다.

1. 26세의 한 남자가 5년의 징역형을 선고받았다. 그런데 그는 감옥에 가는 것
   에 대해 매우 두려워하며, 자기 스스로의 삶을 책임지는 것에 대한 어려움을
   교도 상담자에게 이야기했다. 어떤 종류의 정보가 그의 문제해결에 유용할
   것인가?

   _____

   _____

   _____

2. 45세의 한 여자는 자신이 암에 걸렸으며 곧 수술을 해야 한다는 것을 알았
   다. 그녀는 암수술을 경험한 여자들의 모임에 나가고 있다. 그녀는 그 집단
   의 한 구성원과 이야기하고 있다. 어떤 종류의 정보가 이 여자의 문제 해결
   에 유용할 것인가?

   _____

   _____

   _____

3. 28세의 한 여자는 강간을 당했는데 상담소의 한 상담자에게 이야기하고 있
   다. 그녀는 아직 경찰에 강간사실을 신고하지 않았다. 어떤 종류의 정보가
   이 여자의 문제해결에 유용할 것인가?

4. 34세의 한 남자는 자신이 알콜중독자가 아닌가 하는 두려움 때문에 상담을 요청했다. 그는 지난 몇 년 동안 심하게 술을 마셔왔으며 최근에는 전에 경험하지 못했던 건망증과 같은 신체적 증상이 나타났다. 그는 알콜중독자와 사귄 적이 없다. 어떤 종류의 정보가 이 남자의 문제 해결에 유용할 것인가?

　　　　　　　　　　　　　　　　　　　　　　　　　　　

　　　　　　　　　　　　　　　　　　　　　　　　　　　

5. 41세의 한 남자는 자신이 미쳐가고 있지 않은가 하는 두려움으로 상담을 요청했다. 그는 많은 문제를 갖고 있다. 최근에 그의 결혼 생활이 악화되어 아내와는 거의 접촉이 없다. 그는 10대의 아들과 딸이 그로부터 멀어져 가는 것을 보면서, 그것을 이해할 수가 없었다. 그는 과음을 한다. 그리고 우울하다. 잠시동안은 그렇지 않다가도 다시 우울해진다. 그는 가게에서 조그만 물건을 훔치기 시작했는데 그 물건이 필요해서가 아니다. 그도 자신이 왜 그랬는지 설명하지 못한다. 어떤 종류의 정보가 그의 문제 해결에 도움이 될 것인지?

　　　　　　　　　　　　　　　　　　　　　　　　　　　

　　　　　　　　　　　　　　　　　　　　　　　　　　　

6. 23세의 한 여자가 내출혈을 일으켰다. 그녀는 이제 일련의 검사를 앞두고 있다. 그녀는 매우 놀랐고 최악의 상태가 닥치지 않을까 두려워한다. 그녀는 한 번도 심하게 아파본 적이 없다. 그녀는 의사, 검사, 병원을 두려워한다. 병원에 문병조차 간 적이 없다. 어떤 종류의 정보가 이 여자의 문제 해결에

도움이 될 것인가?

_____

_____

_____

7. 18세의 한 남자는 3년 동안 마리화나를 피워왔다. 그는 심하게 피우는 편이다. 최근에 그는 몇 가지 충격을 받았다. 아버지가 갑자기 돌아가셨고 그의 여자친구도 떠났다. 그는 마리화나를 피웠기 때문에 돌이킬 수 없는 유전상의 피해를 주지 않을까하는 두려움에 싸여 있다. 스트레스를 극복하기 위해서는 마리화나가 필요하다는 생각 때문에, 또 마리화나를 끊는다는 것이 그렇게 쉽지 않으리라는 생각 때문에 그는 결국 마리화나를 끊지 못하고 있다. 어떤 종류의 정보가 그의 문제 해결에 도움이 될 것인가?

_____

_____

8. 19세의 한 미혼 여성은 기대하지 않았던 두 번째 임신을 했다. 한 번은 유산시켰으나 유산에 대한 큰 죄책감을 가지고 있다. 그래서 그녀는 아이를 그냥 낳을까 한다. 그녀는 난잡한 성관계와는 달리 성에 대한 지식이 거의 없다. 그녀는 단지 남자들이 자신을 유혹한다고 믿고 있다. 어떤 종류의 정보가 그녀의 문제 해결에 도움이 될 것인가?

_____

_____

9. 30세의 한 상담자 지망생은 결혼한 지 1년 남짓 되었다. 그는 상담자 훈련 프로그램에 충실하기 위해 하던 일을 그만두었다. 그는 자신의 결혼생활에 문제를 느끼고 있다. 그가 직장을 그만두고 본 훈련 프로그램에 들어가게 된

이유에는 훈련뿐만 아니라 또 다른 이유가 있었다. 그는 이 프로그램에 참가하기 이전에는 심리학에 대한 지식이 거의 없었다. 대학에서는 역사를 전공하였다. 어떤 종류의 정보가 그의 문제 해결에 도움이 될 것인가?

_____

_____

_____

직면 반응

직면 반응은 내담자가 못보고 지나쳐서 문제 상황에 그대로 처해 있게 되는 불일치(또는 모순)를 검토하거나 깨닫도록 인도하는 기술이다. 그러나 많은 경우, 사용하기에 두려움을 느끼게 하는 기술이다. 확실히 직면 반응에는 약간의 위험성이 따른다. 상담자 자신의 노여움, 분노, 실망과 같은 내담자에 대한 불쾌한 느낌을 쏟아 놓는 데 사용될 수 있기 때문이다. 또는 치료 초기에, 상담자와 내담자와의 관계가 강력하게 형성되기도 전에 미숙하고도 직접적으로 행한 직면 반응은 준비되지 않은 내담자를 당황하게 하거나 꼼짝 못하게 할 수도 있다. 직면 반응은 내담자에게 하는 도전의 한 형태로서, 자기 패배적으로 보이는 행동의 형태를 검토하여 새로운 조망을 갖게 하고 목표를 설정하여 실행에 옮기게 하는 것이 목적이다.

상담자는 상담을 하면서 내담자에게 점점 깊이 개입됨에 따라 내담자가 경험한다고 말하는 것과 상담자가 경험하는 것이 다르다는 것을 알게 된다. 이러한 경험의 차이는 불일치, 왜곡, 회피, 게임, 연막작전 등에 의해 나타난다. 우리들 대부분의 일상 생활에서 이러한 것들을 간혹 사용하지만 항상 사용한다든지, 혹은 아주 중요한 상황에서 사용하는 것은 상대방을 파괴할 수도 있다.

직면 반응은 내담자가 생각하거나 느끼는 것이 말하는 것과 다를 때, 말하는 것이 행동하는 것과 다를 때, 그리고 내담자의 생각이 타인의 생각과 다를 때 사용할 수 있다. 이러한 불일치는 일상생활에서도 있고 상담시간 내에서도 발견된다. 다음의 예에서 직면 반응의 효과를 찾을 수 있다.

[예 1] 11세된 딸과의 약속이 지키지 않는 38세된 김씨 부인

> 상: (부인이 딸과 어떻게 지내는지를 요약한 후) "만약 내가 당신의 딸이라면 당신이 약속을 지키지 않아서 굉장히 화가 났을 거예요. 내가 이렇게 화난 것을 엄마에게 알리기 위해 아마 나는 떼를 쓸 거예요. 어떠세요? 제 말을 듣고서요."
>
> 내: "나는 그 아이가 아직 어리다고 생각해요. 나는 어른과의 약속은 잘 지켜요. (침묵) 내가 지금 뭐라고 했지요? 내가 말해 놓고도 참 어리석군요."

[예 2] 24세된 경숙 씨가 자기의 심각한 문제 상황을 밝히기 위해 자신을 내보이겠다고 말하나 보이고 있지 않다.

> 상: "경숙 씨, 당신은 가족의 문제가 매우 심각하다고 불평하고 있지만 나는 그것이 그렇게 심각한 것이라는 생각이 들지 않는군요. 당신의 말로는 그것이 심각한 것인지 아닌지 알 수가 없군요."
>
> 내: "심각하다고 생각해요. 그러나 그것을 어떻게 말해야 될지 모르겠어요."

직면 반응을 이용해서 상담자는 내담자를 앞으로 나아가게 하였다. 김씨 부인은 약속의 여부를 떠나 딸이 자신을 보는 시각을 가질 수 있게 되었고, 경숙 씨는 가족 문제를 더 구체적으로 탐색해 볼 수 있는 길에 들어서게 되었다. 어떤 내담자는 세상을 있는 그대로 볼 수 없어서 여러 가지로 왜곡한다. 어떤 내담자는 문제를 탐색할 때, 문제상황을 꽁꽁 묶어두는 태도와 신념을 갖고 있기 때문에 더 이상 진전된 탐색을 할 수 없는 경우도 있다. 어떤 내담자는 상담자와 게임을 하기도 한다. "예, 그렇지만⋯⋯" 식으로 말하는 내담자는 상담자의 도움을 필요로 한다고는 하지만 상담자가 하는 일이 헛수고라는 태도를 보이는 것이다. 어떤 내담자는 친구가 있어도 소용없다고 불평하면서 친구들이 도우려할 때 자기를 어린아이 취급한다고 화를 낸다. 이처럼 내담자들이 왜곡, 고집스러운 생각, 게임, 회피 등으로 인해 더 나아가지 못하고 있을 때 직면 반응을 사용할 수 있다. 그러면 직면 반응은 어떻게 해야 하는가? 가장 중요한 방법은 그대로를 '진술' 하는 것이다.

다음의 예에서, 내담자는 30세의 남성으로 변화에 매우 저항한다. 그는 대인

관계에 문제가 있는데, 남을 생각하지 않고 비꼬면서 비판하는 것을 자신이 정직하기 때문인 것으로 알고 있다. 그에 대한 두 유형의 상담자 반응을 살펴보자.

> 상담자 A: "당신을 한번 잘 생각해 보세요. 그렇게 황소처럼 씩씩거리고만 있지, 왜 사람들이 당신에게 그렇게 대하는지는 모르고 있잖아요."
>
> 상담자 B: "내가 당신이 한 말을 제대로 이해하고 있는지 한 번 들어보세요. 당신이 다른 사람에게 기껏 말했는데도 그 사람은 그 말을 무시하는 것 같군요. 그렇게 되면 당신은 뭔가 문제가 생겼다고 생각하게 되고요. 그럴 때 두 가지 일이 생기게 되는데 상대방은 상처를 받게 되고, 당신은 소외되는거죠. 당신은 대인관계에 상당히 노력을 하시는 것 같은데 그 힘을 더 효과적으로 사용했으면 하는데, 어떠세요?"

상담자 A는 그냥 떠들어대면서 내담자를 질책한다. 상담자 B는 내담자의 행동과 그 행동의 영향을 기술하였고 더 나아가 이를 약점이 아닌 강점이라는 것에 초점을 맞추려고 한다. 직면 반응은 단순히 내담자의 부정적 측면에 초점을 맞추는 것도 아니고, 내담자에게 자신의 한계를 깨닫게 하는 것도 아니다. 직면 반응에는 내담자가 미처 깨닫지 못했거나 사용하지 않은 능력과 자원을 지적하는 것도 포함된다. 연구에 따르면, 직면 반응의 또다른 표현 방식은 내담자가 실행하도록 격려하는 것이다. 즉, 내담자가 좀더 합리적이고 적절한 방법으로 실행하도록 격려하고 소극적인 방식을 버리도록 격려해야 한다. 유능한 상담자는 내담자가 실행에 옮기도록 대담하게 이끌며, 특히 실행하고 싶다고 말하기는 하나 그렇지 못할 때 더욱 실행하도록 격려한다.

직면 반응뿐만 아니라 새로운 시각을 갖게 하는 기술들은 실행에 옮기도록 격려하는 요인이 있다. 즉 내담자로 하여금 내적·외적 행동을 보다 건설적인 형태로 바꾸도록 요구한다. 내적 행동의 변화는 외적 행동의 변화가 뒤따르지 않는 한 별 의미가 없다. 다음의 예를 보자.

> 내담자: "요즈음의 상담 시간들은 정말 유용했어요. 내 자신에 대해 많은 것을 알았어요."
>
> 상담자: "당신의 부인과의 관계는 어떤가요? 어떤 식으로 나아졌나요?"

내담자: "특별하게 나아진 것은 없어요. 그렇지만 더 이상 그 문제가 나를 괴롭히지 않아요."

내담자가 통찰했다고 해서 행동이 금방 변화하는 것은 아니다. 직면은 내담자로 하여금 통찰을 넘어, 앞으로 나아가게 하고, 변화하려면 행동이 요구된다는 것을 인식하게 한다. 위 사례에서, 자신에 대해 더 좋게 느낀다는 것은 확실히 좋지만 그가 생각하는 것만큼 효과적으로 살 수 있는 것은 아니다. 효과적으로 살 수 있다는 것은 자신이 좋게 느껴진다는 것과는 별개의 것이다. 더 좋게 느끼기 때문에 행동으로 옮기게 된다기보다는, 좋은 행동을 함으로써 자신을 더 좋게 느끼게 하는 과정이 바로 상담이라고 볼 수 있다. 다음은 이런 관계를 잘 보여준다.

내담자: "한 달 전에 말씀드렸던 체중조절 프로그램에 들어갔어요. 저는 그 프로그램이 무척 마음에 들어요. 매일 달리기도 하고 다른 연습도 하지요. 또 먹는 것과 자는 것도 신경쓰면서 체중을 조절하고 있어요."
상담자: "상당히 좋게 들리네요."
내담자: "나는 정말 내 자신이 자랑스러워요. 우울하지도 않고요. 내 문제에 직면할 수 있는 힘을 많이 갖고 있다고 느껴요. 사실 내가 다른 사람과 자기 파괴적인 방법으로 관계를 맺고 있다고 당신이 말한 것이 나를 깨우치게 한 셈이죠."

이 내담자는 자신을 더 좋게 생각하고 느끼도록 행동하고 있다. 행동으로 옮기게 하는 것은 내담자가 더 분명하게 자기의 문제를 보게 하기 위한 좋은 방법이다. 다시 한번 강조하지만 직면 반응에는 약간의 위험성이 따르는데, 높은 수준의 공감과 존경이 없는 한 그 위험성이 나타날 가능성이 크다. 높은 수준의 직면 반응은 높은 수준의 공감이나 존중과 구별하기 힘들 정도로, 직면의 기술은 공감과 존중을 요구한다. 연습에 앞서 직면 반응의 5가지 수준을 제시한다.

직면 반응의 5수준

- **수준 1:** 언어 및 행동 표현에 있어서 상대방의 모순된 행동(이상과 현실, 통찰과 행동, 상담자와 내담자의 경험간의 불일치)을 전부 무시하는 수준.

- **실제:** 상대방에게서 발견되는 모순을 모두 수동적으로 받아들임으로써 단순히 무시해버리는 경우이다. 즉 효과적으로 고려해야 할 상대방의 사고, 행동상의 모순을 단순히 무시한다.

- **수준 2:** 언어 및 행동표현에 있어서 상대방의 모순된 행동을 상당히 무시하는 수준.

- **실제:** 상대방의 모순된 행동을 분명히 인식하지도 못하고 그나마 인식하는 부분에 관해서도 언급하지 않고 단순히 넘어가는 경우이다. 즉 상대방의 행동에서 나타나는 모순을 등한시하여 잠재적인 중요한 탐색 분야를 놓치게 된다.

- **수준 3:** 상대방의 행동에서 나타나는 모순에 접근되어 있기는 하나 자신의 언어 및 행동표현에 있어서는 직접적으로 또는 구체적으로 표현되어 있지 않는 수준.

- **실제:** 가능한 여러 대답의 방향을 알려주지 않으면서 단순히 질문을 던지는 경우이다. 즉 상대방의 행동에 나타나는 모순을 무시하지는 않으나 모순의 방향을 지적하지도 않는다. 수준 3은 촉진적인 대인관계 기능의 기초수준이다.

- **수준 4:** 언어 및 행동표현에서 상대방의 모순된 행동에 직접적으로 명확하게 주의를 기울이는 수준.

- **실제:** 상대방의 모순된 행동을 직접적으로 분명하게 직면시키는 경우이다. 즉 상대방이 자신의 모순된 행동을 스스로 명확하게 알도록 한다.

- **수준 5:** 언어 및 행동 표현에서 상대방의 모순된 행동을 날카롭게 계속적으로 직면시키는 수준.

- **실제:** 상대방의 모순된 행동이 나타날 때마다 민감하게 지각하여 모순을 지적, 이해시키는 경우이다. 즉 상대방의 모순된 행동에 대해 가능한 한 효과적인 탐색을 게을리하지 않는다.

다음에 10개의 반응예가 있다. 각각에 대해 다섯 개씩의 반응을 제시하였는데, 그 반응들이 직면 반응의 5수준 중 몇 수준에 해당하는지를 살펴서 해당 수준의 숫자를 각 반응의 왼편에 있는 _____에 써 넣으시오.

보기

　　"저는 영숙이 하고만 친하게 지내고 싶은데, 우리 사이에 다른 아이가 끼어들려고 해서 얄미워요. 그러나 아무하고나 친하게 지내는 것이 좋지요."

___4___ 가. 영숙이 하고만 친하고 싶다면서 다른 모든 아이들과도 친하게 지내고 싶다니 그게 무슨 소리인가?

___1___ 나. 너는 영숙이와 단짝이구나.

___3___ 다. 아무하고나 사귀고 싶기는 하나 특별히 영숙이와 친하게 지내고 싶단 말이지.

___2___ 라. 너와 영숙이 사이에 방해꾼이 끼어드는구나.

___5___ 마. 너와 영숙이 사이에 다른 아이가 끼어들면 얄미워하면서 아무하고나 친하게 지내는 것이 좋다고 말하는 것은 이상하게 들리는구나.

연습을 하고 나면 …

• 높은 수준의 직면 반응이 어떤 것이라는 것을 예를 통해 알게 된다.
• 직면 반응에 대한 전반적인 재정의를 할 수 있다.
• 내담자로 하여금 자신을 보다 명확하게 볼 수 있게 한다.
• 내담자의 모순된 행동이나 감정을 존중하면서도 직면시킬 수 있는 기술을 습득한다.

1. "나는 내가 약하고 조용한 편이라는 것을 알아요. 그러나 내가 궁금한 것은 진정 그런가 하는 거예요."

_____ 가. "당신은 얌전한 편이지요."

_____ 나. "약하고 조용한 것을 안다면서 궁금하다니?"

_____ 다. "약하고 조용한 것을 알지만 확인하고자 하는 태도는 조용한 것 같지 않군요."

_____ 라. "약하고 조용하다고 말하지만 그렇게 질문하는 모습은 얌전하지 않군요. 당신도 자신이 그렇다는 것을 알고 있군요."

_____ 마. "그게 궁금하단 말이지요?"

2. "저는 성적이 떨어져도 걱정이 안돼요."

_____ 가. "성적이 떨어졌는데 전혀 걱정이 안된다니 이상하게 들리는구나."

_____ 나. "성적이 떨어지면 아무래도 걱정이 될텐데 마음이 태평하다니 그게 어떻게 된 일이냐?"

_____ 다. "성적이 중요한 것은 아니지."

_____ 라. "성적 따위는 아무래도 괜찮다는 말인가?"

_____ 마. "성적이 떨어져도 걱정이 안된다면서 구태여 말하는 모습은 성적을 마음에 걸려하는 것 같구나."

3. "저는 무엇이든 제 마음대로 한 번 해봤으면 좋겠어요. 그렇지만 무엇을 해야 좋을지에 대해 조언받고 싶어요."

_____ 가. "마음대로 하고 싶다고 하면서 조언받고 싶다는 것은 무엇이지?"

_____ 나. "조언을 구하는 것은 안전한 방법이지."

_____ 다. "마음대로도 하고 싶지만 조언을 구한다는 것은 이상하게 들리는구나."

_____ 라. "무엇을 해야 좋을지 모르지만 마음대로 하고 싶어?"

_____ 마. "마음대로 하고 싶어하면서 조언을 구한다는 것은 좋은 것만 갖겠다는 것 같아."

4. "이번 시험을 아주 잡쳤어요. 그러나 오히려 잘 됐어요."

_____ 가. "이제는 성적에 신경을 안쓰는구나."

_____ 나. "당연히 걱정이 될 것 같은데 오히려 잘됐다는 것이 납득이 가지
　　　　않는구나."

_____ 다. "시험을 못봤는데 잘됐다니?"

_____ 라. "시험을 못봤단 말이지?"

_____ 마. "시험을 아주 못봐 걱정이 될텐데 오히려 잘됐다고 하는 네 말이
　　　　솔직한 것 같지 않구나."

5. "전 고생하기 싫습니다. 고생하지 않고도 얼마든지 잘 살 수 있습니다."

_____ 가. "당신은 원래 고생을 싫어하시는군요."

_____ 나. "그런 방법이 있으면 어디 말해 보세요."

_____ 다. "고생하지 않고도 잘 살 수 있다구요?"

_____ 라. "힘들여 노력하지 않아도 잘 살 수 있다고 그러시는데, 어떻게 그
　　　　런 생각을 하시게 되었나요?"

_____ 마. "고생하지 않고도 얼마든지 잘 살 수 있다면서 지금 겪고 있는 고
　　　　생은 무엇인가요?"

6. "전 성격이 내성적이기 때문에 성공하긴 틀렸어요."

_____ 가. "당신의 성격은 조용하고 침착하지요."

_____ 나. "당신의 성격에 대해서 불만이 많군요."

_____ 다. "성격이 내성적이어서 성공할 수가 없다니 무슨 말이지요?"

_____ 라. "내성적이면 침착하고 사변적이어서 일도 그렇게 해 나갈텐데 성
　　　　공할 수가 없다는 생각은 어떻게 해서 하게 되셨나요?"

_____ 마. "당신은 성격이 조용하고 침착해서 모든 일을 빈틈없이 처리해 나
　　　　가지 않나요? 그런 성격이 오히려 일에 장점이 될 수도 있는데 불
　　　　평을 하다니 이상하군요."

7. "전 그 동안 공부를 무척 열심히 했어요. 신나게 놀기도 하고 게으름도 많이
　　부렸지만요."

_____ 가. "그래 넌 그 동안 참 열심히 공부했지."

_____ 나. "신나게 놀기도 하고 게으름도 많이 부렸다면서 열심히 공부했다
　　　　니?"

_____ 다. "놀기도 했지만 그래도 공부는 열심히 했다구요?"

_____ 라. "공부를 열심히 했다는 말인지, 아니면 열심히 놀았다는 이야기인
지 모르겠구나."

_____ 마. "열심히 공부했다면서 게으름을 부렸다고 토를 다는 것을 보니 무
엇인지 석연치 않구나."

8. "딸 아이는 내가 약속을 지키지 않는다면서 떼를 썼어요."

_____ 가. "만약 내가 당신의 딸이라면 엄마가 입으로 약속해 놓고 지키지 않
아서 굉장히 화가 났을 거예요."

_____ 나. "아이가 땡깡을 부리면 힘들지요."

_____ 다. "아이가 땡깡을 부린 이유는 당신이 약속을 지키지 않았기 때문이
군요."

_____ 라. "약속을 지키지 않으셨나요?"

_____ 마. "약속을 지키지 않아 아이가 화가 났군요."

9. "우리 가족은 심각한 상태에요…… 그러나 전 무관심한 편이지요."

_____ 가. "당신은 가족의 심각한 문제에 대해 말하고 있지만 당신의 말로는
그것이 심각한 것인지 아닌지 알 수 없군요."

_____ 나. "무슨 문제인데요?"

_____ 다. "당신 가족은 심각한데 가족인 당신은 무관심하다니요?"

_____ 라. "때로는 무관심하고 싶지요."

_____ 마. "가족이 심각한 상태라고 하는데 담담하게 무관심하다는 것은 왠
지 이상하군요."

10. "저는 전공 공부를 모두 포기하려고 합니다. 도대체 전공 공부를 잘 할 수
가 없을 것 같아요. 저 나름대로는 열심히 노력을 했습니다만 제가 하고 싶
은 만큼 그렇게 잘 되지는 않습니다. A학점을 받는 것으로 만족할 수가 없
습니다. 저는 솔직히 학교를 졸업한 후에라도 써먹을 수 있는 것을 배우고
싶은데 제 전공으로는 그렇게 될 수가 없어요."

_____ 가. "좋은 성적을 얻고 있다니 정말 기쁘군요."

_____ 나. "성적을 잘 받았는데도 별로 얻는 것이 없다고 생각하는군요."

_____ 다. "비록 다른 사람의 기준으로 봤을때는 성공하고 있다고 할지라도, 당신의 느낌은 당신이 실패하고 있다고 말해주고 있군요."

_____ 라. "당신은 A학점 이상의 것을 성취하고 싶은데, 당신이 배우는 것을 보다 의미있게 하기 위하여는 무엇을 하고 있는지 알 수 없군요."

_____ 마. "당신은 학점이 성공을 나타낸다는 사실을 부인하고 있고, 그러면서도 당신의 배움을 의미있게 하기 위해 무엇을 할 수 있을지에 대해서는 그리 분명하지 않군요. 지금은 자신을 위해 목표를 정하는 일이 남아 있지요."

연습 18 높은 수준의 직면 반응

아래에 있는 각 내담자의 상황이나 반응을 읽고 그와 직접 이야기하듯이 당신의 반응을 구상해 보시오. 대화체가 유지될 수 있도록 반응을 가능하면 빨리 기록해 보고, 반응 내용이 직면성 척도의 제3수준 이상인지를 검토해 보시오. 만약 그것이 3수준에 미달되면 3수준 이상이 될 때까지 연습해 보시오.

연습을 하고 나면 …

• 실제로 직면반응을 연습해볼 수 있다. 이 때 공격적이지 않으면서도 핵심을 잡아 적절하게 직면하는 자세와 표현력을 터득하게 된다.

• 내담자의 문제해결의 실마리를 찾도록 도울 수 있다.

_1._ "전 화가 나면 마음이 착 가라앉아요."

• 당신의 반응: _____
  _____

_2._ "저는 여기에서 지금까지 살아왔습니다. 그런데 아직 아무도 몰라요. 학교에서조차도 친구를 사귈 수가 없어요. 저는 다른 애들에게 잘 대해 주려고

노력을 하지만 여전히 마음은 편치 않고 제대로 되는 게 없지요. 그러면 저는 스스로 "에라 모르겠다. 사람들은 원래가 나쁜 동물이고 모두들 자신만을 위해 살아가니, 나는 친구가 필요없다"라고 생각을 하게 됩니다. 때로는 정말로 그렇게 믿을 때도 있답니다."

• 당신의 반응: _____

_____

3. 미스 리는 애인으로부터 헤어지자는 편지를 오늘 아침에 받았고 오후에는 상담을 받으면서 다음과 같이 말한다. "저는 확실히 놀랐고 상처받았지만 괜찮아요. 곧 나아질 거예요."

• 당신의 반응: _____

_____

4. "지난 밤에 저는 꿈에 아버지와 사냥을 갔는데, 제가 글쎄 사슴인 줄 알고 쏘았는데, 나중에 가까이 가 보니까 아버지가 죽어 있었습니다. 그래서 깜짝 놀라 잠을 깨었습니다. 디어헌터라는 영화를 본 지 며칠 안 돼서 그런 꿈을 꾸었는지 모르겠어요."

• 당신의 반응: _____

_____

5. 30대 중반에 있는 남자가 최근에 좋은 직장을 잃었다. 쉽게 다른 직장을 구할 수는 있으나 그가 잃은 것과 같은 것은 없다. 설상가상으로 그는 간염치료를 해야만 한다는 진단을 받았다. 그는 직장 상실로 절망했고 이 새 사실로 완전하게 절망했다고 생각하여 말한다. "나는 인생에서 한꺼번에 밀어닥친 일로 도저히 서 있을 수가 없어요."

• 당신의 반응: _____

_____

6. 24세의 이 청년은 자기의 나빠진 경제적 여건을 돕기 위해 형이 달려오도록 아첨하면서 형을 조정하고 있다. 그는 형을 조정할 수 있기 때문에 경제적 어려움에 신경쓰지 않고 지낸다. 그는 상담시간에 상담자에게 이렇게 말한다. "나는 당신이 이번 시간에 다룬 주제가 정말 좋은 것이라 생각해요. 믿을 만한 사람과 같이 있다는 것은 좋은 일이지요."

　• 당신의 반응: _____

　_____

7. 이 학생은 가끔 그의 선생님과 다른 학생들의 맘을 상하게 하는 발언을 잘한다. 당신은 그가 다른 사람들을 괴롭혀서 그들이 당황해 하는 것을 많이 보았다. 그리고 그 일로 추궁당하면 "그것은 정말 고의가 아니었어"라고 발뺌하는 모습도 많이 보았다. 그런 그가 당신에게 다음과 같이 이야기를 한다. "저는 선생님이 똑똑하셨더라면 교직에 안 계실 것으로 생각합니다."

　• 당신의 반응: _____

　_____

8. 반드시 교복을 입어야 하는 교칙이 정해져 있는 학교에서 한 학생이 다음과 같이 말한다. "선생님, 왜 우리는 꼭 교복을 입어야 되는지 이해할 수가 없군요. 저는 한 사람의 개성있는 인간이 되고 싶고 저 자신의 감정과 가치를 표현하고 싶어요. 이 교복제도는 선생님들이 우리를 꼭꼭 묶어두려고 만든 것 아닙니까?"

　• 당신의 반응: _____

　_____

9. 내담자는 30세의 남성으로 변화에 매우 저항한다. 그는 대인관계에 문제가 있으나 상대방이 어떻게 생각하는지를 생각하지 않은 채 비꼬면서 비판하는 것을 정직으로 알고 있다. "서로 쑥덕거리는 사람들이 저처럼 솔직하게 말하는 사람을 오히려 못잡아 먹어 아우성이예요."

• 당신의 반응: _____

_____

10. "전 중학교 때 성적이 반에서 중간정도였는데 고등학교 때는 어떻게 해서
든지 3등 안에 들고야 말겠어요."

• 당신의 반응: _____

_____

자기공개 반응

내담자가 새로운 시각을 갖게 하기 위해 사용할 수 있는 기술 중 하나는 상담자가 자신에 대한 어떤 것을 내담자에게 공개하여 내담자가 그것을 공유하게 하는 것이다. 이것이 상담자의 자기공개(self-disclosure) 반응인데, 자기공개 반응을 통해 상담자는 자신의 생각, 가치, 느낌, 태도 및 여러 가지 정보를 내담자에게 드러내 보인다. 또 상담자는 내담자와 비슷하거나 같은 경험을 겪었고 같은 느낌을 갖는다는 것을 보여준다.

이렇게 상담자가 자기에 대한 정보를 내담자에게 공개하는 과정을 통해 두 가지 효과를 얻을 수 있다. 첫째는, 모델링의 효과로서, 상담 과정 중 내담자에게 일어나야만 하는 행동들을 내담자에게 보여주는 효과적인 방법 중 하나이다. 무엇을 해야 좋을지 모르는 내담자나 자신에 대해 솔직하게 말하기를 망설이고 있는 내담자에게 기꺼이 자기에 대해 알려주는 상담자의 모습은 내담자가 상담중에 어떻게 행동해야 하는지를 안내해 준다. 그래서 대개 상담자의 자기공개 반응은 면접의 초기에 유용하지만, 내담자가 자신을 나타내는 데 어려움을 느낄 때 혹은 무엇을 말해야 좋을지 몰라서 잠시 멍하고 있을 때에는 상담 초기이든 후기이든 상관없이 사용할 수 있다. A.A.(Alcoholic Anonymous)와 같은 자조집단에서는 새로운 구성원에게 자신과 문제에 대해 자유롭게 이야기하도록 말하는 방식을 가르쳐 주고, 격려하기 위해서 자기공개 반응을 자주 사용한다.

둘째로, 상담자의 자기공개 반응은 내담자로 하여금 목표 설정과 실행에 필요한 새로운 시각과 조망을 갖도록 한다. 조 선생은 약물중독자를 위한 재활 프로그램의 상담자이다. 그는 한때 약물중독자였지만 약물중독에서 벗어나 지금은 이 프로그램의 상담자가 되었다. 재활프로그램에 참가한 사람들은 그가 전에는 중독자였으나 이제는 중독에서 벗어나 다른 사람을 돕기까지 하는 상담자가 되었음을 알게 되었다. 조 선생은 자신을 자유롭게 드러낸다. 한때 중독자였다는 것과 이제는 오히려 더 자유롭게 살고 있다는 것을 보이고 있다. 이 사례에서, 프로그램 참여자들은 자신들도 약물 중독에서 벗어날 수 있으며 중독된 경험이 앞으로의 자기의 인생에 해로운 영향만을 미치는 것이 아니고 오히려 유용한 도구로 사용될 수도 있다는 것을 경험하게 된다. 조 선생은 자신의 경험을 참가자에게 공유시킴으로써 참여자가 치료 목표의 윤곽을 잡게 한다.

자기공개 반응은 내담자로 하여금 자신과 문제 상황에 대해 구체적으로 말하게 하며, 새로운 조망과 사고틀을 갖게 하여 현실적인 목표를 세우도록 한다. 그러나 이런 기능을 갖지 않고 아무 생각없이 혹은 상담자 자신을 나타내 보이기 위해서 행한 자기공개는 내담자를 놀라게 하거나 상담자를 정신적으로 건강하지 못한 사람으로 보게 하는 등 역효과를 내기도 한다. 따라서 자기공개 반응은 상담에 촉진적이고 생산적일 때만 유용하다. 자기공개 반응이 적절한 상담기술로 사용되기 위해서는 몇 가지 원칙을 명심해야 한다. 그 원칙은 다음과 같다.

첫째, 자기공개의 내용에는 초점이 있어야 한다. 상담자의 자기공개 반응은 내담자를 겨냥하여 내담자의 문제상황을 탐색하는 데 도움을 줄 때만 적절한 기술이다. 상담자가 겪은 경험 중 어느 것이 내담자로 하여금 문제 상황을 더 구체적으로 이해할 수 있게 하는지를 생각하여 선택적으로 공개해야 한다. 내담자의 어떤 말이 단서가 되어 회상되는 상담자의 경험을 이리저리 이야기해보는 것은 내담자의 탐색을 오히려 방해하게 된다.

둘째, 내담자에게 부담을 주지 말아야 한다. 상담자의 자기공개는 이미 당황해 하고 있는 내담자에게 또 다른 부담이 되지 않아야 한다. 어떤 상담자는 성문제를 호소하는 내담자를 편안하게 할 목적으로 자기의 경험을 공개하였다. 그는 내담자가 겪는 경험과 비슷한 경험을 이야기함으로써 내담자를 좀 안심시키려 하였던 것이다. 그러자 내담자는 이렇게 반응했다. "선생님, 당신의 문제를 내게 말하지 마세요. 나는 지금 내 문제만으로도 힘들어요. 당신 문제까지 감당하고 싶진 않아요!" 이 상담자는 너무나 빨리, 너무나 많이 자기를 내보였던 것이다. 이 상담자는 내담자에게 줄 수 있는 이익보다는 기꺼이 자신을 공개한다는 상담자 자신의 의도만 만족시킨 것이다.

셋째, 너무 자주 사용하지 말아야 한다. 상담자의 자기 공개를 너무 자주 사용하면 내담자의 탐색을 방해하고 상담자에게로 주의가 옮겨지게 한다. 한 연구에서는, 상담자가 자기공개 반응을 많이 하면 내담자는 상담자를 이상하게 생각하며 혹 다른 목적이 있는 것은 아닌가 하고 의심한다는 결과도 나왔다.

높은 수준의 직면 반응을 높은 수준의 공감과 구별하기 어려운 것처럼 자기 공개 반응도 솔직성과 구별하기 어렵다. 상담자와 내담자가 서로 솔직한 관계를 맺고 있을 때 이루어지는 자기공개 반응만이 면접 기술로서 유용하게 된다. 연습에 앞서 자기 공개 반응의 5가지 수준을 소개한다.

◌ 자기 공개 반응의 5수준

- **수준 1:** 상대방과 의식적으로 격리되어 있으려고 하며 자신의 감정이나 성격에 관하여 아무 것도 노출시키지 않는 수준, 자신을 노출시키더라도 상대방과는 전반적으로 조화를 이루지 못한다.

- **실제:** 자기에 관한 상대방의 질문에 초점을 두지 않고 다른 데로 주의를 돌리려고 시도하는 경우이다. 혹은 자기를 노출하더라도 상대방의 자아를 상하게 하는 것이어서 결국 신뢰감을 상실하게 된다. 즉 상대방 자아를 상하게 하는 것이어서 결국 신뢰감을 상실하게 된다. 즉 상대방에게 애매모호한 존재로 남아 있으려고 하며, 자기 공개를 하는 경우라도 단지 자신의 욕구 때문이고 상대방의 기대와는 무관하다.

- **수준 2:** 자신이 노출되는 것을 항상 의식적으로 피하려는 것 같지는 않으나 자신에 관한 개인적인 정보를 결코 자진해서 제공하지 않는 수준.

- **실제:** 내담자의 직접적인 개인적 질문에 간결하게 대답하는 수도 있으나 대체로 대답하기를 주저하며 상대방이 구체적으로 질문한 것 이상의 정보는 제공하지 않는다. 즉 자기의 성격 등에 관하여 상대방이 질문하지 않도록 하거나 질문하더라도 간단하게 모호한 반응만을 하는 수준이다.

- **수준 3:** 상대방의 관심과 일치하는 자신에 관한 개인적인 정보를 자발적으로 제공한다. 그러나 이런 정보가 때때로 모호하여 자기의 특성을 별로 나타

내지 않는 수준.

- **실제:** 개인적 정보를 자발적으로 제공하여, 자신에 관한 노출을 피한다는 인상은 결코 주지 않지만, 표현된 내용은 서로간의 상호작용과 상대방에 대한 반응에만 중점을 두고 있는 경우이다. 요컨대 상대방의 관심과 일치되게 개인적인 생각을 말할 수는 있으나 자신의 독특한 개성을 살리지는 못한다. 수준 3은 촉진적인 대인관계 기능의 기초 수준이다.

- **수준 4:** 상대방의 관심, 흥미와 일치되는 자신의 개인적 생각, 태도 및 경험에 관한 정보를 자연스럽게 자발적으로 전달하는 수준.

- **실제:** 자신의 생각을 깊고 상세하게 논의할 수 있으며 그런 표현에서 자신의 독특한 개성을 드러낸다. 자신에 관한 개인적 정보를 자연스럽게 자발적으로 전달함으로써 자신의 느낌과 믿음에 관한 친근한 소재를 건설적인 방식으로 드러낸다.

- **수준 5:** 자신의 성격에 관한 매우 친근하고 상세한 소개를 자발적으로 제공하며 상대방의 요구에 맞추어 자기를 공개한다. 만일 상대방이 타인에게 알리거나 다른 상황에서라면 당황하게 될 수도 있는 극히 개인적인 정보까지 표현하는 수준.

- **실제:** 감추는 것이 아무 것도 없으며 상대방에게 자신의 감정과 생각을 충분히 그리고 완전히 노출시키는 경우이다. 상대방에 대한 부정적 감정은 개방적 질문의 기초 자료로 건설적으로 사용한다. 즉 가장 친근한 수준에서 건설적인 방식으로 자기를 노출한다.

연습 19 자기 공개 반응의 변별

다음에 10개의 반응예가 있다. 각각에 대해 다섯 개씩의 반응을 제시하였는데, 그 반응들이 자기 공개의 차원에서 몇 수준에 해당하는지를 살펴서, 해당 수준의 숫자를 각 반응의 왼편에 있는 _____에 써 넣으시오.

영길이는 학교에서 대단히 총명하고, 착실하며 발표력도 뛰어난 중학교 2학년생이지만 어설픈 행동을 할 때가 많다. 식당에서 재떨이를 깨뜨리고 다른 사람들과 부딪치고 복도나 교실에서 책을 떨어뜨리는 일들이 허다하다. 그는 국어 과목을 제일 좋아하며 그래서 국어교사인 유선생님을 따르며 존경하게 되었다. 유선생은 키가 크고, 운동 선수같이 우람하게 생겼다. 영길은 방과 후에 유선생과 면담하기 위하여 그를 찾아갔다.

"저, 선생님, 아이들이 운동장에서 놀이를 할 때, 늘 저는 잘 끼워주지 않아요. 애들은 제가 만사에 서툴고, 같이 놀아봤자 별로 재미가 없다고 생각해요. 그래서 참 속상해요. 저는 같이 놀고 싶은데, 애들이 제게 잘 대해 주지를 않아요. 동네에서는 제가 제일 키가 크고, 또 아이들도 제가 서툴다 하더라도 저를 좋아해서 같이 놀아주는데, 학교에서는 그렇지 못해요. 선생님, 저는 어떻게 하면 좋을까요?"

___3___ 가. 나 역시도 외롭게 지내온 사람이지. 사람들이 나를 별로 좋아하지 않더군. 그래도 난 그런 일에 개의치는 않아.

___1___ 나. 글쎄 난 모르겠구나. 누구나 따돌림을 받는 경우가 있단다.

___4___ 다. 나도 학교 다닐 적에 한때 따돌림을 당한 경험이 있었지. 글쎄, 그때 나에게 도움이 되었던 방식이 너에게도 도움이 될지 모르겠구나. 그러니 좀더 그 문제에 대해서 이야기해주면 좋겠구나.

___2___ 라. 너 누구에게 노는 법을 배워야겠구나. 그러면 더 잘 놀 수 있겠지. 아마 내가 도움이 될지도 몰라.

___5___ 마. 내가 중학교 2학년 때 아무도 나를 야구팀에 끼워주지를 않았단다. 그 문제를 극복하는 데 시간이 참 많이 걸렸어. 네 이야기를 들어보니 내가 네 나이 때 겪었던 실망감과 똑같은 감정을 지금 너도 느끼고 있는 것 같구나. 그러니 우리가 함께 생각해 본다면 이 문제를 해결할 수 있을거야.

1. 김미혜와 이혜선은 같은 고등학교에서 교생실습을 하고 있다. 그들은 이미 같은 대학에서 함께 공부한 동창이기 때문에 서로를 잘 알고 있다. 미혜가

혜선에게 다음과 같이 말한다.

"오늘 네가 우리반 일에 간섭한 이유가 뭐니? 영철이 문제는 나 혼자서도 해결할 수 있단 말이야. 물론 그 녀석이 말썽을 많이 피우고 있다는 것을 알아. 하지만 걔가 스스로 자신의 잘못을 알고 반성할 수 있을 때까지 기다리고 있던 중이란 말이야."

_____ 가. "그래, 난 내가 한 일을 알아. 그렇지만 네가 만약 그 녀석을 계속 그대로 방치한다면 너는 도저히 손을 쓸 수 없게 될거야. 나도 그 애에 대하여 다소 이해하고 있어."

_____ 나. "너는 무얼 믿고 영철이에 대해서 그렇게 자신만만해 하니?"

_____ 다. "그래, 난 네가 기분 나빠하는 것을 이해할 수 있어. 나도 누군가가 우리반 일에 간섭한다면 역시 기분이 나쁠거야."

_____ 라. "내가 너무 경솔했구나. 가끔 나는 남을 돕고 싶은 나머지 참지 못할 때가 있어. 정말 미안하다."

_____ 마. "나는 영철이 문제를 좀 해결해 놓고 손을 뗄려고 생각했었는데 이젠 너무 늦은 것 같애. 네가 교실에서 공개적으로 비난하지 않고 이렇게 살짝 귀뜸해 주니 고마워. 만약 네가 학생들 앞에서 이런 이야기를 했더라면 나도 화가 많이 났을거야."

2. "오늘 학교에서 선생님한테 매를 맞았어요. 우리 학교 선생님은 잘 때려요. 엄마도 학교 다닐 때 매를 맞아본 적 있어요?"

_____ 가. "누구나 그런 경험이 있지."

_____ 나. "언젠가는 따귀도 맞은 적이 있었어. 잘못은 했지만 얼마나 아프고 분했던지 지금도 잊혀지지 않아."

_____ 다. "잘 모르겠다. 기억이 잘 안나는네…… 네가 잘하면 매를 맞을리 없잖니?"

_____ 라. "엄마도 학교에서 매를 맞은 적이 있지."

_____ 마. "엄마도 초등학교 때 숙제를 안해가서 매를 맞은 적이 있어. 그때 몹시 속이 상하더라."

3. "이따금 어디론가 훌쩍 여행을 떠나고 싶은 마음이 들어요. 선생님은 어떠셔요?"

_____ 가. "글쎄요. 직장에 매인 사람이 그런 생각을 할 수 있나요."

_____ 나. "네, 저도 그런 생각이 들 때가 종종 있어요."

_____ 다. "일이 안되고 뒤틀리면 답답해서 어디론가 떠나고 싶은 때가 있었어요."

_____ 라. "왜 그런 생각을 하시게 되었어요?"

_____ 마. "작년 겨울인가는 윗사람과 의견이 달라 대립하다가 그냥 훌쩍 바닷가에 가서 생각을 하고 돌아왔죠. 그러니깐 마음이 정리가 되더군요."

4. "성적이 자꾸 떨어져서 공부할 마음이 안 생겨요. 선생님은 그런 적이 없으셨어요?"

_____ 가. "중 3때 성적이 자꾸 내려가 입시를 포기하고 싶은 마음까지 들더구나. 하지만 용기를 잃지 않으려고 무척 애를 썼었지."

_____ 나. "그런대로 늘 공부를 잘했어요."

_____ 다. "중학교 땐가, 성적이 꽤 떨어진 적이 있었지."

_____ 라. "글쎄, 성적이 떨어질 때도 있었겠지. 별로 기억이 안나는데."

_____ 마. "중 3때였는데 노력은 하는데도 성적이 자꾸 떨어져서 무척 속상해 한 적이 있었어."

5. "자꾸 잡념이 들어 공부에 집중할 수가 없어요."

_____ 가. "누구든지 잡념은 들기 마련이지요."

_____ 나. "저도 학교 공부할 때면 더욱 잡념이 들었지요."

_____ 다. "공부하기 싫은 거 아닌가?"

_____ 라. "공부는 머리에 들어오지 않고 중요하지도 않은 것이 자꾸 떠올라 공부가 잘 안되는 경우도 있었는데 어찌나 짜증이 나는지."

_____ 마. "공부는 열심히 하고 싶은데 영화장면이나 어떤 때는 여학생 생각까지 자꾸 떠올라 마음이 잘 안잡힌 때도 있었어요. 불안하다 못해 미치는 거 아닌가 하고 걱정을 많이 했지요."

6. 1학년 때 선생님이 무서워 학교가기 싫어하던 우경이가 2학년이 되어 인정 많고 아이들에게 따뜻하게 대해주시는 여자 선생님을 처음 대하면서 말한다.

"야, 이제 신나는 학교생활을 할 수 있겠구나."

_____ 가. "뭐라고?"

_____ 나. "그래, 네가 그렇게 말하는 것을 보니 나도 기쁘구나."

_____ 다. "너는 내가 너의 담임이 되었다는 사실을 무척 기뻐하는구나."

_____ 라. "네가 그렇게 말하는 것을 듣게 된 정말 마음이 흐뭇하구나."

_____ 마. (우경을 껴안으며) "그래 네가 나를 좋아하여 학교생활을 좋아하게
       되었다니 나도 무척 좋구나."

7. "친구가 없으니까 학교에서 아주 쓸쓸해요. 선생님은 학교 다니실 때 친구
   가 많으셨어요?"

_____ 가. "알고 지내는 애들이야 많았지만 친한 친구는 몇 명 안됐어요."

_____ 나. "그게 중요한가요?"

_____ 다. "몇 명 있었어요."

_____ 라. "정말 친한 친구는 한두 명 정도였어요. 친구를 많이 사귀려고 해
       도 그렇게 잘 안되더라구요."

_____ 마. "친한 친구는 한두 명 정도였어요. 친구를 많이 사귀려고 해도 쉽
       게 되지는 않고 무엇이 부족해서 그런가 하는 생각도 들더라구요."

8. "엄마는 무엇을 바라세요?"

_____ 가. "우리집이 잘 되는거지."

_____ 나. "글쎄 내가 바란다고 해서 이루어지겠니?"

_____ 다. "아버지가 잘 되시고 너희들이 잘 되는거지."

_____ 라. "집안식구 모두 건강하고 아버지 하시는 일이 순조롭게 되고 너희
       들 공부 잘해서 성공하는 거지. 그게 엄마의 바람이지."

_____ 마. "별안간 웬 뚱딴지 같은 소리냐?"

9. "저는 엄마가 저를 혼내실 때마다 엄마는 어렸을 때 그러시지 않았느냐고
   묻고 싶었어요."

_____ 가. "너 같지는 않단다."

_____ 나. "물론 나도 잘못해서 외할아버지께 혼난 적이 있었지."

_____ 다. "내가 그렇다는 것과 너랑 무슨 상관이냐?"

_____ 라. "나도 어렸을 때 거짓말을 하다 들통나 외할머니께 혼나다 못해 종아리를 맞은 적도 있었지. 거짓말은 했어도 얼마나 억울했는지."

_____ 마. "큰 잘못은 안했어도 외할머니가 혼내시곤 했었어. 그게 얼마나 억울했는지 한참을 울었었지."

10. 한 교사가 교사 휴게실에 앉아 동료들과 이야기한다.

"이제 곧 방학이 되는군요. 그러나 방학동안 무엇을 해야 할지 잘 모르겠어요. 한편으로는 그저 푹 좀 쉬고 싶기도 하고, 또 한편으로는 계절제 대학원에라도 나가서 공부를 좀 했으면 하는 생각도 있어요."

_____ 가. "정말 곧 방학이 되는군요."

_____ 나. "저도 방학동안 무엇을 할지 걱정이군요."

_____ 다. "저도 방학동안 무엇인가 보람된 일로 보내고 싶어요. 건강을 도모하든지, 실력을 연마하든지⋯⋯"

_____ 라. "작년 방학 때 그런 걱정을 하면서 연수교육에 열심히 참여했었는데 고생스러웠지만 새로운 지식을 얻는 보람을 느꼈었어요."

_____ 마. "저도 매번 방학이 돌아올 때마다 여러 가지 계획도 세우고 했지만 구체적인 목표라든지 생활계획표가 없으면 방학이 끝날 때 실망을 했던 경험이 많아요."

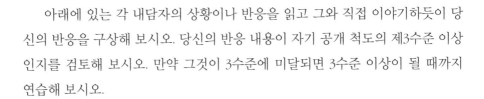

연습 20 높은 수준의 자기 공개 반응

아래에 있는 각 내담자의 상황이나 반응을 읽고 그와 직접 이야기하듯이 당신의 반응을 구상해 보시오. 당신의 반응 내용이 자기 공개 척도의 제3수준 이상인지를 검토해 보시오. 만약 그것이 3수준에 미달되면 3수준 이상이 될 때까지 연습해 보시오.

1. "나는 지난 번 상담을 한 후 우울해졌어요. 도대체 내가 나아질런지에 대해 의심이 들기 시작했어요. 아마 당신이 나를 도울 수 있는지에 대해 의심하는

것 같아요."

• 당신의 반응: _____

_____

2. "당신은 나보다 어리군요. 그래서 경험도 많지 않구요. 당신의 교육훈련과 경험을 알고 싶어요. 의학훈련을 받으셨나요. 혹 박사학위라도?"

• 당신의 반응: _____

_____

3. "나는 어떤 사람이라도 나와 동일한 경험을 하지 않는 한 내가 겪는 것을 이 해할 수 없다고 생각해요. 당신도 내가 어머님이 돌아가시고 어떤 심정인지 를 이해 못할 거예요."

• 당신의 반응: _____

_____

4. "선생님은 어렸을 때 꿈이 뭐였어요?"

• 당신의 반응: _____

_____

5. 김영철은 대학 2학년이다. 그는 학교 기숙사에서 생활하는데 지난 주말에 시골에 있는 집에 갔다.

"저… 아버지, 저는 지난 주에 화학 과목에서 낙제를 받았어요. 그런데도 저는 공부에 집중이 안돼요. 괜히 하는 일도 없으면서 기숙사에서 빈둥거리고 잡지책 이나 뒤적거리고 시간을 보내는데, 시험이 코앞에 닥쳐도 그래요. 저는 공부를 잘하고 싶은데 그것이 그렇게 잘 안되는 것 같아요."

• 당신의 반응: _____

_____

6. 대학교 4학년인 민정은 최근에 갓 결혼하여 신혼생활을 하고 있는데 선배언니인 경숙에게 말한다.

"언니 난 학교를 그만두고 싶어요. 그래서 남편하고 더 많은 시간을 갖고 싶어요. 그이는 고시 준비생인데 내가 자기 옆에 있어 주면 공부가 더 잘 된대요. 그런데 우리 부모님이 마음에 걸려요. 부모님들은 나를 학교에 보내시느라 너무 많은 희생을 하셨거든요."

• 당신의 반응: _____

_____

7. "제 용돈이 너무 적어요. 엄마는 쓰고 싶은대로 쓰시고 계신 것 같은데."

• 당신의 반응: _____

_____

8. "나는 다른 사람에게는 재치와 유머가 있다고 칭찬을 받는데 우리 집에서는 그렇지가 않아요. 기껏해야 약간 웃을 뿐이고 어떤 때는 내 유머를 오해하고 화를 내기까지 해요. 집에서는 정말 조심하면서 살아야 할 정도예요."

• 당신의 반응: _____

_____

9. "선생님, 결혼하셨나요? 이런 성문제를 다루실 수 있을지가 궁금하군요."

• 당신의 반응: _____

_____

10. 심리학을 전공하는 대학원 학생이 말한다. "저는 심리학이 이렇게 골치아플 줄 몰랐어요. 선생님은 어떻게 지내셨는지 궁금해요."

• 당신의 반응: _____

_____

즉시성 반응

내담자 모두는 아니더라도 대부분은 대인관계에 문제가 있다. 대인관계 문제가 중심적인 문제일 수도 있고 큰 문제의 일부분일 수도 있다. 즉시성이 갖는 가정은, 내담자가 일상생활에서 보이는 대인관계의 특성이 상담자와의 관계에서도 나타난다는 것이다. 내담자가 상담자와 관계를 맺는 방식은 그가 상담 아닌 일상생활에서 다른 사람과 맺는 방식의 일부분이기 마련이다. 내담자가 일상생활의 상황에 대해 불평을 늘어 놓는다면 그것은 상담 과정에 관한 불평일 수도 있다. 어떤 권위적 인물에 대해 화를 내고 있다면 그것은 상담자에 대한 분노일 수도 있다. 그러므로 상담자와의 관계양식을 탐색함으로써 내담자의 대인관계 양식을 탐색할 수 있다. 이렇게 상담자가 내담자의 대인관계양식을 탐색하는 기술을 즉시성 반응이라 한다.

즉시성 반응에는 두 가지 형태가 있는데, 상담자와 내담자가 상담기간 동안 맺어온 관계양식에 초점을 맞추는 것과 '그때 그 사건'에 일어났던 것에 초점을 맞추는 것이다. 바로 전에 있었던 사건에 초점 맞추기보다는 전반적인 상담자와 내담자간에 발달된 관계에 초점을 맞추는 것을 '관계의 즉시성'이라 한다.

> 상담자: "우리는 좋은 관계를 형성한 것 같군요. 또 존경하고 있다고 느끼구요. 나는 당신에게 요구할 수 있고 당신도 내게 요구할 수 있어요. 이미 우리는 서로 많은 것을 주고 받았죠. 당신은 내게 화를 낸 적이 있었지만 그것을 가지고 함께 이야기했죠. 그런데 당신이 상사와의 관계에서 없는 것을 우리의 관계가 가지고 있는 것이 무엇일까요?"
>
> 내담자: "음, 하나는, 당신은 내 말을 듣고 있다는 거죠. 그러나 내 상사는 그렇

지 않아요. 또 나는 당신의 말을 매우 조심스럽게 듣지만 내 상사의 말은 주의 깊게 듣지 않죠. 내 상사는 그것을 알고 있어요."

상담자는 내담자와의 관계를 죽 이야기하면서 상담 밖의 관계에서 새로운 조망을 갖게 하였다. 관계의 즉시성 반응은 관계의 전반적 패턴을 상담자가 내담자와 함께 논의하기 위해 제시하는 것이다.

방금 있었던 사건에 초점 맞추는 것을 '여기 그리고 지금의 즉시성'(here and now immediacy)이라 하며 관계 전체가 아닌 방금 있었던 특정 상호작용만을 논의하는 것이다. 다음의 예를 보자.

> 상담자: "잠깐 이야기를 멈추고 당신과 나 사이에 방금 무엇이 일어났는지를 보았으면 해요."
> 내담자: "무슨 말씀인지……"
> 상담자: "처음 우리의 이야기는 참 생생했었는데 지금은 좀 지겹군요. 또 무엇인가 긴장되고 잘못된 것 같기도 하구요."
> 내담자: "무슨 일일까요?"
> 상담자: "그 긴장을 나뿐만 아니라 당신도 느끼지요?"
> 내담자: "네, 조금은요."
> 상담자: "지금 당신은 당신의 감정이 친구들에게 어떻게 영향을 미치는지에 관해 이야기하고 있었죠. 당신은 점점 조심하면서 친구에 대해 이야기했죠. 그런데 갑자기 조용해졌고 나는 무엇인가 잘못되었다고 내 스스로 질문했죠. 나는 뭔가 갑갑하게 느껴요. 난 지금 내 느낌을 솔직히 말했는데 당신의 이야기를 듣고 싶어요."

위의 상담자는 두 가지 일을 하였다. 하나는 지금, 여기의 관계에서 일어난 일을 검토함으로써 상담 시간 중에 겪는 어려움을 다루었다. 다른 하나는 내담자가 지금, 여기에서 하는 일이 자신의 일상생활의 관계에서 행하는 일일 가능성을 검토하기 시작하였다. 상담자는 자신의 생각을 의심하면서 피력했고 내담자의 입장도 소개하라고 하였다.

즉시성 반응은 3가지 요소, 즉 자각, 기술적인 면 그리고 상담자의 주장성 등으로 구성된다. 만약 내담자와 상담자간의 관계에서 일어난 것을 이야기하려 한다면 우선 무엇이 일어났는지 알아야 한다. 이것이 자각으로, 자신과 상대방의 단서를 읽을 수 있어야만 즉시성을 이룰 수 있게 된다. 예를 들어 내담자가 상처를 받고 있다는 단서를 읽지 못하거나 상담자 자신이 긴장하고 있다는 것을 감지하지 못하면 즉시적일 수는 없다. 유능한 상담자는 관계에서 무엇이 일어났는지를 감지할 수 있어야 한다. 일단 관계에서 무엇이 일어났는지를 알았다면 이를 어떻게 다루는지가 문제가 된다. 이것이 기술적인 면으로, 이미 앞에서 다루었던 공감 반응, 자기 공개 반응, 직면 반응 등이 조합되어 형성된 기술이다.

> 상담자: "우린 지금 점점 늪에 빠져들고 있다고 생각되는군요. 당신은 어떤지 보세요. 나는 점점 당신에게 아버지 역할을 하는 것 같고 당신은 점점 어린 딸 노릇을 한다고 생각되요. 마치 집에서 내 어린 딸에게 하는 방식으로 말하고 있음을 알았어요. 어른 대 어른이라는 관계가 아닌, 아마 난 당신이 부서지기 쉽다고 생각하여 너무 과잉으로 돌보고 있어요. 내가 말한 것들에 대해 어떻게 생각하세요?"

이처럼 즉시성은 직접적으로 말하지 않는 높은 수준의 공감과, 내담자의 말도 듣지만 자신의 말을 먼저 하는 자기 공개, 내담자의 불일치 외에 상담자의 불일치에 직면하는 등의 기술적인 면을 포함한다. 이러한 기술을 통해 내담자가 관계를 탐색하도록 촉진시키는 것이다.

즉시성 반응은 자각했다고 해서, 기술적인 방법을 안다고 해서 쉽게 이루어지는 기술은 아니다. 앞에서 소개했던 도전적이고 새로운 조망을 촉구하는 기술들은 내담자에게 초점을 맞추기 때문에 비교적 쉽다. 그러나 즉시성은 상담자 자신을 포함시키기 때문에 어렵다. 내담자가 있는 데서 관계 탐색의 대상이 된다는 것은 상담자의 솔직성과 관련된다. 상담자가 자기의 일상생활에서 솔직성이 부족한 사람이라면 이 기술을 사용하는데 다소간 어려움이 있을 것이다. 즉시성 반응은 다음과 같은 경우에 특히 유용하다.

첫째, 상담시간 중 방향을 잃었거나 별 진전이 없을 때.

"난 우리가 늪에 빠져 있다고 느껴지는군요. 잠깐 멈추고 무엇이 잘못 되었는지를 살펴봐야 할 것 같아요."

둘째, 상담자와 내담자간에 긴장을 느낄 때.

"우리 서로 신경이 날카로와진 것 같군요. 잠깐 멈추고 기분을 전환해 보는 것이 좋을 것 같군요."

셋째, 신뢰성이 대화의 주제가 되었을 때.

"당신이 아직 머뭇거리고 있다고 생각이 드는군요. 그것이 나 때문인지는 알 수 없지만, 나를 아직 믿기 어려운 것은 아닌지요."

넷째, 사회적 계층이나 대인관계 양식이 다르기 때문에 상담자와 내담자 간에 거리감이 있을 때.

"나는 선생님이고 너는 학생이라는 것이 너를 주저하게 하는 것 같구나."

다섯째, 의존성이 상담 과정을 방해할 때.

"당신은 내가 허락할 때까지 그 문제를 말하려고 하지 않는군요. 내가 허락하는 사람의 역할을 하고 있는 것은 아닌지 모르겠어요."

여섯째, 상담자의 의존성이 상담관계를 방해할 때.

"이번 상담시간에는 당신과 내가 경쟁을 한 것이 아닌가 싶군요. 내가 잘못 본 것이 아니라면 우리 둘 다 이기려고 안간힘을 쓰는 것 같아요."

일곱째, 호감이 상담과정을 방해할 때.

"우리는 처음부터 서로에게 호감을 가진 것 같은데, 그것이 상담에 의해서 생긴 것인지에 의문이 생기는군요."

즉시성 반응 역시 그 자체가 목적이 아니다. 상담의 목표는 상담자와 내담자 간의 관계의 수립도 아니고, 그러한 관계를 즐기는 것도 아니다. 상담은 상담자와 내담자가 관계를 맺어 문제상황을 탐색하고 작업을 하는 것이다. 즉시성 반응은 상담관계에 대한 새로운 조망을 마련하여 더 효과적으로 탐색작업을 하게 하고, 상담자와의 관계에서 배운 것을 상담 밖 즉 일상생활의 사람들과의 관계에 적용하도록 한다. 연습에 앞서 즉시적 반응의 5가지 수준을 소개한다.

즉시적 반응의 5수준

- **수준 1:** 상대방이 자신과의 관계에 대하여 표현하는 것에 관심을 전혀 보이지 않는 수준.

- **실제:** 내담자로부터 얻을 수 있는 인간관계에 관련된 모든 단서를 무시한다. 상대방의 표현에 대하여 전적으로 부적절한 반응을 보인다.

- **수준 2:** 상대방이 자신과의 관계에 대하여 표현하는 것에 거의 관심을 보이지 않는 수준.

- **실제:** 상담자는 내담자가 자신들의 인간관계에 관해 진술하는 것을 인정하고 있다는 사실을 의식적으로 나타내어 주기는 하지만 그 사실에 대해 논의하기를 미루거나 다만 피상적으로 그것에 관해 언급한 후에 곧 그것을 잊어버린다. 상대방의 표현에 대체로 무관심하게 행동한다.

- **수준 3:** 상대방이 자신과의 관계에 대하여 표현하는 것에 관심을 갖고 상대방의 표현에 대체로 적절한 반응을 보이나 그 내용이 직접적이고 구체적이지 못하다.

- **실제:** 상담자는 내담자와의 관계를 토의하지만 일반적인 방법으로 하여 그들 관계의 독특성을 모호하게 만든다. 수준 3은 촉진적 대인관계 기능의 기초 수준이다.

- **수준 4:** 상대방이 자신과의 관계에 대하여 표현하는 것에 큰 관심을 보여 직접적이고 구체적인 반응을 하는 수준.

- **실제:** 상담자와 내담자는 있는 그대로의 인간관계를 숨김없이 토의한다. 내담자는 상담 과정에 내재하는 어떤 결함에 대한 책임이라도 분담할 수 있는 개방적인 마음이 된다.

- **수준 5:** 상대방이 자신과의 관계에 대하여 표현하는 것에 깊은 관심을 갖고 상대방의 표현에 매우 적절한 반응을 보이고, 표현 내용이 대단히 직접적이

고 명료하여 상대방의 깊은 수준의 자기 탐색을 촉진하는 수준.

- **실제:** 상대방과 자신과의 관계에 대하여 명백한 해석을 내리는데 주저하지 않는다.

연습 21   즉시적 반응의 변별

다음에 10개의 반응예가 있다. 각각에 대해 5개씩의 반응을 제시하였는데, 그 반응들이 즉시적 반응의 5수준 중 몇 수준에 해당하는지를 살펴서 해당 수준의 숫자를 각 반응의 왼편에 있는 _____에 써 넣으시오.

보기

10회째 상담에서 어느 고등학교 남학생이 상담자에게 이렇게 말한다.

"선생님, 지금까지 수 주 동안 계속해서 저의 장래문제에 대해서 이야기해 왔습니다만, 이 상담이 제게는 별 도움이 되는 것 같지가 않습니다. 차라리 그만두는 것이 좋겠습니다. 사실은 오늘도 별로 오고 싶지가 않았습니다."

___3___   가. 너는 지금 진행되고 있는 상담에 대해서 별로 만족하지 않는 것 같구나. 그렇게 느끼는 것도 무리가 아니야. 이같이 상담관계가 수렁에 빠져들 때가 종종 있단다.

___2___   나. 단념하지마. 장시간 상담을 하다보면 그런 생각이 들 때도 있단다.

___5___   다. 너는 우리 상담관계가 별 진전이 없는 것 같아 실망하고 있구나. 내가 네 문제를 해결하는 데 별 도움이 안될까봐 걱정도 되고, 너의 그 우려에 대해 좀더 대화를 나누어 보는 게 좋겠다.

___1___   라. 내게는 여러 가지 자료들이 있단다. 이것이 바로 지난 주엔가 네게 이야기한 진로에 관한 책이야.

___4___   마. 지금까지 해 온 상담과 우리관계에 대해 실망을 하는구나. 애쓴 보람이 없는 것 같기도 하고.

1. 봄방학을 하는 날, 한 학생이 담임선생님께 다음과 같이 말한다.

"선생님이 뭐니 뭐니 해도 최고입니다. 저는 선생님이 이 세상에서 제일 좋습니다. 저는 선생님과 아주 친했던 것 같습니다."

_____ 가. "오늘 종업식을 하게 되어서 아주 기분이 좋은가 보구나. 방학동안에 재미있는 계획이 많이 있는 모양이지?"

_____ 나. "너한테 그런 말을 들으니 아주 기분이 좋구나. 어쨌든, 이번 학기가 우리 두 사람에게 아주 재미있었던 것 같구나. 그리고 그런 심정을 우리 둘이 지금 이렇게 나눌 수 있게 되어서 기쁘구나."

_____ 다. "이번 봄방학 때 무엇을 할 작정이니?"

_____ 라. "고맙구나. 네 말을 들으니 기분이 좋은데."

_____ 마. "나도 너와 아주 친하게 지냈던 것 같구나. 네가 그런 이야기를 하니 나도 기분이 좋구나."

2. 한 학생이 선생님에게 말한다.

"선생님은 저에게 늘 잘 대해 주셨습니다. 하지만 선생님은 그렇게 하셔야 되잖아요. 왜냐하면 그것 때문에 월급도 받고, 또 그게 선생님의 업무가 아닙니까?"

_____ 가. "너는 내 걱정 말고 네 할 일만 계속해서 신경써서 해야 된다고 생각해."

_____ 나. "너는 내가 솔직하게 대하지 않고 가식적으로 대한다고 느끼고 있구나."

_____ 다. "내가 월급을 받고 너희들을 가르치기 때문에 진정으로 너에게 신경을 쓰고 있다는 사실이 믿기지 않는 모양이구나."

_____ 라. "너는 남의 친절을 받아들이기가 어려운 모양이구나."

_____ 마. "진실한 감정을 이야기했다가 받은 상처로 나의 친절을 받아들이기를 꺼려하는 것 같구나. 나는 그 점을 생각해서 너에게 더 잘 해 주려고 신경을 썼던 것 같아. 하지만 난 진정으로 너에게 잘 해 주려고 마음을 썼고, 앞으로 우리 관계가 좀더 솔직해졌으면 좋겠구나."

3. "전 이제 더 이상 못 견디겠어요. 어디론가 훌쩍 떠나버리고 싶어요."

_____ 가. "어떻게 그런 소리를 하세요?"

_____ 나. "떠나고 싶을 정도로 힘드세요?"

_____ 다. "사람은 가끔 그렇게 떠나고 싶을 때가 있지요."

_____ 라. "상담이 더 도움이 안된다는 소리로 들리는군요. 무엇이 그렇게 견디기 어려웠는지 이야기해 주시겠어요?"

_____ 마. "상담을 하면서 ○○씨를 더욱 괴롭게만 하고 불편을 덜어 드리지 못했던 것 아닌가 싶군요. 떠나 버리고 싶을 정도로 특히 괴로웠던 것을 우리가 함께 이야기해 보죠."

4. "별안간 이야기하다가 기운이 쏙 빠지네요. 말하고 싶지 않아요."

_____ 가. "오늘 무슨 힘든 일을 하셨어요?"

_____ 나. "무슨 일이신가? 말씀을 잘 하시다가 갑자기."

_____ 다. "무엇인가 당신의 기운을 빠지게 하는 일이 일어났군요."

_____ 라. "무엇인가 말하시면서 해도 소용없다거나 오히려 불쾌해지시는 것을 경험하셨나 보군요. 어떤 일이 일어났는지 같이 이야기해 볼까요."

_____ 마. "이야기하시면서 말해도 소용없다거나 오히려 불쾌해지는 것을 겪으셨군요. 혹시나 이 상담이 당신을 그렇게 만든 것은 아닐까요?"

5. "저는 지난 번 상담을 한 후 우울해졌어요. 도대체 내가 나아질런지에 대해 의심이 나기 시작했어요. 아마 당신이 나를 도울 수 있는지에 대해 의심하는 것 같아요."

_____ 가. "글쎄요. 그것은 상담을 받는 사람은 누구나가 겪는 것 아니겠어요?"

_____ 나. "좀처럼 나아지는 기미가 없어 걱정이 되시는군요."

_____ 다. "당신이 갖는 의구심은 나의 능력에 대한 것이군요."

_____ 라. "당신은 내가 당신을 잘 상담해 줄지 의심스러워 하시는군요. 당신의 그 우려에 대해 좀더 이야기 하는 게 좋을 것 같군요."

_____ 마. "다시 우울해졌다구요?"

6. "과장님은 항상 우리들 말을 무시하십니다."

_____ 가. "무슨 소리야, 내가 언제 그런 적이 있는가?"

_____ 나. "자네 맡은 일이나 정신차려 하게나."

_____ 다. "나는 늘 자네들 뜻을 존중한다고 생각해 왔는데 자네들 말을 무시한다니 도대체 무슨 소리인가?"

_____ 라. "내가 자네들을 늘 무시한단 말이지?"

_____ 마. "나는 늘 존중해왔다고 생각했는데 그 반대말을 들으니 뭔가 잘못되어 있다는 생각이 드는군. 어떻게 그런 생각을 하게 되었는지 같이 이야기 하세나."

7. "엄마는 형이 좋아요, 제가 좋아요?"

_____ 가. "갑자기 그런 소리를 들으니 내가 네게 섭섭하게 한 것이 있는 것 같구나."

_____ 나. "너 형하고 싸웠니?"

_____ 다. "형과 네가 똑같이 좋단다."

_____ 라. "엄마가 형하고 너 사이에 누굴 더 좋아하는지 궁금하단 말이냐?"

_____ 마. "형제간에는 우애가 있어야 돼."

8. "선생님, 전 상담을 하면서 궁금한 것이 많아요. 우선 저 같은 사람이 많이 옵니까?"

_____ 가. "그건 중요한 것이 아니죠."

_____ 나. "모든 일을 완벽하게 알고 할 수는 없죠."

_____ 다. "처음 하시는 것이니까 모든 것이 조심스러우실 거예요. ○○씨 같은 문제가 많은지가 궁금하시군요."

_____ 라. "○○씨 같은 문제를 다른 사람두 갖고 있는지 궁금히시군요. ○○씨 혼자 겪는 문제는 아닌가 하고요."

_____ 마. "○○씨 같은 문제를 다른 사람도 갖고 있는지 궁금해 하시는군요? 혹시 제가 그런 문제를 다루어본 적이 있는지도 궁금하실지 모르겠어요."

9. "저는 요즘 상담하면서 왠지 답답함을 느껴요. 마치 집에서 아버지와 함께 있을 때처럼요."

_____ 가. "상담을 한다고 해서 늘 상쾌한 것은 아니지요."

_____ 나. "아버지와 같이 있으면 답답하세요?"

_____ 다. "이 상담이 아버지와 같이 있을 때처럼 무엇인가 ○○씨를 조이고
있군요."

_____ 라. "당신이 그런 답답함을 느끼신다니 혹시 내가 당신의 아버지처럼
행동하지 않았을까요?"

_____ 마. "나는 의식하지 못했지만 내가 당신의 아버지가 했던 것처럼 당신
을 과잉보호하고 걱정했던 것은 아닌지 모르겠군요. 제가 말한 것
에 대해 어떻게 생각하세요?"

10. "과장님은 우리가 잠깐 자리를 뜨는 것도 싫어하시면서 어디를 그렇게 갔
다오세요?"

_____ 가. "난 자네보다도 더 중요한 일을 한다네."

_____ 나. "나는 늘 자리를 비우면서 자네들을 꼼짝 못하게 하니까 못마땅
하단 말이지?"

_____ 다. "내가 언제 자네들이 자리 뜨는 것을 싫어했나?"

_____ 라. "나는 자유롭게 다니면서 자네들에게는 조금의 틈도 주지 않는다
는 것이 불공평하단 말이지?"

_____ 마. "뭐가 그렇게 불만이 많나?"

연습 22 높은 수준의 즉시적 반응

아래에 있는 각 내담자의 상황이나 반응을 읽고 그와 직접 이야기하듯이 당
신의 반응을 구상해 보시오. 대화체가 유지될 수 있도록 반응을 가능하면 빨리
기록하고, 반응내용이 즉시적 반응 척도의 3수준 이상인지를 검토해 보시오. 만
약 그것이 3수준에 미달되면 3수준 이상이 될 때까지 연습하시오.

1. 김○○ 학생은 상담을 10회째 해오고 있다. 그녀는 상담에 진지하게 참여하
며 당신을 좋아한다고 느낀다. 당신은 그녀의 진지한 자세가 마음에 든다.

그러던 어느 날 그녀가 이렇게 말한다.

"선생님, 저는 선생님과 같은 성품을 갖고 있는 사람을 존경해요. 그런데 꼭 상담 시간에만 만나야 되나요? 제가 선생님께 저녁을 대접해 드리고 싶어요."

• 당신의 반응: _____

_____

2. 지방에서 살다가 온 한 학생이 당신에게 다음과 같이 말한다.

"선생님, 왜 그런지 선생님들은 어느 곳이나 다 마찬가지더군요. 이전에 제가 다니던 학교의 선생님들은 혹시 저희가 무슨 잘못을 저지르기라도 하면 조금도 용서하지 않으셨어요. 저는 여기 선생님이라고 해서 다를 것이라고는 아예 기대도 안하고 있습니다."

• 당신의 반응: _____

_____

3. 지방 출신의 한 학생이 이렇게 말한다.

"서울 사람들은 왠지 뺀질뺀질하고 자기 이득만 챙길 것 같아서 거리감이 있어요. 선생님은 어디 출신이세요?"

• 당신의 반응: _____

_____

4. 상담자가 상담소에서 새로 맡게 된 프로젝트 때문에 상담시간 전에 매우 분수하였고 상담시간 중에도 몇 번의 인터폰이 오곤 했다. 그러자 내담자가 이렇게 말한다.

"굉장히 바쁘신가 봐요. 제가 공연히 그렇게 급한 일도 아닌데 선생님 시간을 뺏는 것은 아닌지 모르겠어요?"

• 당신의 반응: _____

_____

5. 새로운 교육방식 프로그램에 참가했던 두 교사가 이 프로그램과 관련하여 각자의 소감을 피력하고 있다. 한 교사가 다른 교사에게 다음과 같이 이야기한다.

"사실 저는 다른 선생님과 협력해 가면서 수업을 해 보면 저 자신이 종래의 수업방식을 개선하는 데 많은 도움을 얻을 수 있지 않을까 은근히 기대를 하면서 이 프로그램에 참여했습니다만, 현재까지는 아직 별다른 도움을 얻은 것 같지가 않군요."

- 당신의 반응: _____
  _____

6. 내담자는 당신과 이성이다. 당신은 그 사람과의 상담을 몇 회 진행했는데 내담자는 당신에게 사회적으로, 성적으로 매력을 느끼고 있다. 그는 당신과 가까워지기 위해서 위장적인 행동을 하기도 한다.

- 당신의 반응: _____
  _____

7. 1회 상담에서 40세의 사업가인 내담자와 상담비용에 대하여 이야기했다. 그 때 당신은 돈에 대해 이야기하는 것이 어려운 일이라고 말하고, 적당하다고 생각되는 가격을 정했다. 그는 그 가격이 좀 지나친 것 같다고 당신에게 말했다. 다음 몇 번의 상담을 통하여 그는 상담이 얼마나 비싼 것인가를 암시했다. 그는 가능한 한 빨리 그 상담을 끝내려고 한다고 말하며 그것은 자신의 책임이 아니라는 것을 넌지시 암시했다. 당신은 해결되었다고 생각했던 비용문제가 아직 그대로 남아 있다는 것을 알았다.

- 당신의 반응: _____
  _____

8. 학교 교도반에 어느 학생이 들어왔다. 들어와서 당신에게 이렇게 말한다.

"저…… 저희 담임선생님께서 여기 가보라고 하셨어요. 전 누구에게도 별로 한 말이 없어요. 선생님에게도요."

- 당신의 반응: _____

_____

9. 내담자는 상담신청시 여자 상담자로 나이가 30대 이상이었으면 좋겠다고 말했었다. 그런 그녀가 당신에게 다음과 같이 말한다.

"저…… 선생님은 결혼하셨어요?"

- 당신의 반응: _____

_____

10. 내담자는 어제 신문에 실렸던 강도 사건에 대해 이야기하면서 당신에게 이렇게 말한다.

"저는 그 강도가 어쩔 수 없었다고 생각해요. 선생님은 어떻게 생각하세요?"

- 당신의 반응: _____

_____

질문 반응

상담 및 심리치료적 면접의 주요 기법이 '질문을 통한 탐색'이라고 믿는 사람이 많다. 즉 내담자에게 많이 물어볼수록 내담자의 문제를 더 깊게 이해할 수 있다고 생각하는 경향이 있다. 그러나 질문을 할 때는 어떤 질문을 어떻게 하느냐가 중요하다. 일반적으로 질문 반응은 상담과 심리치료에서 진술식 말보다는 더 유용하게 사용되기도 한다.

그러나 모든 질문이 반드시 유용한 것은 아니다. 여기서는 먼저 질문의 유용성이 갖는 한계를 지적한 후, 이러한 한계에도 불구하고 질문이 상담에서 지니는 여러 가지 기능을 소개하고자 한다. 또한 질문이 유용한 기능을 갖기 위해서는 기술적 방법이 요구되므로 질문의 형태에 따른 유용성으로 연습의 틀을 마련한다.

질문을 할 때 고려해야 할 것들 중의 하나는, 너무 많은 질문은 내담자를 혼란시키고 위축시킨다는 것이다. 또 내담자가 도저히 대답을 할 수 없는 질문을 하거나, 심지어는 답변을 원하지도 않으면서 질문을 해놓고는 답변할 때는 듣지도 않는다는 커다란 문제이다.

원칙적으로 질문에 대한 답변을 얻는 식으로 상담을 시작하거나, 더 많이 질문함으로써 더 많은 정보를 얻겠다는 식으로 상담을 하는 것은 내담자의 문제해결에 아무런 도움이 되지 않는다. 다시 말해서 많은 질문은 자칫 내담자에게 어떤 방도도 제시하지 않을 채, 상담자는 질문만 하고 내담자는 답변만 하는 것을 상담으로 생각하게 만드는 것이다. 즉 내담자는 상담자의 질문을 받으면 답변을 하고 질문이 없으면 입을 열지 않게 되는 사태가 발생하게 된다. 이렇게 되면 내담자의 감정과 마음이 열리는 것이 아니라 오히려 닫혀버리고 말 것이다. 또한 질의응답의 형식을 취함으로써 상담자는 보다 높은 위치에 있는 사람이며, 또 많이 아는 것만이 중요하다는 인상을 내담자에게 잘못 심어주는 수도 생기게 되는 것이다. 내담자가 이런 굴욕적인 대우를 기꺼이 받는 이유는, 상담자가 자신의 문제를 해결해 주기를 바라고 있거나 상담자가 자기를 도울 수 있는 방법은 오직 질문과 답변의 형식뿐이라고 믿기 때문이다.

그러나 실제로 너무 많은 질문은 내담자에 대한 상담자의 호기심, 또는 기껏해야 '이해하고자 하는 동기' 만을 겨우 충족시킬 뿐이다. 그리고 꼬치꼬치 질문을 하고 또 많은 답변을 얻고 나서도 내담자를 도울 수 없다면, 애당초 상담자가 질문을 할 하등의 권리와 자격이 있는지조차 의심스러운 것이다. 내담자의 답변을 들은 상담자는 문제에 대한 해결안을 제시하고 상담자 자신의 판단을 말해주어야 할 의무를 느껴야 한다.

설혹 상담자의 여러 가지 질문을 내담자가 참고 견딜 준비가 되어 있다고 할지라도 이러한 질의응답 형식이 결코 바람직하다고는 할 수 없다. 그 이유는 질의응답 형식은 따뜻하고 긍정적인 관계가 발전될 수 있는 분위기나 내담자가 자신의 장단점을 발견하여 보다 성정할 수 있는 기회를 조성할 수 없기 때문이다. 질문을 많이 하면 할수록 위에서 언급했던 질문의 역기능은 커지기 마련이다. 그러나 면접에서의 질문은 직면, 자기 공개, 즉시성 등과 같이 내담자로 하여금 새로운 조망을 갖게 하고, 그 주제에 집중하게 하는 등의 긍정적인 기능을 갖고 있기 때문에 질문의 활용과 유용성은 여러 학자들에 의해 강조되곤 한다.

질문은 답변을 요구한다. 예를 들어, 상담자가 "당신의 아버지는 당신에게 적대적이시군요"라고 하면, 내담자는 이 말을 무시하거나 아무런 반응도 하지 않을 수 있다. 대답을 하고 싶으면 하고, 하고 싶지 않으면 안해도 된다. 진술식 언어 형태는 답변을 요구를 하지 않기 때문이다. 그러나 동일한 내용이라도 "당신의 아버지는 당신에게 가끔 그렇게 적대적인가요?"라는 질문 형태로 바꾸면 내담자는 이 말에 주의를 집중하게 된다. 즉 내담자는 답변을 해야 하거나 적어도 대답과 관련된 이야기를 해야 한다. 또한 질문은 새로운 영역에 대해 서로 논의하게끔 길을 연다. 만약 상담자가 "그는 당신의 말 때문에 화가 났군요"라고 한다면 앞으로 나갈 방향을 제시하지 못한다. 그러나 "당신의 말이 어떻게 해서 그를 화나게 했다고 생각하세요?"라고 하면 탐색의 새 길이 열리게 된다. 상담은 다시 신선함을 얻게 된다.

"그게 무슨 말이신가요?," "그게 무슨 뜻이죠?," "그 말이 무엇을 의미하나요?" 등의 아주 간단한 질문도 몇 가지 유용성을 갖는다. 상담자가 관심어린 표정을 지으며 "그게 무슨 뜻인가요?"라고 하면 내담자가 말하려고 하는 것을 더 명확하게 이해하려고 하는 공감적 관심을 표현할 수 있다. 또 내담자의 망상적이거나 비현실적 사고나 표현에 도전할 수 있다. 예를 들어 어떤 내담자가 자기 이웃이 자기의 전화를 도청하고 있다고 할 때, "그게 무슨 말이세요?"라고 함으로써 상담자는 그런 망상적 생각을 받아들일 수 없음을 전달하게 된다. "나는 당신의 말을 믿을 수가 없군요"라고 하면 상담자 내담자의 관계에 위협이 된다. 상담자는 내담자의 말을 우회적으로 거절하면서 내담자가 왜 그런 생각을 하게 되었는지를 탐색해야 된다.

> "자, 한번 말해보세요. 전에 무엇이 당신으로 하여금 당신을 그렇게 형편없는 사람으로 보도록 만들었나요?"
> "얌체라는 말을 듣는 것이 그렇게 무서운 것이라고 도대체 누가 가르쳤나요?"
> "당신의 어머니는 당신만이 대학생활을 엉터리로 보낸 사람이라고 생각하나요?"
> "그렇게 단순한 동성연애 경험에 의해 도대체 누가 상처를 받겠어요?"
> "12세 소년들에게 그런 일이 얼마나 평범한 것인지를 아세요?"

이런 질문들은 내용을 탐색하게 하고 불안을 완화시키며 새로운 시각을 갖도록 하는 것이다.

이렇듯 질문은 상담에서 다양한 기능을 가진다. 그러면 질문의 효과를 최대한도로 높이기 위해서는 어떠한 질문을 해야 하는지를 질문의 유형별로 살펴보기로 한다.

개방적 질문은 내담자에게 길을 열어준다

먼저 개방적 질문과 폐쇄적 질문을 살펴보자. 개방적 질문은 보다 포괄적인데 반해 폐쇄적 질문은 범위가 좁고 한정되어 있다. 개방적 질문은 내담자에게 모든 길을 터주는데 반하여, 폐쇄적 질문은 내담자에게 특정한 답변만을 요구한다. 개방적 질문은 내담자의 관점, 의견, 사고, 감정까지도 끌어내는데 반하여, 폐쇄적 질문을 오로지 명백한 사실만을 요구한다. 다시 말해 전자는 바람직한 촉진 관계를 열어 놓는 반면 후자는 그것을 닫아 놓는 게 보통이다.

“시험이 끝나고 기분이 어떠했습니까?”
“시험이 끝나고서 홀가분해졌나요?”

“당신과 다툰 후 그녀에게 무슨 일이 있었나요?”
“당신과 다툰 후 그녀가 자살하려 했나요?”

“지난 주에 무슨 일이 있었습니까?”
“지난 주에 혹시 기분 나쁜 일이 있었는지요?”

이상의 질문에서 앞의 것이 개방적 질문이고 뒤의 것이 폐쇄적 질문이다. 각 질문들에 대한 답변을 실제로 해본다면 개방적 질문과 폐쇄적 질문의 차이점을 실감나게 느끼게 될 것이다.

간접 질문은 내담자에게 위협을 주지 않는다.

직접 질문과 간접 질문을 구분할 필요가 있다. 명칭에서 나타난대로 간접 질문은 넌지시 물어 보는 것임에 반하여, 직접 질문은 직선적으로 물어 보는 것이다. 간접 질문은 그 끝에 물음표가 없는 서술형으로 이루어지는 것이 보통이다. 그럼에도 불구하고 분명히 질문을 하는 것이고 내담자의 답변을 요구히고 있는 것이다.

“당신은 그런 상황에 대해 어떻게 생각하십니까?”
“당신이 그런 상황에 대해 어떻게 생각하시는지 궁금하군요.”
“회사측의 그런 방침에 대해서 어떻게 생각하십니까?”
“회사측의 그런 방침에 여러 가지 생각이 드실지도 모르겠군요.”

“그 다음에 무슨 일이 일어났습니까?”

"그 다음에 무슨 일이 일어났는지 궁금하군요."

이상의 질문들에서 뒤의 것이 간접 질문이다. 간접 질문은 관심을 보여주면서도 질문처럼 들리지 않는다는 점에서 가치가 있다.

이중 질문은 내담자를 혼란스럽게 한다

이중 질문은 기껏해야 내담자에게 양자택일을 하게 할 뿐이고, 최악의 경우에는, 흔히 두 가지 질문을 동시에 포함하고 있기 때문에 내담자쪽에서 두 질문 중 어느 쪽에 답변을 해야 할지 모르게 된다. 그리고 상담자쪽에서도 내담자의 답변이 어느 질문에 대한 반응인지 모르게 되는 경우도 생긴다.

> 상담자: 너는 어젯밤 숙제를 끝내지 않고 또 TV 보았니? 그리고 어머니가 너에게 네 방에 돌아가 계속 공부하도록 야단을 쳤니?
> 내담자: 어머니는 어젯밤에 아버지와 외출을 했었습니다.
>
> 상담자: 나와의 상담이 도움이 된다고 생각하니? 그리고 네 자신에 대해 더 많이 이해하게 되었다고 믿나?
> 내담자: 뭐라고 말씀드릴 수가 없는데요.
>
> 상담자: 미국에 있을 때 영어를 많이 배웠나? 가끔 집안 식구들끼리 영어로 말을 해봤나?
> 내담자: 저희 아버지는 아직도 미국에서 근무하고 계십니다. 그리고 이번 여름에 잠시 귀국하시나봐요.

상담자로서는 결코 두 개의 질문을 동시에 충족시키는 내담자의 답변을 얻을 수 없음을 명심해야 한다. 위의 예에서 보듯이 이중 질문은 내담자로 하여금 제멋대로 답변을 하게 한다.

질문은 구체적인 내용을 담고 있어야 한다

개인의 감정은 추상적이고 일반적일 때보다 구체적인 내용을 담고 있을 때 내담자에게 생생하고 의미가 있다.

　"당신은 어렸을 때 죄책감을 느꼈나요?"
　"그 일을 한 후 아버지가 당신에게 그 말을 하셨을 때 죄책감을 느꼈나요?"

　"당신의 어머니는 겁이 많으신가요?"
　"당신의 어머니는 모르는 사람에게 접근하는 것을 싫어하시나요?"

후자가 보다 구체적 내용과 관련지어 질문을 하는 경우이다. 구체적 질문은 반응의 구체성에서 이미 다룬 바 있다.

우회적 질문의 사용

대개의 내담자들은 자기 문제에 대해 죽 생각해 오던 것만 말하며, 얽혀진 실타래를 어디서부터 풀어야 할지에 대해 난감해 한다. 이런 내담자를 만난 상담자도 같은 처지에 놓이기 마련이다. 이때 정보를 얻기 위해 점진적인 우회적 질문을 사용할 수 있다. 우회적 질문은 내담자에게 별다른 부담을 주지 않으면서도 구체적인 정보를 얻을 수 있다는 이점을 갖고 있다.

　"어머니는 다른 사람을 불편하게 만드는 것을 매우 꺼려했나요?"
　"어머니는 잘 알지 못하는 사람에게 다가가는 것을 싫어했나요?"
　"어릴 때 당신이 가끔씩 했던 발작은 어머니를 매우 놀라게 했던 모양이군요?"

이렇게 점진적으로 다가가며 우회적인 질문을 통해 상담자는 어머니가 매우 겁이 많고, 회피적이고, 수동적인 대인관계를 갖는 사람임을 알아간다.

이렇게 우회 질문은 상담자로 하여금 주제를 조심스럽게 탐색해 나가도록 한다. 또 우회 질문은 내담자의 자존심을 손상시키지 않고도 내담자의 고통스러운 주제를 다룰 수 있게 한다. 자존심이란 자신을 가치있는 사람이라고 느끼게 하는 모든 것을 가리키는 용어로 대인관계에서 자신감이 있다는 느낌도 포함한다. 즉 상담자 앞에 내담자가 한 인간으로서 자존심을 유지할 수 있도록 상담자가 배려해 주는 것이 필요하다. 예를 들어, 부부간의 문제로 상담을 받으러 온 부인에게 상담자가 "이 문제를 남편과 상의해 봤나요?"라고 묻는다면 내담자는 자존심이 손상당했다는 느낌을 가지기 쉽다. 왜냐하면 그 질문 속에는 "당신은 상담을 청할 정도로 중요한 문제를 남편과 일단 상의도 해보지 않은 좀 흐리멍텅한 사람이군요!"라는 의미가 내포되어 있기 때문이다. 이때 우회 질문을 사용하는 것이 도움이 된다. "당신의 남편은 이 문제를 어떻게 생각하나요?", "당신은 이 문제를 남편에게 털어놓는 편이 낫다고 생각하나요?" 등이 그 예일 수 있다.

'왜' 라는 질문

질문할 때 가장 많이 쓰이고 또한 질문을 가장 잘 상징하는 단어가 바로 '왜'라는 짤막한 단어일 것이다. 그런데 '왜' 라는 말이 원래의 의미를 왜곡시킬 정도로 잘못 쓰여지고 있다. 원래 '왜' 라는 말은 정보를 구하거나 사건 또는 행동의 원인이나 이유를 탐색하는 데 국한되어 사용됨이 마땅하지만, 불쾌감이나 불찬성의 뜻까지 함축하여 사용되는 경우가 허다하다. 따라서 상담자가 내담자에게 '왜' 라는 질문을 할 때 내담자는 자신이 '잘못' 했거나 '나쁘게' 행동했다고 상담자가 자신을 비난하려고 하는 말로 받아들이기 쉽다. 설령 상담자가 그런 뜻으로 사용하지 않았다해도 내담자는 그런 뜻으로 이해할 수도 있다. 왜냐하면 대부분의 내담자는 '왜' 라는 말이 비난이나 힐책을 의미하는 환경에서 성장해 왔을 것이기 때문이다. "왜 너는 맨발로 다니니?", "왜 너는 공부하기 싫어하니?", "왜 너는 어른들 말씀을 듣지 않니?" 등의 질문에서 볼 때도 '왜' 라는 말은 비난이나 힐책을 의미하는 것으로 쓰였다.

이런 점에서 대개의 내담자는 '왜' 라는 말을 들을 때마다 자신을 방어하거나, 그 상황에서 회피하려 하거나, 혹은 공격적으로 될 가능성이 있다. 이것이 상담에서 '왜' 라는 말을 피해야 하는 가장 큰 이유이다.

상담자: 오늘 수업시간에 '왜' 장호에게 이야기를 했지?

내담자: 전 하지 않았는데요…… 저는 장호에게 이야기를 하지 않았어요.

상담자: 하지만 나는 오늘 수학시간에 네가 그 애에게 말을 거는 것을 보았는데.

내담자: 아무 것도 아니예요. 다시는 안 그러겠어요. 나는 그저 장호에게 뭘 좀 물어보려고……

상담자: 아니야, 너를 야단치려는 뜻이 아니라 단지 왜 그랬는지 이유를 알려는 것 뿐이야. 너도 알다시피 그 애가 우리 반으로 전학온 후로 너희들은 쭉 그 애를 무시해 왔잖니? 그래서 네가 그렇게 이야기를 건네는 것을 보고 기쁜 나머지……

위의 예문에서 보면 상담자의 의도도 좋았고 상담의 내용이 크게 잘못 되지는 않았다. 그러나 '왜'라는 질문 대신 "장호에게 얘길 건네는 것을 보았는데 너희들 사이가 전과 달리 혹 무슨 변화가 있는 것이 아닌지 궁금하구나"라고 처음부터 이야기를 했었더라면 이런 사태(변명, 또는 이야기가 길어짐)는 쉽게 피할 수 있었을 것이다.

상담자는 '왜'라고 상당히 쉽게 물으나 내담자가 이에 대답하기는 상당히 힘들다. 왜냐하면 내담자로서는 실제로 자기가 왜 그랬는지를 몰라서 당황하기도 하고 답변을 더듬어 찾아야 하기 때문이다. 또는 대답을 할 수 있음에도 불구하고 대답의 내용을 숨기고 싶기도 하고 혼란 상태에 빠져있거나 부끄러워하고 있을지도 모른다. 이렇게 해서 설혹 상담자가 어떤 반응을 얻게 되었다 해도 얻은 답변에 비해 잃은 것이 더 많을 경우가 있다. 즉 내담자로 하여금 마음의 진실을 열어 젖히게 하기보다는 닫도록 하고 지면하게 하기보다는 빙어하도록 하는 경우가 되고 만다.

앞에서 질문의 형태로 6가지 유형을 들어 그 특성을 소개하였다. 간접 질문은 질문 같지는 않지만 답을 요구하므로, 정보를 수집하기 위해 어쩔 수 없이 많은 질문을 하게 되는 초기 면접에 유용하다. 우회 질문은 내담자의 자존심을 손상시키지 않으면서 논의 주제를 찾아나갈 때 유용하다. 이중 질문은 내담자로 하여금 엉뚱한 답을 하게 하여 상담자가 원하는 정보를 얻지 못하게 하며, '왜' 라는 질문은 추궁의 의미가 포함되어 내담자를 위축시킨다. 무엇보다도 질문은 내담자로 하여금 공개적이고 구체적으로 자기의 정보를 드러내 탐색하게 하는 데 목적이 있으므로, 질문은 개방 질문의 형태로 구체적 사항을 다루어야 한다.

먼저 다음에 제시되는 질문 반응들이 바람직한 질문 반응인지 아닌지를 가려보는 연습을 해보자. 제시된 질문 반응을 보고 바람직한 질문 반응이면 ( )에 +를, 바람직하지 못할 때는 −를 하고, 그 질문 반응이 바람직하거나 바람직하지 못한 이유를 기록하시오.

> **보기**
> "영순이와 나는 최근에 사이가 좋았다 나빠졌다 하는 상태입니다. 우리 사이가 좋을 때 그건 굉장해요. 함께 점심을 먹고, 쇼핑을 가지요. 시시콜콜한 것들까지 함께 행동합니다. 그러나 때때로 걔는 나와 뜻이 맞지 않은 것 같아요. 있잖아요. 걔가 나를 피하려고 해요. 그러나 그게 쉽지는 않지요. 내가 계속 따라다니거든요. 요즘 한 이 주일 동안 걔는 상당히 저를 피하는 것 같았어요. 걔가 왜 그러는 지는 잘 모르겠어요. 우리 둘이 차이점이 있다면 걔는 조용한 편인데 나는 좀 시끄러운 편이란 것이지요. 그러나 보통 때는 그런 차이점들이 문제가 되진 않거든요."

(−) 가. "당신은 왜 그녀를 계속 따라다니나요?"

　　이유: '왜' 라는 질문으로 내담자를 추궁한다.

(+) 나. "어떤 때 그 차이점이 문제가 되나요?"

이유: 개방적이다.

(−) 다. "조용한 것은 무엇이고 시끄러운 것은 무엇이죠?"
　　　이유: 이중적이다.

(+) 라. "점심을 먹을 때 그 차이점이 어떻게 드러나나요?"
　　　이유: 점심을 먹을 때를 지적하여 구체적이다.

(−) 마. "최근에 그렇게 문제가 되고 그 전에는 좋았죠?"
　　　이유: 폐쇄적이다. '예' 아니면 '아니요'로만 대답을 할 수 있다.

1. 35세인 남자 내담자가 말한다.

　"나는 아내와의 관계에서 무엇이 잘못됐는지 알 수가 없습니다. 아내가 원하는 것이면 무엇이든지 해 주었습니다. 나의 모든 잘못을 인정했습니다. 나는 아내의 잘못이라고 생각되는 것이라도 기꺼이 내탓으로 돌리기까지 했습니다. 이제 나는 이래도 안되고 저래도 안되는 꼼짝달싹할 수 없는 지경에 빠졌습니다."

(　　) 가. "당신의 잘못은 무엇이고 그녀의 잘못은 무엇입니까?"

• 이유: _____

_____

(　　) 나. "당신은 그녀가 원하는 일 어떤 것들을 했나요?"

• 이유: _____

_____

(　　) 다. "당신은 왜 그러한 노력들을 부인에게 말하지 않나요?"

• 이유: _____

_____

(　　) 라. "당신이 잘못했다고 아내에게 말할 때 아내는 어떤 반응을 보였나

요?"

- 이유: _____
  _____

(   ) 마. "자녀가 없으신가요?"

- 이유: _____
  _____

2. 생활에 여러 가지 문제를 지닌 50세의 남자가 말한다.

"마음이 편치 않아도 나는 과거에 내게 있었던 일들을 되새겨보고 지금 내게 일어나고 있는 일들을 곰곰이 생각하지 않을 수 없습니다. 지난해에는 술을 많이 마셨지요. 지난 몇 년 동안 나는 결혼생활을 망쳐놓는 일들을 많이 저질렀습니다."

(   ) 가. "예를 들어 어떤 일들이 결혼생활을 망쳤습니까?"

- 이유: _____
  _____

(   ) 나. "왜 곰곰이 생각해야 하나요?"

- 이유: _____
  _____

(   ) 다. "지난 해에는 어떻게 해서 술을 많이 마시게 되었나요?"

- 이유: _____
  _____

(   ) 라. "지난 해에는 술을 마시게 하는 무슨 일이 있었군요?"

- 이유: _____

_____

(   ) 마. "현재는 부인과의 관계가 어느 정도인가요?"

• 이유: _____

_____

3. 43세인 대학교수가 자기 친구인 상담자에게 말한다.

"그래, 내가 일을 많이 한다는 것은 자네한테 새로운 이야기가 못되지. 문자 그대로 아침에 일어나서 '자, 오늘은 좀 쉬자. 내가 하고 싶은 대로 해보자!' 라고 중얼거리는 날은 하루도 없어. 이렇게 말하다 보니 좀 끔찍하게 들리는군. 지금까지 한 10년 동안 그런 식으로 살아왔어. 이러한 내 생활에 무언가 조치를 취해야 될 것 같애. 분명히 내가 선택할 수 있는 문제라고 생각해. 내가 원하는 일을 자유롭게 하고 싶어."

(   ) 가. "지금 바로 원하는 것은 어떤 일인가?"

• 이유: _____

_____

(   ) 나. "왜 그렇게 휴일도 없이 일을 해야만 했나?"

• 이유: _____

_____

(   ) 다. "말은 그렇게 해도 자네가 생활 태도를 쉽게 바꾸겠나? 안그래?"

• 이유: _____

_____

(   ) 라. "자유롭게 하고 싶은 대로 한다는 말은 어떻게 하고 싶다는 것인가?"

• 이유: _____

_____

(　) 마. "벌써 10년이나 되었단 말인가?"

• 이유: _____

_____

4. 대학원 1년생이 상담자에게 말한다.

"나는 열의가 없는 편입니다. 성적은 평균 아니면 조금 낮은 편이죠. 내가 하려고만 했다면 더 잘 할 수 있었다는 것을 알고 있습니다. 나는 학교와 교수들에 대해 왜 그렇게도 실망을 하게 되었는지 알 수가 없어요. 그건 나답지 못해요. 내가 기억을 할 수 있는 한 어릴 때부터 나는 공학도가 되고 싶어했지요. 공학도가 무엇인지 알지도 못한 초등학교 때부터 말이죠. 그러니 이론상으로 보면 내가 원하던 공학을 전공하여 대학원에까지 다니니까 행복해야 될 것 같은데 실상은 그렇지가 못해요."

(　) 가. "왜 어릴 때부터 공학도가 되기를 원하셨나요?"

• 이유: _____

_____

(　) 나. "어릴 때부터 공학도가 되기를 원하는 어떤 이유라도 있었나요?"

• 이유: _____

_____

(　) 다. "어릴 때 꿈꾸던 것을 이루면 반드시 행복해져야 한단 말이죠?"

• 이유: _____

_____

(　) 라. "어떤 실망이 가장 큽니까?"

• 이유: _____

_____

( ) 마. "혹시 수학에 자신이 없는 것은 아닌가요?"

• 이유: _____

_____

5. "갈 때부터 서로 마음이 안맞았는데, 제가 부자연스럽게 호응한 것 같아요. 돌아올 때 어느 곳을 들려 오기로 했는데 친구가 걷자고 했어요. 그런데 나는 힘들다고 버스를 타자 했더니 친구가 자신만 생각지 말라고 해서 말다툼이 있었어요. 별로 친한 친구가 아니라서 그랬던 것 같아요."

( ) 가. "최근에 사귄 친구이기게 약간만 의견이 달라도 다투게 된단 말인가?"

• 이유: _____

_____

( ) 나. "친한 친구였더라면 어떻게 하였을 거라고 생각하나?"

• 이유: _____

_____

( ) 다. "자네가 부자연스럽게 호응했다는 것은 무슨 말인가?"

• 이유: _____

_____

( ) 라. "갈 때부터 부담을 가진 사람은 바로 자네 아닌가?"

• 이유: _____

_____

(　) 마. "버스를 타자는 제의에 친구는 왜 자신만 생각지 말라는 말로 대답
　　 했을까?"

　• 이유: _____

　　　　 _____

6. "한마디로 여러 여자들과 만날 수 있었는데, 저 자신의 소외감 때문에 여자
　 들과의, 특히 그녀와의 교제 기회를 놓쳤다는 생각이 들어요. 그래서 앞으로
　 는 다른 방식으로 할 수 있을 것 같아요."

(　) 가. "다른 방식이라면 어떤……?"

　• 이유: _____

　　　　 _____

(　) 나. "과거에 느꼈다는 소외감은 어떤 것이며 또 앞으로 어떻게 하겠다는
　　　　 거지?"

　• 이유: _____

　　　　 _____

(　) 다. "소외감이 어떻게 교제 기회를 놓치게 하였나?"

　• 이유: _____

　　　　 _____

(　) 라. "소외감이 왜 교제 기회를 놓치게 했나?"

　• 이유: _____

　　　　 _____

(　) 마. "적극적으로 교제하겠다는 말인가?"

　• 이유: _____

_____

7. "나는 이번 학기에 학과 공부가 뒤떨어졌는데, 어떻게 따라가야 할지 모르겠어."

(　　) 가. "무슨 과목을 수강하는데?"

　• 이유: _____

_____

(　　) 나. "학과 공부하기가 힘든 이유라도 있었니?"

　• 이유: _____

_____

(　　) 다. "어떻게 공부하고 있는데?"

　• 이유: _____

_____

(　　) 라. "왜 공부를 못했니?"

　• 이유: _____

_____

(　　) 마. "무슨 일이 있었구나."

　• 이유: _____

_____

8. "요새는 공부도 하고 강의에도 들어가거든요. 지난 번 대구에 다녀오기 전만 해도 대학생이 아니라고 생각했고 여기 있는 것이 실감이 나지 않았어요. 휴학이나 자퇴를 생각했는데 막상 대구에 가서 며칠 있는 동안에 서울

에 있어야 할 이유가 있다고 느꼈어요. 그리고 언니와 같이 올라오게 되었는데 그 후 더욱 서울에 있어야 한다고 느꼈어요."

(　　) 가. "전에는 왜 못 느꼈을까?"

　• 이유: _____

　　_____

(　　) 나. "서울에 있어야 하는 이유는 어떤 것인지 궁금하군요."

　• 이유: _____

　　_____

(　　) 다. "집에 며칠 내려가 있는 동안 많은 생각을 했나 보군요."

　• 이유: _____

　　_____

(　　) 라. "언니와 같이 있는게 ○○씨에게 서울에 있어야 한다고 느끼게 했나요?"

　• 이유: _____

　　_____

( ) 마. "언니가 어떤 역할을 하는 것 같군요."

　• 이유: _____

　　_____

9. "저는 어떤 고민이 생기거나 문제가 생기면 굉장히 우울해지고 만사가 귀찮아질 정도로 막 그렇게 되거든요. 다른 일을 하고 있어도 계속 그 일이 머리에서 떠나질 않고, 뭐 이런 식으로 안절부절 못한다거나 이런게 심하거든요. 기분이 아주 나빠져 잘 회복이 되지 않아요. 그런데 다른 사람을 보면 그럴

지 않은 것 같아요."

(   ) 가. "최근에 그렇게 기분 전환이 안되었던 경우는 언제였나요?"

  • 이유: _____

_____

(   ) 나. "다른 사람은 안 그런데 왜 ○○씨만 그럴까요?"

  • 이유: _____

_____

(   ) 다. "남들은 어떤데요?"

  • 이유: _____

_____

(   ) 라. "어떤 경우에 회복이 안되고 그래요?"

  • 이유: _____

_____

(   ) 마. "한 달 정도 회복이 안되고 그러나?"

  • 이유: _____

_____

10. "우선 스스로 선입견 같은 것을 버려 보려고 생각하고 있는데…… 사람들에게 많이 기대를 하고, 또 거기에 못 미쳤을 때 실망하고 그런 경우가 참 많이 있고, 지금은 좀 많이 그런 선입견 같은 게 없어졌긴 한데, 그래도 역시 그런 생각들, 그러니까 어떠 어떠할 것이라는 그런 생각들……"

(   ) 가. "사람을 처음 봤을 때 선입견을 가지게 된다구요?"

- 이유: _____

_____

(   ) 나. "기대하고 실망했던 경험이 많이 있었군요?"

- 이유: _____

_____

(   ) 다. "그 여학생과 만났을 때 어떤 선입견이 있었나요?"

- 이유: _____

_____

(   ) 라. "전에는 좀 심했군요?"

- 이유: _____

_____

(   ) 마. "전보다는 선입견이 없어졌나본데, 어떻게 그런 변화가 생겼나?"

- 이유: _____

_____

11. "불안해요. 이런 얘기하니까 약간 답답하고, 걱정되고, 다시 장래 문제가 생각되고, 내가 생각하는 장래의 내 이미지가 남에게 초라해 보일 수 있단 생각이 들고, 장래를 생각하면 불안해요. 그대로 대학에 머물러 있었으면 좋겠어요. 조그만 일에 신경쓰이는 것도 좀 덜한 것 같은데, 자신감을 가지려 하거든요. 마음이 불안해요. 이 문제를 생각할 때마다 여전히 불안해요."

(   ) 가. "불안하다는 게 어떤 거예요?"

- 이유: _____

_____

(   ) 나. "○○씨가 생각하고 있는 장래의 이미지가 어떤 것인데요?" 왜 그
        것이 남에게 초라하게 보이나요?

  • 이유: _____

_____

(   ) 다. "자신감을 가지려 하는데 그게 안되나요?"

  • 이유: _____

_____

(   ) 라. "장래에 대해 자신감을 갖는다면 어떻게 되는 것을 말하나요?"

  • 이유: _____

_____

(   ) 마. "이 문제가 ○○씨를 왜 불안하게 만드나요?"

  • 이유: _____

_____

연습 24   질문 반응 연습

연습 23에서는 어떤 것이 바람직한 질문 반응인지를 선택하고, 왜 그것이 바람직한지에 대한 이유를 적어봄으로써 질문 반응들을 익혔다. 이제는 주어진 반응예에 적당하면서도 바람직한 질문 반응을 직접 적어보는 연습을 한다. 그 질문 반응의 기능과 특징이 무엇인지 생각하며 질문 반응을 해 보시오.

1. 한 교사가 다른 교사에게 말한다.

"김선생님이 지난 시간에 우리반 교실에서 미술 수업을 하셨어요. 그런데 제가 김선생님을 인간적으로 좋아하긴 합니다만, 그가 그 시간이 끝난 후에 교실을 어떻게 해 놓은 채로 나가셨는지를 선생님께서도 보셨어야 했어요. 김선생님께 어떻게 이야기를 해야 할지 모르겠어요."

• 질문 반응: _____

_____

2. "저는 외출할 때면 꼭 어디로 가는지, 누구와 만나는지, 그리고 몇 시에 귀가할지를 엄마에게 보고해야 합니다. 너무 너무 지겹고 답답해요."

• 질문 반응: _____

_____

3. "다른 곳에 사시는 저의 시아버지께서 다음 주에 우리집에 오셔서 한 달 정도 계실 예정이시랍니다. 그런데 그 분이 술을 제발 많이 마시지 않으시면 좋겠어요. 아무리 친손자라지만 아이들에게 나쁜 영향을 미칠 거라는 건 뻔하거든요."

• 질문 반응: _____

_____

4. "선생님, 저는 이번 학기 동안 매번 시험 때마다 꼭 이런 두통을 앓아 오고 있습니다. 그런데 그것은 제가 이번 학기에 좋은 성적을 따려고 노력을 하는데 겪는 스트레스 때문인가봐요."

• 질문 반응: _____

_____

5. "어머니가 미워요. 나에겐 무관심했거든요. 주의를 기울이지 않아요. 그러다가 어떤 때는 지나치게 관심을 기울이는 척하지요. 어머니 마음에 들게 하는 것이 싫어요."

- 질문 반응: _____
  _____

6. "사실은 저도 저의 욕구를 제대로 파악하지 못했을지 몰라요. 제가 언뜻 느끼기에는,…… 글쎄, 육체적인 접촉을 원하는 건지?…… 글쎄요. 정신적인 접촉을 요구하는 건지 모르겠지만요. 둘 다 상당한 비중을 차지하는 것 같아요."

- 질문 반응: _____
  _____

7. "오해받으면 걱정을 많이 해요. 처음엔 못 깨닫는데, 상대방의 얼굴 표정만 봐도 불안해지고, 집에 와서 생각하면 부담스럽고, 해명하고 싶은데 해명하기도 우습고, 아무 조치도 취하지 않고 마는데 얼마동안은 마음이 답답하죠."

- 질문 반응: _____
  _____

8. "음, 그러니까 대학생 친구들이랑은 그런 얘길 안하는데, 고등학교 동창들을 오랜만에 만나잖아요. 그러면 "넌 옛날에 그랬었다"고 말을 해요. 좀 어떤 애들이 공부도 열심히 하고, 그러면 이런 부류의 애들을 싸잡아서 이기적이라고 해버리거든요. 그런 애들은 그렇다고 말을 하면서 나도 그들 속에다 넣는 거예요. 그럴 때면 친구가 날 공격하고 있다는 느낌이 들어요."

- 질문 반응: _____
  _____

9. "어, 저번에 3월말쯤엔가에 미팅을 한 번 했었거든요. 그런데 그때 당당히…… 물론 지금 상태에선 그 뒤에 한 번 더 만났었고 학보도 두 번인가 부쳤었고 그 뒤에 시험 끝나고 나서 오늘 다시 만나기로 했는데…… 어쨌든 그 쪽에서나 나나 친구 정도면 편하겠다라고 생각하는데, 그러면서도 과연 그게 친구로 지속될까하는 생각을 하면, 괜히 부담스럽다는 생각이 들었어요."

• 질문 반응: _____

_____

10. "결국은 도덕이나 규범이나 이런 것들이 나만이 그런 교육을 받은 것은 아니었을테고, 그런 것들에 의해서 내 행동들이 제약을 받는 것이…… 어떤 나라는 것이, 나를 규제하고 있는 것이, 나를 억누르고 있는 것이 어떤, 아까 말한 도덕이니 관념이니 하는 것들이, 규칙들이라기보다는 오히려 나라는 그런 생각들……"

• 질문 반응: _____

_____

통합적 연습

우리는 지금까지 공감적 이해를 비롯하여 질문에 이르기까지 모두 10가지의 반응을 살펴보고 연습을 하였다. 지금까지는 반응 유형 하나하나를 개별적으로 연습하였지만 여기서는 내담자의 반응을 보고 가정 적절하다고 여겨지는 반응을 통합적으로 연습을 한다.

연습 25 통합적 면접 연습 (1)

다음에 제시되는 10개의 내담자 반응들에 대해 앞에서 연습을 해왔던 반응들 중에서 가장 적절하다고 생각되는 반응을 골라 해보고, 왜 그 반응을 선택하게 되었는지를 적어보시오. 보기를 참고로 할 수 있다.

> **보기**
>
> 지방 출신의 대학 2학년생이 다음과 같이 말한다.
>
> "제가 촌 학교 출신이라는 것을 드러내놓고 말하지는 않지만, 과 아이들이 나를 백안시하는 걸 느낍니다. 마주치면 대충 인사 정도는 하는데, 무슨 일이든 같이 끼워주지는 않거든요. 내가 마치 모자라는 놈처럼 취급받는 기분이에요. 그런 애들이 아주 싫지요."
>
> 반응: 공감적 이해와 구체적 반응

"단지 촌 학교 출신이라는 이유로 열등한 대우를 하는 같은 과 친구들에게 일종의 적개심이랄까, 쓸쓸하기도 하고 화가 치밀게 될 것 같군요. 그런 기분이 들게 되는 구체적 장면이나 상황에 관해 말해주겠어요?"

이유: 내담자로 하여금 주로 경험하는 정서 내용이 무엇이며, 그 정서가 주로 일어나는 장면이 무엇인가에 관한 자각을 구체적으로 갖도록 도와준다.

1. "매사가 우울한 일뿐이죠. 지난 번에도 말씀드렸지만, 학교에서 돌아가는 일도 그렇고, 책을 봐도 집중이 안되고, 친구들을 만나봐도 재미없구요. 대충 그래요."

 • 반응: _____
 _____
 _____

 • 이유: _____
 _____

2. "저를 보면, 사람들이 맏며느릿감…… 그렇게 보인다구요. 친구들도 그런 쪽으로 어울린다구요. 좀 고전적이랄까, 전형적인 옛날 여자같이. 아무리 괴로운 일이 있고 어려운 일이 있어도 안으로 삼키고 마는, 친구들도 그렇게 말하고 있어요. 밖으로 발산하는 일이 필요하다느니……"

 • 반응: _____
 _____
 _____

 • 이유: _____
 _____

3. "시험이 앞에 닥쳐서 그게 저한테 불안감을 많이 주는 것 같아요. 한번도 시험에 실패해 본 경험이 없기 때문에 그거에 대해서는 참 자신이 없어요. 그런……, 제가 맞아들인다는 게……"

- 반응: _____

_____

_____

- 이유: _____

_____

_____

4. "자꾸 남에게 신경이 쓰여가지고 내가 내 할 일을 못한다든가, 내가 할 공부를 못한다든가……, 그런 자신의 모습이 참 싫었어요. 스스로 기분도 참 나빠했고요. 특히 남자들과는 같이 얘기하고 싶지도 않았지요."

- 반응: _____

_____

_____

- 이유: _____

_____

_____

5. "그러니까 한계를 긋거나 "나도 권리가 있다"고 느끼는 것이 저한테는 무척 어려웠어요. 그래서 늘 도움을 받아보기 어려운, 멀리 떨어진 곳에서만 살았던 거죠."

- 반응: _____

_____

_____

- 이유: _____

_____

_____

6. "그 여자와 헤어진 일을 잊을 수가 없어요. 다시는 누구와도 만나지 않겠어요. 그녀는 제가 사랑할 수 있었던 유일한 사람이었는데 내 인생은 이제 파멸이에요."

· 반응: _____

_____

_____

· 이유: _____

_____

_____

7. "정말 멋진 남성을 복도를 지나다가 마주치게 되었는데, 그 사람은 나를 쳐다보지도 않고 제가 있는 것조차 알지 못했어요."

· 반응: _____

_____

_____

· 이유: _____

_____

_____

8. "여가 시간을 갖는게 두려워요. 시간을 누구와 어떻게 보낼 것인지 모르기 때문에 많은 시간을 소비하고, 그래서 계획을 잘 해나가지 못한다고 생각해요."

· 반응: _____

_____

_____

· 이유: _____

_____

_____

9. "그러니까…… 저는 처음에는요. 적성 검사를 위주로…… 무조건 뭘 해야 하다는 그런 생각보다는 내가 무엇을 가장 잘 할 수 있는가를 내가 스스로 결정을 못 내리는 것 같았거든요."

- 반응: _____

  _____

  _____

- 이유: _____

  _____

  _____

10. "그러지 않아도 제가 맨날 주장하는 것이 여자들도 좀 군대에 갔으면 좋겠다는 생각이 많이 들어요. 여자들이 군대가 없으니까 집을 떠날 기회도 없고 또 경제적인 것에 대해서 직접적으로 몸에 부딪치는 것도 없고 그러다 보니까…… 엉덩이가 무거워지는거죠(웃음)."

- 반응: _____

  _____

  _____

- 이유: _____

  _____

  _____

이제는 한 회기의 상담을 내담자 반응만 제시한다. 맥락에 맞게 반응하려고 애쓰지 말고 내담자 반응 하나하나에 초점을 맞추어 상담자 반응을 해보시오. 제시한 상담 축어록[4]의 내용 맥락에 관심을 둘 필요는 없다. 이 연습의 목적은 앞에서 연습한 모든 반응을 통합적으로 적용해 보는 것과 상담 회기 전체를 경험해 본다는 데 있으므로, 지루하지만 끝까지 해보기를 권한다.

내1: 글쎄요. 요즘 전혀 공부를 할 수 없다는 거 하고요……, 그리고 또 안정이 안 돼서 어디에 주의 집중 같은 것이 전혀 되지도 않고…… 그래요. (쓴 웃음)

상1: _____

_____

내2: 그런 것도 있고, 뭐랄까 시험이 앞에 닥쳐서 그게 저한테 불안감을 많이 주는 것 같아요. (음, 음) 한 번도 시험에 실패해 본 경험이 없기 때문에 그거에 대해서는 참 자신이 없어요. 그런……, 제가 맞아들인다는 게…….

상2: _____

_____

내3: 음, 석사 자격 종합 시험……

상3: _____

내4: 예, 다른 때 같지 않고 자신도 없고, 그냥 실패할 것 같아요. 특히 그 실패한다는 것에 대해서, 내가 실패했다는 걸 남들한테 보여준다는 것 자체가

---

4) 이 축어록은 상담심리 전문가 상담 면접의 실습 교육을 위해 제작한 상담 녹화 자료 중의 일부를 발췌한 것이다. 처음의 축어록은 이장호(1986)의 「상담심리학 입문」에 수록되어 있다.

참 싫어요.

상4: _____

_____

내5: 별로 많이 못했어요.

상5: _____

_____

내6: 한, 한 달 반……, 거의 한두 달 전부터 시작이 됐던 것 같아요.

상6: _____

_____

내7: 예, 그래서 굉장히 아팠는데, 특히 아픈데 학교에 오면, 더욱 많이 아팠던 것 같아요.

상7: _____

_____

내8: 우선 자신감을 잃게 될 것 같아요.

상9: _____

_____

내9: 내가 앞으로 나가고자 하는 방향이라 할까, 공부에 대해서 유달리, 집념이 강했다고, 그래서요. (음) 제가 내학원 들어올 때도 모든 식구들이 반대를 했고, 그리고 저의 형제, 많은 형제 중에서도 대학원을 간 사람은 오빠랑 저인데요, 여자가 간다는 거에 대해서는 아버지가 굉장히 반대를 많이 하셨어요. (음) 뭐라 그럴까 공부밖에는 내가 할 게 없다라는 생각……, 물론 잘하지는 못했지만, 거기에 대해서 지나치게 가치를 많이 두었던 것 같고, 그리고 오빠한테 지지 않겠다는 생각이 많았던 것 같아요.

상9: _____

_____

내10: 그렇게 느끼게 되면 자신이 굉장히 비참해질 것 같고, 그런 것을 느낀다는 내 자신 때문에 더욱 속상할 것 같아요.

상10: _____

_____

내11: 아마 생활을 잘 못할 것 같아요.

상11: _____

_____

내12: 그렇겠죠…… 흐흥 (긴 한숨 소리). (긴 침묵 45초) 전에는 옆에서 누가 무슨 책을 보냐고 물어 봐도, 책을 못 봤어요. (한숨) 그 책을 덮고 딴 책을 보게 되고.

상12: _____

_____

내13: 그런 거죠, (잘 안들림). (12초 침묵) 자꾸 이렇게 나한테 신경이 쓰여가지고 내가 내 할 일을 못한다든가, 내가 할 공부를 못한다든가……, 그런 자신의 모습이 참 싫었어요. 스스로 기분도 참 나빴했고요. (한숨) 특히 남자들이 그런 걸 얘기할 때는 같이 얘기하고 싶지도 않았지요. (침묵 33초)

상13: _____

_____

내14: 좀 답답해요.

상14: _____

_____

내15: (한숨) 글쎄요, (한숨) 모든 게 그냥 꽉 막혀 있는 것 같군요. (음) 다 끄집어 냈으면 좋겠는데 잘 끄집어 내지지 않는 것 같고…….

상15: _____

_____

내16: 벗어나고 싶어요. 좀.

상16: _____

_____

내17: 몸엔 힘이 들어가요.

상17: _____

_____

내18: 그냥 벗어나고 싶다는 느낌이 꽉 차 있는 것 같아서⋯⋯.

상18: _____

_____

내19: 글쎄요. 자꾸 얘기를 해야지라든가, 그러지 말아야 되겠다는 생각이 꽉꽉 들어차는 것 같아요. (음), (한숨) 참 보이기 싫었어요. 저 자신이⋯⋯.

상19: _____

_____

내20: 오빠하고 싸울 때도 그랬고요. (긴 침묵 32초) 으-흐-흠- (긴 한숨 소리).

상20: _____

_____

내21: 그래요 오빠랑 싸운 생각이라든가, 오빠가 지배했다는, 그런 행동 같은 걸 생각하면 그냥 속상하고 답답해요.

상21: _____

_____

내22: (한숨) 물컵을 식탁에다 안 갖다났다고 야단을 치니, 그것도 아침에 학교에 가려 그러다가요. (한숨) 글쎄. 별거 아닌 것 같은데도 지나치게 야단을 치는데 가만히 보니까, 새언니한테 일거리를 시킨 것 때문에 야단을 치는 거, 그래도 그 동안은 오빠하고 싸우면 제가 많이 참고, 그냥 웃으면서 대하거나 그냥 꾹꾹 눌러 참고, 차근차근 얘기하자라든가 아니면 나중에 속상해서 제 방에 와서 우는 한이 있어도 큰소리 더 안내려고 그랬는데, 그날 아침에는 너무나 화가 나 화를 내고 나왔어요. 오빠가 나한테, 오빠에 대한 권위를 부리는 것도 괜찮지만은, 아니, 괜찮은 게 아니죠, 권위를 부리는 것도 못마땅하지만 새언니에 대해서 이해하는 것도 싫었어요. (떨리는 목소리)

상22: _____

_____

내23: 한 번도 보여준 적 없어요.

상23: _____

_____

내24: 내가 지나치게 경쟁적이 된 것은 아마 오빠 때문일지도 몰라요. 그렇게 오빠 때문이라고 내어붙이기도 싫고…… 항상 오빠한테 눌려 살아왔던 것 같아요. (음) 엄마·아빠는 오빠 얘기를 하면, (한숨) 아무 말도 안 해요.

상24: _____

_____

내25: 예상보다는 많이 나아졌지요. 그래도 (침묵 17초), (흐느끼는 소리), (침묵 7초)

상25: _____

_____

내26: 참아야 된다고 생각을 많이 했거든요, 오빠하고 부닥칠 때라든가 아니면 엄마가 속상해 하시면서 제 방에 와서 오빠 얘기를, 오빠가 들을세라(고조된 음성으로), 조심스럽게 얘기할 때 항상 저는 참아야 된다고 생각을 했어요.

상26: _____

_____

내27: 그래요.

상27: _____

_____

내28: 피해라는 생각은 아마 못할 거예요. 자신의 입장, 자신이 어떤 외아들이라는거, (한숨) 그러면서도, (한숨) 엄마, 아버지는 하나밖에 없는 내 자식이라고 아들은 항상 자식으로 취급하고 언니들이랑 저에 대해서는……, 딸이니까 시집을 가니까 (힘빠진 목소리로). 그래요 (긴 침묵 12초), (한숨), (침묵 8초). 나는 내가 오빠를 이기는 길이라고 그럴까……, 야단을 맞지 않는 길이라고 그럴까……, 아무튼 오빠한테 잘 보인다고…… (음) 그러니까, 내 자신이 원하는 그대로 드러낸다고 그럴까, 그런 의미에서는 내가 처신을 잘 해야 된다고 생각했어요. 하나에서 열까지 약점 잡히는거 없고……, 공부도 잘 해야 된다고 생각했고……, 실패하는 일이 없어야 되겠고……, 그리고 또 오빠가 요구하는 어떤, 집안에서의 여자의 역할……, 이것 저것 다 잘 해야 됐어요. (음), (침묵 12초)

상28: _____

_____

내29: (한숨) 학기 초에, 그러니까 대학원 처음 들어왔을 때, 거의 일주일에 한 번은, 제가 늦게 들어가는 것 때문에 싸웠어요. 나는, 공부를 위해서 그래야지 된다라고 생각을 하고, 오빠가 야단칠 쯤 해서는 집에 일찍 가고, 또 좀 늦게 갔다고 야단칠 쯤해서는 일찍 가고, 이런 눈치를 보이다가……, 그러나……, 그러다가 그것이 한 학기 두 학기 진행이 되어 오니까 그러려니 했어요. (침묵 21초)

상29: _____

_____

내30: (침묵 7초) 잘 모르겠어요.

상30: _____

_____

내₃₁: 그러니까 좀더 나은 해결 방식이 내가 참는 거든가, 그런 쪽으로 귀착이 된다는건 비참해질 것 같아요. 사실 난, 이제까지도 잘 참아왔거든요. (침묵 12초)

상₃₁: _____

_____

내₃₂: 계속 참아오니까 제가 너무 날카로와지는 것 같고 더 경쟁적이 되어버리는 것 같고.

상₃₂: _____

_____

내₃₃: 그랬으면 좋겠다는 생각이 많거든요. 그러나 저도 부모님을 생각하면 참게 되고요…….

상₃₃: _____

_____

내₃₄: 몇 번 그랬어요, (음) 그럴 때마다 엄마 앞에 무릎 꿇고 빌고 (침묵 14초), (한숨) 청산하고 싶다는 생각도 들고요. 어쨌든 빨리 시집이나 가버릴까 하는 생각도 듭니다. (침묵 16초) 그리고 엄마가 굉장히 불쌍한 것 같아요. (침묵 10초), (긴 한숨), (침묵 42초)

상₃₄: _____

_____

내₃₅: 그렇겠죠.

상₃₅: _____

_____

내₃₆: 글쎄요. 제가 오빠한테 너무 많은 걸 기대하는 건지 모르겠지만, 남들 집안의 남자처럼 전혀 듬직한 느낌도 안 들고요. (11초 침묵) 엄마한테도 좀 잘 해줬으면 좋겠는데, 새언니를 (한숨) 부인을 더 많이 위하는 것 같아요.

상36: _____
_____

내37: 남자 입장을 이해는 하지만, 또 엄마한테도 잘 해주고 새언니한테도 잘 해 주고 집안을 이끌어 나가는, 어떤 듬직한 그런 아들이었으면 좋겠어요.

상37: _____
_____

내38: 그렇게까지 바라지도 않아요.

상38: _____
_____

내39: 글쎄요……, 우리 엄마 표현으론 좌우간 철이 언제 들지 모르겠지만 좀 나이가 들면, 또 자신도 아버지가 되고, 그렇게 되면 이해를 할까.

상39: _____
_____

내40: 제가 자꾸 단념을 하게 된다고요. 그러나, 제 스스로 오빠에 대해서도 기대지도 않고, 바라지도 않고.

상40: _____
_____

내41: 바라는 것도 있는 것 같아요. 니 자신힌데는…….

상41: _____
_____

내42: 제가 오빠하고 싸우고 화낼 때, 그리고 나서 속상해 하고, 왜 남들 오빠처럼 동생한테 잘 해주지 못할까 하는 생각이 들 때도 있었어요.

상42: _____
_____

내43: 오빠가 해주지 못하면 다른 남자가 해주길 바라는 마음이 어쩌면 더 강할지도 몰라요.

상43: _____

_____

내44: 별 관심이 없으시죠, 뭐. (음), (16초 침묵)

상44: _____

_____

내45: (한숨) 없는 것 같기도 하고, (한숨) 그런 걸 보여 줘도 믿지를 못하는 것 같아요.

상45: _____

_____

내46: 그 전에는……, (한숨) 혼자 살아야 된다는 생각을 많이 했고 그럴 것 같았는데요.

상46: _____

_____

내47: 안주하고 싶다거나 좀 따뜻한 사랑 같은 것을 받아보고 싶고, 저 자신도 정성을 쏟아 보고 싶어요. (15초 침묵), (한숨), (28초 침묵)

상47: _____

_____

[연습 15의 답 예시] ···118~

1. ① 무엇이든 원하는 것을 하고 여자로서 자부심이 대단한 명희와는 달리 당신은 그저 부모가 시키는대로 살고 한 인간으로서의 대접을 받지 못했다는 거군요. 그러나 이제는 이를 무조건 받아들일 수는 없다는거죠.

② 무엇이든지 마음대로 다 해내는 명희와 비교했을 때 당신이 스스로 원하는대로 살지 않았다는 생각이 드시는군요.

③ 그러니까 당신은 무엇이든 원하는 것을 하고, 여자이기 때문에 위축되는 것 없는 친구를 보며 자신에 대해 많은 생각을 하게 되었다는 말인가요?

2. ① 그 요구가 있다는 것을 알아도 자연스럽게 표현하여 성취할 수가 없어서 괜히 자신과 몸을 들볶았구만.

② 이제까지는 그런 욕구가 있어도 자연스럽게 표현하질 못했군요.

③ 그것을 표현하고 싶은데 잘 안되서 마음 편하게 잠도 못자고, 몸도 피곤하게 했나봐요.

3. ① 어렵게끔 내가 원하는 대로 하게 되었는데, 이제는 스스로 결정해야 되니까 더 많은 고민과 생각을 하게 되고 그 책임감 때문에 마음이 무겁군.

② 이제까지는 그래도 당신의 생각대로 해왔던 부분이 많은데 시험에서 어려움을 겪으면서 혼란스럽게 느껴진 것 같아요.

③ 부모님 생각과는 다른 나의 길이라고 생각하고 계획해 왔는데 갑자기 선택의 자유가 주어지니까 오히려 혼란스러워졌다는 말인가요?

4. ① 비록 순종적으로 보이기는 해도 나름대로는 주관을 갖고 책임감있게 살아왔는데, 요즈음은 그렇지 않은가보지?

② 겉으로는 선생님이나 부모님께 나름 순종적인 듯 보였지만 자신에게는 더없이 엄격한 기준을 적용하고 있었군요.

③ 그냥 보기에는 선생님이나 부모님께 순종하면서도 자신의 삶에 대한 주관이 뚜렷했는데 요즈음은 안 그런가봐요.

5. ① 혹시나 하는 희망을 갖고 걔를 만났지만 그 희망이 일순간에 무너졌겠네.

머리로는 정리해야 된다고 생각하지만 역시 마음은 잘 안되는군요.

② 힘들어서 그 애를 찾아갔는데 오히려 상처만 받고 오게 됐네요.

③ 혹시 친구로 계속 지낼 수 있을까하고 만났는데 그마저도 안되고… 마음을 정리해야겠다는 생각은 드는데 잘 안되나봐요.

6. ① 가만 있자. 그저 미팅에서도 자신이 경계 대상인 듯 하고, 그렇다고 아주 사람을 회피하는 것도 아니고, 깊은 관계를 맺는 것에 대해서는 아주 회의적일 것 같군.

② 그 여학생이 당신을 경계하는 것 같기도 하고 왠지 겉모습만으로 오해를 받을 것 같기도 해서 여러 가지 생각이 많은 것 같아요.

③ 미팅을 별로 좋아하지도 않고 해서 안하다가 한 번 했는데, 아주 친해지기도, 친구로 남기도 쉽지 않아 회의가 드나보네.

7. ① 약점을 보여주면 무시당할 것 같고 전혀 없으면 경쟁적이라 거리감이 생길 것 같고, …… ○○씨는 사람을 만날 때마다 약점을 보일 것인가 말 것인가 하는 것 때문에 그 사람 말을 들어보지도 않겠네.

② 사람과 처음 관계를 맺을 때, 과연 이 사람에게 약점을 보여야 하나 말아야 하나 끊임없이 고민하고 계신 것 같네요.

③ 다른 사람들이 나를 어떻게 생각하느냐는 것에 신경이 많이 쓰이나보네. 약점을 보이면 무시당할 것 같고 그 반대면 경쟁적으로 될 것 같고 ……

8. ① 전에는 집에 대해서도, 다른 사람과의 관계에 대해서도 불안했는데 이제는 긍정적 변화가 생긴 것 같군. 뭔가 스스로 돌볼 수 있을 정도로 진지하게 삶을 돌아보고 있군요.

② 처음에 왔을 때보다 대인관계 면에서 많이 편해지고, 그러면서 자신을 전반적으로 돌아볼 수 있게 된 것 같아요.

③ 처음에는 친구나 대인관계, 집(가족) 걱정 때문에 불안했었는데, 이제는 자신에 대해서 보다 긍정적으로 생각할 수 있게 된 것 같네.

9. ① 아무리 형제지간이지만 돈 문제로 신세지는 것이 너무 부담스러웠던 것 같군. 그런데 솔직히 표현하고 정리를 하니까 훨씬 생산적이 되었단 말이지. 자부심이 대단한 것 같은데.

② 돈 문제에 대해서 어렵지만 솔직히 이야기를 하셨네요. 훨씬 마음이 편안해지신 것 같아요.

③ 형들이나 누나를 만날 때마다 신세지는 것 같아 부담스러웠는데, 마음을 털어놓고부터는 가고 싶을 때 마음 편하게 갈 수 있고 조카들과 놀아줄 수 있어 뿌듯해졌단 말이지?

10.① 그러니까 진정한 책임의식에 대해 새롭게 깨닫게 되었단 말인데, 뭔가 자신의 감정을 솔직하게 받아들이고 표현하는 것이 책임감있는 행동이라는 말이지요.

② 전에는 그다지 책임감이 많이 느껴지지 않았지만 이젠 책임감이 많이 느껴지시는 것 같군요.

③ 자신이 싫은 것도 억지로라도 끝까지 하는 것을 책임의식이라고 생각했는데, 이제는 좀 달라졌네요. 자신에게 솔직하고 그렇게 행동하는 것이 책임있는 행동이라는 말이죠?

[연습 16의 답 예시] ··· 126~

1. ① 감옥에서의 생활, 가족과 세상과의 접촉 방법, 5년 후의 갱생 생활에 대한 대책의 예

② 감옥에서의 재활방법, 앞으로의 장기적인 계획을 함께 짜보기

③ 수감생활에 대한 정보, 수감 중 5년 이후 삶을 위해 준비할 수 있는 훈련 프로그램(갱생 프로그램) 소개

2. ① 수술과정, 회복 단계의 노력, 수술 후의 예후

② 수술의 성공 가능성, 암의 수술에서 회복까지의 모든 과정에 대한 정보

③ 그녀가 걸린 암에 대한 발병률과 수술과정, 수술 후의 회복과정, 예후

3. ① 경찰에 신고하는 방법, 신고한 후의 일들, 임신여부를 확인하는 방법

② 강간사실을 신고했을 때의 이득과 손해, 신고 과정

③ 성폭행 피해자로서 신고할 때와 하지 않았을 때의 차이를 설명, 어떤 조치(임신확인, 경찰서 신고)를 취해야 할 것인지에 대한 정보 제공

4. ① 알코올 중독자의 증세

② 알코올 중독증의 신체적 증상, 극복 방법

③ 알코올 사용과 관련된 장애에 대한 정보를 제공. 예를 들면, 알코올 의존, 알코올 남용으로 진단되는 규준에 대해 설명해준다. 또한 알코올 사용에 따른 부작용에 대한 정보도 함께 제공.

5. ① 가정생활이 한 개인의 적응에 미치는 영향

　② 그의 변화된 패턴에 대한 전문적인 설명

　③ 가족 생활 주기에 따른 특성을 설명, 정신분열증에 대한 진단준거제시

6. ① 내출혈의 경과, 검사 종류와 방법

　② 내출혈의 경과와 수술시의 예후, 병원 생활과 검사, 수술과정에 대한 전반
　적인 정보

7. ① 마리화나가 신체에 미치는 영향, 마리화나 통제훈련의 소개

　② 마리화나를 끊는 방법

　③ 마리화나가 신체에 미치는 영향

8. ① 임신의 생리, 원하지 않는 아이의 출산이 아이와 엄마에게 미치는 영향

　② 성에 대한 전반적인 지식, 미혼모가 되었을 때 감당해야 할 책임

　③ 남녀의 성적 차이, 임신과정, 미혼모 보호시설에 대한 정보, 스스로 양육하
　지 못한 경우에 대비한 입양 등에 대한 정보

9. ① 상담자 훈련 프로그램의 목적, 방법에 대한 합리적 소개

　② 상담자 훈련 프로그램에서 취할 수 있는 이득, 효과

　③ 상담자 훈련 프로그램에 대한 전반적인 소개

[연습 17의 답] ··· 136~

반응예 ＼ 문항	가	나	다	라	마
1	1	3	4	5	2
2	3	4	1	2	5
3	3	1	4	2	5
4	2	4	3	1	5
5	1	2	3	4	5
6	1	2	3	4	5
7	1	3	2	4	5
8	5	1	4	2	3
9	5	1	3	2	4
10	1	2	3	4	5

[연습 18의 답 예시] ·· 140~

1. ① 화가 나는데 오히려 마음이 가라앉는다구요?

② 왜 화가 나는데도 마음이 가라앉을까요?

③ 화가 나면 흥분되고 어쩔 줄 몰라하는 게 보통인데 오히려 더 침착하게 된다구요?

2. ① 친구를 사귀고 싶은데 그게 제대로 되지 않을 때 스스로 합리화하고 있다는 것을 알고 계시는군요.

② 친구 사귀는 것이 생각처럼 쉽지 않을 때는 아예 친구따위 필요없다는 식으로 포기해버리시는군요.

③ 친구를 사귀려 애를 쓰다가 그것이 잘 안된다고 다른 사람들을 나쁘고 이기적이라고 생각하는 것은 자신을 더 고립시키는 것이 아닐까요?

3. ① 애인에게 발로 채였는데도 아무렇지 않게 지내고 싶으신건가요?

② 급작스럽게 헤어지자는 편지를 받는데 그렇게 쉽게 회복이 되세요? 지금은 어떠세요?

③ 충격이 상당히 클 것 같은데 괜찮다고, 곧 나아질 것이라고 말하는 것은 자신이 있다는 얘기인가요?

4. ① 너무 권위적이고 무심한 아버지가 혹시 사고로 일찍 세상을 떠났으면 하는 마음이 한구석에 있었는지 모르겠군.

② 물론 영화의 영향도 있었을 수 있지만, 어쩌면 아버지가 차라리 돌아가셨으면 좋겠다는 무의식적 소망이 꿈으로 나타난 건 아닌지 모르겠네요.

③ 혹시 마음 한구석에 아버지를 미워하거나 아버지가 없어졌으면 하는 마음이 있는 것 아닌가요?

5. ① 그럼에도 불구하고 당신을 상담을 하여 그 길을 찾고 있다고 생각되는군요.

② 물론 그 일들이 당신에게 버거운 일인 것은 확실합니다. 하지만 완전히 극복할 수 없는 일들일까요?

③ 절망 속에 있으면서도 당신은 길을 찾고 있는 것 같아요.

6. ① 당신은 나를 믿는다고 말하지만 당신의 속마음은 여전히 이야기하지 않는군요.

② 당신에게 있어서 형도 믿을만한 사람이겠지요? 그럼 이 상황에서 당신이 저에게 원하는 것이 있다면 어떤 것일까요?

7. ① 그런 말을 들으니 당황이 되기는 하는구나. 내가 당황하는 모습이 너에게

는 어떻게 보이지?

② 음… 그런 말을 들으면 내가 어떻게 느낄 것 같니? 그리고 그게 너에게 어떤 의미가 있을까?

③ 그 말이 나를 당황스럽게 하는데, 내가 당황할 때 너는 무슨 생각이 드니?

8. ① 교복이 너를 자유롭게 표현하지 못하게 한다구? 교복이 아니라 사복이라야 너의 개성을 표현할 수 있다는 생각인 것 같은데, 너는 어떻게 생각하니?

② 교복제도가 단지 너희의 자유를 구속하기 위해 만들어진 제도일까?

③ 교복을 입으면 너의 개성이 사라진다고 생각하는 모양이구나?

9. ① 방금 한 말은 사실이기보다는 네 생각인 것 같은데, 너는 어떻게 생각하니?

② 그 사람들에게 있어 당신은 어떻게 보일지 생각해보신 적 있으세요?

③ 왜 그렇게 생각하세요?

④ 어떤 이유로 그렇게 생각을 하나요? (현실검증 필요)

10. ① 결심이 대단한 것 같구나. 그런데 어떻게 해서든지라는 말이 마음에 남는구나.

② 너무 이상적인 목표를 세우는 것은 아닌지 모르겠다.

③ 중학교보다 고등학교 때가 더 어려울 것 같은데 각오를 단단히 한 것 같구나. 어떤 각오를 했니?

[연습 19의 답] ·· 148~

반응예 \ 문항	가	나	다	라	마
1	2	1	3	4	5
2	2	5	1	3	4
3	2	3	4	1	5
4	5	1	3	2	4
5	2	3	1	4	5
6	1	3	2	4	5
7	3	1	2	4	5
8	3	1	4	5	2
9	3	3	1	5	4
10	1	2	3	5	4

[연습 20의 답 예시] ·· 152~

1. 내가 당신을 돕고 있는지, 앞으로의 상담효과도 의심되어, 특히 지난주엔 우울했군요.

2. 내가 젊어서 경험이 많지 않을 것으로 짐작하고 나의 훈련배경과 자격을 확인하고 싶군요.

3. 어머니를 여읜 경험이 없는 나로서는 당신 심정을 이해 못할 것이란 생각이군요.

4. 사업가로 성공하여 장학생 찬조금을 기부하고 싶었으나, 지금처럼 학교선생으로 퇴직하여 품위 유지비도 없는 노인 신세입니다.

5. 코앞의 시험인데 뜻대로 집중되지 않는 자기 모습에 고민되시는군요. 나도 같은 고민을 두세 번 했지요.

【권고-유의사항】
"다음 6~10번에 대해서는 학습자 그룹에서(1~5번 답 예들을 참조) 가장 바람직한 해답(안)을 선정, 토의적 합의를 거쳐 기록할 것을 권고합니다. 해답안 선정의 문제 및 의문점에 관해서는 연락이 접수되는 대로 '교본 저자'(mjkeum@daegu.ac.kr)가 직접 자문해 드릴 예정입니다."

[연습 21의 답] ·· 161~

반응예 \ 문항	가	나	다	라	마
1	4	5	1	2	3
2	1	2	4	3	5
3	1	3	2	4	5
4	1	2	3	5	4
5	1	3	4	5	2

【권고-유의사항】
"다음 6~10번에 대해서는 학습자 그룹에서(1~5번 답 예들을 참조) 가장 바람직한 해답(안)을 선정, 토의적 합의를 거쳐 기록할 것을 권고합니다. 해답안 선정의 문제 및 의문점에 관해서는 연락이 접수되는 대로 '교본 저자'(mjkeum@daegu.ac.kr)가 직접 자문해 드릴 예정입니다."

[연습 22의 답] ·· 164~

1. 나와 같은 성품을 좋아하는구나. 그리고 저녁 대접을 하고 싶다구.

2. 학생 측 잘못을 전혀 용서하지 않는 선생님을 전에 겪었는데, 이 학교에도 그런 선생님이 계시리라고 생각한다는 말인가보군.

3. 서울 사람들은 이기적이고 거리감을 느꼈는데, 나도 그런 서울 사람인지 궁금한 모양이구나.

4. 당신과의 상담에 집중하지 못할 정도로 걸려오는 전화 등, 내가 다른 일들에 신경 쓰는 것에 지금 불편하시군요.

5. 다른 선생님들과 협력하는 새 교육방식이 지금은 기대만큼 도움이 되지 않는다는 말이군요.

> 【권고−유의사항】
> "다음 6~10번에 대해서는 학습자 그룹에서(1~5번 답 예들을 참조) 가장 바람직한 해답(안)을 선정, 토의적 합의를 거쳐 기록할 것을 권고합니다. 해답안 선정의 문제 및 의문점에 관해서는 연락이 접수되는 대로 '교본 저자'(mjkeum@daegu.ac.kr)가 직접 자문해 드릴 예정입니다."

[연습 23의 답] ·· 177~

1. (−) 가. 이중적 질문− 부적절
   (+) 나. 구체적, 개방적 질문− 적절
   (−) 다. '왜'라는 질문− 부적절
   (+) 라. 구체적, 개방적
   (−) 마. '예, 아니오'의 제한성− 부적절

2. (+) 가. 개방적
   (−) 나. '왜' 질문
   (+) 다. 개방적
   (+) 라. 개방적
   (+) 마. 개방적

3. (+) 가. 개방적
   (−) 나. '왜' 질문

(−) 다. 제한적

(+) 라. 개방적

(+) 마. 구체적

4. (−) 가. '왜'의 질문

(−) 나. 즉시성 결여

(−) 다. 제한성

(+) 라. 구체적 (초점화)

(−) 마. 제한성

5. (−) 가. 제한성

(+) 나. 우회적

(+) 다. 명료화

(−) 라. 제한성

(+) 마. 우회적

【권고 - 유의사항】
"다음 6~11번에 대해서는 학습자 그룹에서(1~5번 답 예들을 참조) 가장 바람직한 해답(안)을 선정, 토의적 합의를 거쳐 기록할 것을 권고합니다. 해답안 선정의 문제 및 의문점에 관해서는 연락이 접수되는 대로 '교본 저자'(mjkeum@daegu.ac.kr)가 직접 자문해 드릴 예정입니다."

[연습 24의 답 예시] ·· 188~

1. 김선생 미술수업 후에 교실상태가 어땠는데요?

2. 최근 외출했을 때의 경우에 어떠했습니까?

3. 아버님께 어떻게 부탁 말씀을 드릴 겁니까?

4. 당신의 두통이 시험 스트레스에 관련되는 것으로 생각하고 있군요.

5. 평소에 당신에게 무관심하신 어머님의 마음에 들려고 노력하기는 싫다는 말이지요.

【권고 - 유의사항】
"다음 6~10번에 대해서는 학습자 그룹에서(1~5번 답 예들을 참조) 가장 바람직한 해답(안)을 선정, 토의적 합의를 거쳐 기록할 것을 권고합니다. 해답안 선정의 문제 및 의문점에 관해서는 연락이 접수되는 대로 '교본 저자'(mjkeum@daegu.ac.kr)가 직접 자문해 드릴 예정입니다."

[연습 25의 답 예시] ·· 192~

1. 반응: 우울한 일 뿐이라, 책 읽기도 집중 안 되고 친구를 만나도 재미없는 것
   등 기분이 온통 따분한 것뿐이군요.

   이유: 우회적 이해-공감반응

2. 반응: 포용적이고 안으로 삼키는, 당신은 맏며느리라는 평을 듣고 있군요.

   이유: 이해 공감적인 반응

3. 반응: 과거엔 시험실패가 없었던 경력이라서 이번에 실패할까봐 다소 불안하
   군요.

   이유: 당장의 불안 정서를 초점화

4. 반응: 특히 남학생들과 말도 하기 싫은 것 등, 남들에게 신경 쓰게 되는 것이
   싫었군요. 최근에 경험한 그런 장면을 구체적으로 이야기해 주시지요.

   이유: 주요 대인정서를 확인해주고 최근의 구체적 일화의 설명을 요청함.

5. 반응: 한계를 긋거나 권리주장을 하지 못한 어려움이 있었다는 말이군요. 최
   근의 그런 경험을 구체적으로 이야기해주면 고맙겠습니다.

   이유: 내담자 측 어려움을 확인 후 구체적 설명을 요청함.

【권고-유의사항】

"다음 6~10번에 대해서는 학습자 그룹에서(1~5번 답 예들을 참조) 가장 바람직한 해답(안)을 선정, 토의적 합의를 거쳐 기록할 것을 권고합니다. 해답안 선정의 문제 및 의문점에 관해서는 연락이 접수되는 대로 '교본 저자'(mjkeum@daegu.ac.kr)가 직접 자문해 드릴 예정입니다."

[연습 26의 답 예시] ·· 196~

상1: 공부가 전혀 되지 않고 어디에 집중도 되지 않고 있다는 말씀이군요.

상2: 시험실패 경력이 없는 입장에서 공부에 집중 못하는 이번 경우에는 다소 불
안하다는 말이군요.

상3: 석사자격을 판가름하는 종합시험이기 때문에 긴장하고 신경 쓰인다는
말이군요.

상4: 다른 때와 달리 이번엔 실패할 것 같은 예감이 있고, 남들이 그런 결과를 알
까봐서 미리 불안하구요...

상5: 이번엔 시험준비를 충분히 못했다는 이야기군요. 언제부터 준비했나요?

상6: 한두 달 전부터 준비를 시작했다구요?

상7: 몸이 불편한 걸 무릅쓰고 등교하면서 몸이 더 아팠군요. 그리고 나중에 어떻게 될지도 궁금하군요.

상8: 네-. 자신감을 크게 잃지 않기를 바래요.

상9: 오빠에게 지지 않겠다는 경쟁심에서도 대학원 공부에 집념이 있었다는 말이지요.

상10: 남자인 오빠에게 지고 말았다는 생각에 자존심 상하고 비참해질 것이라는 예감이군요.

상11: 자존심 떨어질 뿐만 아니라 일상생활도 제대로 돌아가지 않을 정도가 될지도 모른다는 불안감이 있군요.

상12: 한숨을 쉬고 잠시 침묵하셨어요. … 침묵하는 동안에 어떤 생각이나 느낌이 들었는지요. 누가 '무슨 책 보냐'고 물어오면 책을 못 본 적도 있으셨다구요.

상13: 당신 목소리가 낮아져서 잘 들리지 않았어요. 하려던 공부가 잘 안되는 상태에 기분 나빠지고 잘난 체하는 남학생들의 남성우위식 이야기로 떠드는 분위기에선 같이 말하기조차 싫었다는 말이군요.

상14: 그러면서 자기 자신은 답답한 심정이 되구요.

상15: 당신 심정을 이해하는 사람은 없고 꽉 막혀 있는 기분이었군요.

상16: 여의치 않더라도 어떻게는 그런 답답함에서 벗어나고 싶지요. 가만히 눈을 감은 자세로 명상호흡을 해보시면 어떨까요?

상17: 힘이 들어간다구요? 그대로 가만히 조금 더 머물러 있을 수 있겠어요?

상18: 그냥 벗어나고 싶은 생각이 크게 떠오른단 말이죠…

상19: '이야기해야지'와 '말아야지'의 대립적 갈등 속에 내몰리는 것 같은 자기 모습이 싫기는 하지요.

상20: 오빠와 이야기할 때엔 꽉꽉 막히는… 지금도 한숨을 쉬는군요.

상21: 그냥 속상하고 답답한 심정을 지금 느끼고 있구요. 오빠의 독단적 언행과 그와 언쟁하던 장면도 떠오르고요…

상22: 오빠는 권위를 부릴 뿐만 아니라 새언니를 놔두고 자기에게 심부름을 시키는 태도에 몹시 맘 상했군요. 지금 목소리까지 떨리셨어요.

상23: 동생인 당신에겐 한 번도 이해심을 보여준 적이 없는 오빠이고…

상24: 부모님들께서는 오빠 입장만 이해하시고 오빠편만 드셨군요. 그러신 것이 옛날과 지금에 변화가 없는가요?

상25: 당신의 흐느낌에 나의 마음도 무거워져요. 지금까지 많이 참아왔고 이제는 한계에 도달해 있다는 심정이… 혹시-?

상26: 엄마가 항상 오빠편만 들고 자기는 매번 참기만 해야 하는...

상27: 음...

상28: 오빠에게 약점 잡히지 않으려고 집안의 여성 몫을 거의 다 해내려고 애쓰셨으니, 신경 많이 쓰고 계속 참아야 했구요.

상29: 대학원 입학 후 전보다 늦은 귀가시간 문제로 오빠와 언쟁한 이후로는 오빠의 눈치를 보게 되었으나 지금은 말다툼은 줄어들었다구요.

상30: 오빠가 여성인 동생 입장을 더 이해하는 방향으로 바뀌기를 희망하시는군요.

상31: 지금껏 참았으니 계속 참아야겠다는 비참한 상태는 원치 않는다는 뜻이군요.

상32: 계속 참는 과정에서 자기가 너무 날카로워지고 더욱 경쟁적이 됨을 자각하게 되는군요.

상33: 오빠와의 관계에서 부모님을 더욱 생각하게 되고 그러면서 오빠에게 마구 소리지르며 언쟁을 한 적도...

상34: 대학원 공부를 중단하더라도 시집을 가버릴까도 생각했었군요. 시집 간 후엔 엄마가 불쌍하게 될까봐 걱정도 했구...

상35: 오빠가 새언니를 위하는 것보다 엄마를 좀 더 생각하는 아들이었으면 하고 바라는 심정도 있군요.

상36: 즉 새언니를 위하면서도 고생하신 엄마를 좀 더 생각해드리는 아들이면 좋겠다는 생각인가봐요.

상37: 오빠가 듬직한 아들로서 엄마와 새언니 간에 균형감각을 발휘하는...

상38: 집안에서 오빠의 언행과 마음 씀씀이 면에서 역시 안심이 안되는군요.

상39: 시간이 지나면 오빠도 자식을 키우는 단계가 되면, 지금보다 이해적인 오빠가 될 수 있으리라는 희망도...

상40: 음...

상41: 자기 자신에게 바라는 것은요?

상42: 그래서요-.

상43: 잘 해주지 못하는 오빠보다 장차 결혼 배우자에게 더 희망을 걸게 된다는 뜻인지요(?) 집안에서 당신의 남친이나 결혼계획에 대한 관심은 어떤가요?

상44: 음... 침묵 중에 어떤 떠오른 생각이 있었나요?

상45: 보여드린다면, 어떤?

상46: 지금은요?

상47: 당신은 따뜻한 보금자리랄까, 따뜻한 사랑을 느껴보고 싶다는 마음이 되어 있다고 느껴져요. 지금 말이죠.

상담 연습(3):
상담 목표의 설정

5

지금까지는 내담자가 문제를 정의하고 명료화하도록 하는 데 초점을 맞추어 왔다. 일단 문제가 명료해지면 이제는 상담목표 설정의 단계에 이른 것이다. 문제를 해결할 수 있는 목표를 설정하는 데 기여할 수 있도록 문제를 명료화했다면 지금까지는 성공적이다.

문제를 다룰 수 있는, 그래서 해결할 수 있는 상담목표가 설정되려면 3가지 단계가 필요하다. 그것은 의도의 확인, 대략적 행동 방향의 설정 및 구체적 목표 설정이다. 일단 문제가 분명해졌으면 내담자들은 무엇인가 하기를 원한다. 다음의 사례에서 오○○씨는 자기 아내와 아이들과의 관계를 논의하고 있다. 상담자는 오씨로 하여금 아내와 아이들이 자신을 부정적으로 보게 되는 경위를 깨닫도록 도왔다.

"아! 나는 이번 시간에 눈을 떴어요. 지금까지는 장님이었어요. 아내와 아이들은 내가 그들을 위해 애쓰고 있는 것을 알지 못하고 있어요. 우선순위를 바꾸어야 하겠어요."

이 말에는 의도, 즉 정의된 문제에 대해 무엇인가 하기를 원하는 내담자의 마음이 명확히 나타나 있다. 그러나 목표는 아직 명확하지 않다. 대략적 행동 방향의 설정은 의도를 확인한 것보다 좀더 진전된 상태이다. 다시 자기의 노력의 순위가 잘못되었다고 한 오씨의 말로 돌아가자.

"난, 내가 가정 생활을 피해왔다고 생각지 않아요. 그러나 충분하게 하지 않았기 때문에 이렇게 엉망이 되었죠. 난 아내와 아이들과 더 많은 시간을 같이 보내고 싶어요."

이것은 의도보다 좀더 진전된 것으로, 원하는 것을 달성하기 위해 대략적이나마 어떤 행동을 할 것인지가 나타나 있다. 그러나 이것으로 아직 부족하다. 우리들 대부분은 목표를 불분명하게 설정하기 쉽다. 방학을 시작하면서 "이번 방학에는 정말 무엇인가 화끈한 것을 해볼거야"라고 생각한다. 그러나 이런 식의 생각으로 시작한 사람은 결코 화끈하게 방학을 지냈다고 말하지 못한다. 불분명한 목표는 진정한 목표가 아니기 때문이다.

목표는 구체적이고 상세하게 언급되어야 한다. 예를 들어 오씨는 "나는 한 달의 주말 중 3번 이상은 집에서 지내려고 해요. 그리고 저녁 때 일하는 것도 일 주일에 2번은 넘기지 않겠어요"라고 하였다. 이것은 "가족과 함께 오랜 시간을 가지려고 해요"하는 것보다 더 구체적이다. 그러면 의도를 표명하고, 좀더 진전 된 행동방향의 언급에 이어 구체적인 목표를 설정하려 할 때, 무엇이 구체적이라 고 할 수 있는지를 살펴보자.

성과가 있어야 한다

목표는 문제 상황을 변화시킬 수 있는 행동 양식이어야 한다. 술을 너무 많이 마시는 사람의 목표는 금주 훈련 집단에 자주 참여하는 것이 아니라 술을 마시 지 않는 것이다. 술을 많이 마시는 사람이 금주 훈련 집단에 참여하는 것이나, 대 인관계에 문제가 있는 사람이 대인 관계 의사소통 기술 훈련에 참여하는 것은 단지 프로그램에 참여하는 것일 뿐이고 참여 자체가 목표는 아니다. 목표는 기술 을 획득하여 실제로 술을 마시지 않게 되거나 원만한 대인 관계를 갖게 하는 등 성과와 관련되어야 한다.

명백하고 구체적이어야 한다

"나는 신체훈련을 해야 되겠어요"라고 말하는 것은 "6개월 동안 1주일에 적 어도 4번은 조깅을 하겠어요"라고 말하는 것 만큼 분명한 것은 아니다. 전자를 일반적 방향 설정이라 할 수 있고 후자를 목표라 할 수 있다. 내담자는 자기가 실 제로 무엇을 하는지를 스스로 살필 수 있다. 구체적인 목표를 설정하려면 의도, 일반적 행동방향 설정에서 행동 목표로 옮겨갈 수 있도록 내담자를 도와야 한다.

측정할 수 있어야 한다

내담자는 자기의 목표가 성취되었는지 혹은 성취되지 못했는지를 말할 수 있어야 한다. "나는 아내와 더 좋은 관계를 맺고 싶습니다"는 일반적 행동 방향이지 목표는 아니다. 왜냐하면 이 말은 확인하기 어려운 주관적인 내용이기 때문이다.

어떤 부부가 서로의 관계가 좋아졌는지를 알 수 있는 방법으로 일주일에 싸우는 횟수를 확인할 때, 측정가능한 목표가 된다. 그러나 이 부부가 일주일에 싸우는 횟수를 줄이고 싶어한다면 먼저 일주일에 몇 번이나 싸우고 있는지를 알아야한다. 기저선(base line) 또는 출발기준은 문제를 명료화하는 과정에서부터 고려될 수 있다.

현실적이어야 한다

현실적 목표가 되려면 몇가지 조건들이 만족되어야 한다. 우선 내담자 자신이 목표를 성취시키는 데 필요한 자원을 동원할 수 있어야 하며, 내담자가 통제할 수 있는 범위 안에 있어야 하고, 성취의 대가가 너무 값비싸서도 안된다.

> 비현실적: ○○씨는 대학원에 가기로 결정했지만 대학원 입학에 필요한 돈이나 실력을 갖추지는 못했다.
> 현 실 적: ○○씨는 이 분야에 정말 흥미가 있는지, 그 일을 할 수 있는 능력이 있는지를 확인하기 위해 낮에는 일하고 밤에는 재활상담 대학원과정에 등록하기로 결정하였다.

둘째로, 목표가 너무 높으면 비현실적이다.

> 비현실적: 난 지금까지 독일어를 공부해보지 못했어. 이번 여름에 유창하게 말할 수 있도록 공부하기를 원해.
> 현 실 적: 나는 이번 여름에 가능한 한 독일어를 많이 배우고 싶어, 적어도 가을에 3주간의 독일여행 때 어느 정도 도움이 될 정도로 공부하길 원해.

이룰 수 있는 이상의 목표를 설정하면 노력을 유보하기 쉬워진다. 그러나 때로 그 자원이 있는지, 동원할 수 있는지를 확신할 수 없는 때가 있다. 이 때는 자원을 확인하는 것이 상담 목표가 된다. 또한 환경적 장애가 목표 성취를 저해한다면 그 목표는 진정한 목표가 아니다. 이때 장애란 동원된 자원으로도 극복할 수 없는 것이다. 직장 상사와의 불화로 다른 직업을 가져야겠다고 마음 먹은 내담자가 생각해야 될 것은 다른 직업을 구할 수 있느냐 하는 것이다. 만약 경기가 좋지 않아 어떤 직업이라도 구할 수 없는 시기라면, 무조건적으로 다른 직업을 구하겠다는 목표는 현실적인 목표라 할 수 없다.

또한 현실적인 목표는 이를 수행해 나가는 사람이 자신이어야 함을 포함한다. 부모의 너무나 많고 큰 기대 때문에 부모와 불화가 있는 내담자가 부모가 자신에게 너무 많이 요구하지 않아야 한다는 목표를 설정한다면 이것은 현실적 목표가 아니다. 목표를 달성하는 데 너무 비싼 대가를 치루고도, 치룬 값보다 얻는 것이 너무 적다면, 그 목표는 현실적이지 못하다. 상담 목표 설정에도 경제 원칙이 적용되어야 한다.

타당해야 한다

설정된 목표가 실질적 문제 해결에 기여해야 한다. 가족과의 관계가 좋지 않은 남자가 그저 집에 있는 시간을 늘리겠다는 목표는 타당한 목표라 할 수 없다. 집에서 시간 보내는 방법, 즉 질이 문제가 될 때가 많기 때문이다. 그러나 문제상황이 명료하게 밝혀지지 않으면 세운 목표가 적절한지, 타당한지를 가늠하기 어렵다.

내담자의 가치와 일관되어야 한다

목표를 설정할 때 내담자의 가치관을 존중해야만 윤리적이다. 상담자는 내담자로 하여금 자신의 가치관을 검토해보도록 도전해 볼 수도 있겠지만 그의 가치관과 일치하지 않는 행동을 해보도록 격려할 수는 없다. 예를 들어, 교통사고를 당해서 혼수상태에 있는 아들에게 생명 보조 장치를 계속해야 하는지로 어려움을 겪고 있는 내담자가 있다. 그는 비록 아들이 깨어날 가능성이 거의 없다는 것과 깨어난다 해도 심각한 장애가 있을 것을 이미 알고 있더라도, 그에게 아들의 생명 보조 장치를 떼라고 권할 수는 없다. 이때 상담자는 이에 대한 그의 가치관을 탐색하여 명료화해 볼 수 있거나 목사를 만나 종교적 신념에 어긋나지 않는 것인지를 확인해 보도록 하는 안내를 할 수 있다.

목표는 합리적인 시간 내에 성취되어야 한다

목표를 성취하기까지의 시간을 합리적으로 잡아야 한다. "언젠가는 그것을 하겠다"라는 목표는 결코 이루어질 수 없다. "내 사업이 어느 정도 안정이 된 후에 집에서 아내와 아이들과 지내는 시간을 적어도 일주일에 5일 이상씩 갖겠다."라고 할 때 이 목표는 성취되기 어렵다. 사업이 잘 안되거나 더 많은 시간 투자를 요구한다면 그의 가족과의 관계는 계속 엉망일 것이다.

이상에서 구체적이고 합리적이며 현실적인 목표가 갖는 7가지의 준거를 살펴보았다. 그러면 아내와의 잦은 말다툼과 싸움으로 관계가 점점 악화된 박씨가 세운 목표를 점검해 보자. 그가 세운 목표는 "현재 우리가 하루에 평균 2번 정도 싸우는 횟수를 3주 후에는 일주일에 평균 2번 정도로 줄이고 싶다"이다.

앞에서 말한 상담목표의 준거와 대조하면 다음과 같다.

- "싸움의 횟수를 줄인다"는 원만한 부부관계로의 변화를 나타내는 한 가지 준거로서, 성과가 나타나 있다.
- 행동적이고 분명하다. 박씨는 말다툼과 싸움을 하지 않는 자신을 그릴 수 있다.
- 박씨는 부인의 행동을 통제할 수 없지만 자신의 행동은 통제할 수 있다. 싸움에 두 명의 사람이 필요하다면 박씨는 자신의 행동을 통제함으로써 싸우지 않도록 할 수 있다. 이것은 박씨가 자신을 통제하는 기술과 사회적 · 정서적 능력을 갖고 있다는 것이 미리 가정될 때이다.
- 싸우는 횟수가 줄어든다면 박씨 부부의 관계가 본질적으로 좋아질 것이라고 생각할 수 있다. 즉 실질적으로 문제해결에 기여하기 때문에 타당한 목표가 된다.
- 다투는 횟수를 줄이기 위해 취하는 일방적 행동 통제로 "굴복한다"고 느끼지 않는다. 그러므로 가치관에 위배되지 않는다.
- 지금부터 3주 후까지라는 기간을 구체적으로 설정하였다.

요컨대, 박씨가 세운 목표는 실행가능한 목표임을 알 수 있다. 독자들은 이와 같이 상담목표의 준거들을 모두 만족시키는 목표를 세우기까지 필요한 '의도 확인 → 일반적 행동 방향의 설정 → 구체적인 목표설정' 과정을 연습해보고, 실행 가능한 행동목표를 세우는 연습도 해보기로 하자.

연습 27 상담 목표의 구체화

상담 목표란 내담자가 문제 상황을 보다 효과적으로 다루기 위해 필요한 것이다. 앞에서의 촉진적 관계 형성과 새로운 시각 형성 모두는 이러한 현실적 목표를 설정하기 위해 행했던 준비 작업이다. 대개 구체적인 목표가 설정되려면 의도의 확인과 행동방향 설정의 과정이 필요하다는 것을 앞에서 설명했었다. 문제가 아주 명확하게 명료화되었다면 바로 구체적 목표를 설정할 수도 있겠지만, 이러한 세 가지 과정을 내담자와 상담자가 함께 진행시켜 나갈 때, 내담자의 주도성을 활성화시키고 나아가 실천력을 촉진시킬 수 있다.

이제 10개의 사례를 소개한다. 당신은 각 사례를 읽고 어떤 의도가 확인되어야 하고, 일반적 행동 방향은 무엇이며, 구체적 목표는 어떻게 잡으면 좋을지를 적어보시오. 물론 당신은 내담자가 말하는 구체적 상황을 알지 못하기 때문에 상상력을 동원해야 한다. 이 연습을 함으로써 의도의 애매한 진술로부터 보다 구체적이고 명확한 목표를 설정할 수 있는 능력을 개발할 수 있다.

보기

68세인 김여사는 암으로 죽어가고 있다. 그녀는 목사에게 자신의 죽음에 대해 말하고 있다. 그녀의 고민 중의 하나는 남편이 자신에게 자신의 임박한 죽음을 말하지 않는다는 점이다. 그녀는 죽음에 대해 만감이 교차하는데, 시시각각으로 두려움, 원한, 분노, 심지어는 평안, 체념과 같은 감정이 생겨난다. 전에 가져보지도 못했고 누구에게도 이야기해 보지 못한 삶과 죽음에 대한 생각들이 혼란스럽게 떠오른다.

〈단계 1〉 의도의 진술: "죽음에 대한 생각을 정리하고 싶어요."
〈단계 2〉 일반적 행동 방향: "남편과 죽음에 대한 생각을 이야기하고 싶어요."
〈단계 3〉 구체적 목표: "나는 모레 남편이 퇴근해서 저녁식사를 한 후 내 죽음에 대한 이야기를 꺼내겠어요."

1. 30세인 민섭은 자기 인생의 전환기에 경험한 스트레스에 대하여 이야기하고 있다. 스트레스의 일부는 그의 직업 때문이었다. 지난 5년간 그는 큰 회사의 회계원으로 일을 해오고 있다. 그는 상당한 봉급을 받지만 자신이 하고 있는 일에 대해 점점 더 만족을 느끼지 못하고 있다. 회계 업무가 뻔하고 지겹게 느껴진다. 승진의 기회도 별로 많지 않다고 생각되고 동료들은 자신보다 훨씬 더 야심적이다.

〈단계 1〉 의도의 진술: ＿＿＿＿＿＿＿＿＿＿＿＿＿＿＿＿
〈단계 2〉 일반적 행동방향: ＿＿＿＿＿＿＿＿＿＿＿＿＿＿＿
〈단계 3〉 구체적 목표설정: ＿＿＿＿＿＿＿＿＿＿＿＿＿＿＿

2. 19세인 영자는 미혼인데 원하지 않는 임신을 하고 있다. 그녀는 여러 종류의 문제를 갖고 있다. 그녀의 부모는 그녀를 보기만 하면 몹시 화를 낸다. 그녀의 아버지는 그녀에게 말조차 하지 않는다. 지금 그녀는 집에서 살고 있으며 전문대학에 다니고 있다. 종교상의 문제로 낙태시키지 않으려고 하나 그녀의 불안한 심리적 상태가 태아에게 좋지 못한 영향을 주지 않을까 걱정을 한다. 임신 때문에 공부를 제대로 하지 못하거나 학교를 마치지 못할까봐 걱정을 한다. 그리고 부모에게 재정적으로 의존해야만 한다는 사실도 참을 수가 없다.

〈단계 1〉 의도의 진술: ＿＿＿＿＿＿＿＿＿＿＿＿＿＿＿＿
〈단계 2〉 일반적 행동방향: ＿＿＿＿＿＿＿＿＿＿＿＿＿＿＿
〈단계 3〉 구체적 목표설정: ＿＿＿＿＿＿＿＿＿＿＿＿＿＿＿

3. 32세인 수정은 결혼해서 아이가 둘이다. 그녀의 남편은 집을 나가 지금 어

디 있는지 알 수 없다. 그녀는 가까운 친척도 없고 가까이에는 단지 얼굴을 아는 사람이 몇 있을 뿐이다. 그녀는 자신의 곤경을 상담자에게 말하고 있다. 그녀의 남편만이 직장을 다녔기 때문에 그녀는 현재 아무런 수입도 저축도 없다.

〈단계 1〉 의도의 진술: _____

〈단계 2〉 일반적 행동방향: _____

〈단계 3〉 구체적 목표설정: _____

4. 51세인 이씨는 바로 얼마 전 교통사고로 20세인 아들을 잃었다. 아들을 태우고 운전해 갈 때 반대편의 차가 중앙선을 넘어와 충돌했다. 안전벨트를 맨 자신은 약간의 상처만을 입었지만 아들은 앞유리 밖으로 튕겨나가 즉사했다. 충돌한 차의 운전사는 아직도 생사를 헤매고 있다. 10일이 지난 지금 그는 아직도 심리적 충격에서 헤어나지 못하고 고통, 죄의식, 슬픔에 괴로워하고 있다. 그는 동정받는 것이 괴로워서 직장에 나가지도 않고 친척이나 친구도 피하고 있다. 그리고 부인과 별거하고 그녀를 만나는 것을 피하고 있다.

〈단계 1〉 의도의 진술: _____

〈단계 2〉 일반적 행동방향: _____

〈단계 3〉 구체적 목표설정: _____

5. 대학교 3학년인 내담자는 지방출신의 여학생이다. 그녀는 서울에서 대학을 다니며 생활하나 현재의 자신의 모습이 자기가 아니라는 느낌을 받고 있고, 학교생활이 전혀 안되며, 삶의 의미도 찾을 수 없다. 원래 딸이 많은 집인에서 어머니로부터 심리적 구박에 눌려 살아 자아가 극히 약한 데다가 환경적 스트레스가 가중되어 주체성의 혼란, 의욕의 상실, 심한 소외감 등을 겪고 있다.

〈단계 1〉 의도의 진술: _____

〈단계 2〉 일반적 행동방향: _____

〈단계 3〉 구체적 목표설정: _____

6. 대학 4학년인 경태는 삶이 무미건조하게 생각되고, 무엇인지는 몰라도 보람 있는 일을 찾으려고 노력은 하지만 아직까지는 모든 일이 피곤하게만 여겨진다. 공부는 억지로 하고, 잠시라도 책을 놓으면 불안하고, 그렇다고 공부가 잘 되는 것도 아니고, 힘들어도 대학원에 가야 한다는 주위의 권고에 자신있게 반대할 근거도 없다.

〈단계 1〉 의도의 진술: _____

〈단계 2〉 일반적 행동방향: _____

〈단계 3〉 구체적 목표설정: _____

7. 대학 2학년인 내담자는 마음이 항상 불안하고 조그마한 일에도 신경이 쓰여서 상담하게 되었다고 말하였다. 면접 과정에서 그는 하숙집의 전화벨이 오래 울리거나, 과사무실에서 자기를 찾거나, 과사무실의 전화벨이 울릴 때, 아버지가 돌아가셨다는 소식일 것 같아서 불안하다고 하였다. 또 남의 얼굴 표정, 말 등이 생각을 안 하려고 해도 계속 생각이 나서 신경이 쓰여 정신집중이 안된다.

〈단계 1〉 의도의 진술: _____

〈단계 2〉 일반적 행동방향: _____

〈단계 3〉 구체적 목표설정: _____

8. 대학교 4학년인 희정은 사람을 대할 때 어려움을 많이 느낀다. 무슨 말을 해야 할지, 어떻게 어울려야 할지를 모른다. 4학년이 되었는데 대인관계, 전공 공부면에서 아무 것도 해놓은 것이 없다. 특히 친구관계에서 비판에 지나치게 민감하고 자기개방을 잘 못하며 남을 의심하고 위축되어 있다.

〈단계 1〉 의도의 진술: _____

〈단계 2〉 일반적 행동방향: _____

〈단계 3〉 구체적 목표설정: _____

9. 대학 1년생인 성욱은 의사 표현이 서툴러서 이것을 고쳐볼 방법을 찾고 써클활동에 대해 묻고 싶어서 대학 상담센터에 도움을 청했다. 매사에 정확함

과 완벽함을 요구하는 아버지의 엄한 양육태도 밑에서 자랐기 때문에 인지적으로는 매사에 완벽하고 책임감있게, 철저한 준비성으로 일을 처리해야 한다는 신념을 지니고 있고 이로 인해 압박을 받고 있다. 책임을 다하지 못했을 때 예상되는 비난과 거부 등을 두려워하고 과도한 죄책감 및 공격심을 갖게 된다. 친구들과의 관계에서 거절하는 의사 표현을 못하고 힘들어 하며 준비성, 책임감을 철저히 하는 생활방식 때문에 독단적이 되기도 한다.

〈단계 1〉 의도의 진술: _____
〈단계 2〉 일반적 행동방향: _____
〈단계 3〉 구체적 목표설정: _____

10. 상담교사인 정선생은 지금 상담 연수교육을 받고 있다. 그는 내담자를 잘 돕기 위해서는 상담자 자신의 주장에 적극적이어야 한다고 생각하는데 자신은 적극적으로 주장하지 못한다고 걱정하고 있다. 특히 그는 연수과정에서 적극적으로 참여하지 못할 것이 염려가 된다.

〈단계 1〉 의도의 진술: _____
〈단계 2〉 일반적 행동방향: _____
〈단계 3〉 구체적 목표설정: _____

연습 28 준거에 따른 목표의 검토

목표가 완전한 것이 되려면 앞에서 열거했던 준거들에 부합되어야 한다. 이를 다시 정리해 본다.

1) **성과:** 성취를 나타내야 한다.
2) **행동성:** 행동적이며 명백하고 구체적이어야 한다.
3) **측정:** 측정할 수 있고 검증할 수 있어야 한다.
4) **현실성:** 현실적이어야 한다. 즉 내담자가 달성할 수 있어야 한다.

5) **타당성:** 타당해야 한다. 즉 목표가 달성되면 문제를 해결하는데 실질적으로 기여해야 한다.

6) **가치:** 내담자의 가치와 일관되어야 한다.

7) **시간:** 합리적인 시간내에 성취되어야 한다.

이제는 연습 27에서 설정했던 10개의 구체적 목표들이 이 7가지 준거들에 부합되는지를 검토해 보자. 3단계의 구체적 목표를 적어보고 이 목표가 각각의 준거들과 비교하여 합당하면 목표로 설정하고 부적절하면 그 준거에 맞추어 다시 목표를 설정해 보시오. 본문에 제시되었던 오씨와 박씨의 경우를 참고로 하면 용이하다.

1. 30세의 민섭

• 설정된 목표: _____

  _____

• 준거

1) 성   과:

2) 행동성:

3) 측   정:

4) 현실성:

5) 타당성:

6) 가   치:

7) 시   간:

• 다시 설정된 목표: _____

  _____

2. 19세의 영자

• 설정된 목표: _____

  _____

• 준거

1) 성   과:

2) 행동성:

3) 측　정:

4) 현실성:

5) 타당성:

6) 가　치:

7) 시　간:

• 다시 설정된 목표: _____

_____

3. 32세의 수정

• 설정된 목표: _____

_____

• 준거

1) 성　과:

2) 행동성:

3) 측　정:

4) 현실성:

5) 타당성:

6) 가　치:

7) 시　간:

• 다시 설정된 목표: _____

_____

4. 51세의 이씨

• 설정된 목표: _____

_____

• 준거

1) 성　과:

2) 행동성:

3) 측　정:

4) 현실성:

5) 타당성:

6) 가　치:

7) 시　간:

· 다시 설정된 목표: _____

_____

5. 대학교 3학년인 지방출신의 여대생

· 설정된 목표: _____

_____

· 준거

1) 성　과:

2) 행동성:

3) 측　정:

4) 현실성:

5) 타당성:

6) 가　치:

7) 시　간:

· 다시 설정된 목표: _____

_____

6. 대학 4학년인 경태

· 설정된 목표: _____

_____

· 준거

1) 성　과:

2) 행동성:

3) 측　정:

4) 현실성:

5) 타당성:

6) 가   치:

7) 시   간:

• 다시 설정된 목표: _____

_____

_____

7. 대학 2학년인 내담자

• 설정된 목표: _____

_____

• 준거

1) 성   과:

2) 행동성:

3) 측   정:

4) 현실성:

5) 타당성:

6) 가   치:

7) 시   간:

• 다시 설정된 목표: _____

_____

8. 대학 4학년인 희정

• 설정된 목표: _____

_____

• 준거

1) 성   과:

2) 행동성:

3) 측   정:

4) 현실성:

5) 타당성:

6) 가   치:

7) 시   간:

• 다시 설정된 목표: _____

_____

9. 대학 1학년인 성욱

• 설정된 목표: _____

_____

• 준거
  1) 성　과:
  2) 행동성:
  3) 측　정:
  4) 현실성:
  5) 타당성:
  6) 가　치:
  7) 시　간:
• 다시 설정된 목표: _____

_____

10. 상담교사인 정선생님

• 설정된 목표: _____

_____

• 준거
  1) 성　과:
  2) 행동성:
  3) 측　정:
  4) 현실성:
  5) 타당성:
  6) 가　치:
  7) 시　간:
• 다시 설정된 목표: _____

_____

[연습 27의 답 예시] ··· 223~

1. 〈단계 1〉 현재의 회계업무가 지겹고 불만족이다.

   〈단계 2〉 현 업무 대신 다른 것으로 바꾸고 싶다.

   〈단계 3〉 다른 어떤 업무가 가능한지 알아보겠다.

2. 〈단계 1〉 원하지 않은 임신으로 불안하다.

   〈단계 2〉 재정적 의존에서 벗어나고 싶다.

   〈단계 3〉 부모에게 털어놓고 이야기한다.

3. 〈단계 1〉 남편 가출에 의지처 없어, 두 아이 키우는 생활이 문제다.

   〈단계 2〉 일자리 구하러 직업소개소라도 찾아 갈 것이다.

   〈단계 3〉 인근 직업소개소에 가서 가사도우미 일을 신청하겠다.

4. 〈단계 1〉 교통사고로 아들을 잃은 후, 아무도 만나지 않고 슬픔 속에 잠겼다.

   〈단계 2〉 친구 1명, 부인과는 슬픔–고통을 털어놓기로 한다.

   〈단계 3〉 친구 1명에게 전화하며, 1주일 내로 상담소 상담을 신청한다.

5. 〈단계 1〉 서울시내 대학생활에 소외감과 의욕상실 상태이다.

   〈단계 2〉 과친구에게 전화 걸고, 대학상담실에 상담신청을 한다.

   〈단계 3〉 금주 내로 친구 한 명을 만나고, 상담실 신청을 오늘 한다.

【 권고- 유의사항】

"다음 6~10번에 대해서는 학습자 그룹에서(1~5번 답 예들을 참조) 가장 바람직한 해답(안)을 선정, 토의적 합의를 거쳐 기록할 것을 권고합니다. 해답안 선정의 문제 및 의문점에 관헤시는 언락이 접수되는 대도 '교본 저자'(mjkeum@daegu.ac.kr)가 식접 자문해 드릴 예정입니다."

[연습 28의 답 예시] ··· 227~

1. 30세의 민섭

   • 설정된 목표: 회사 인사담당자를 만나서 업무전환 가능성을 상의, 확인한다.

   • 준거

     1) 성과: 먼저 회사동료, 직속 상급자의 '예상 성과' 관련 의견을 알아본다.

     2) 행동성: 상급자 의견 및 인사담당자의 의견을 종합하여 업무변경 범위를

정한다.

3) 측정: 업무변경의 여부 및 조정 범위 등에 관한 인사담당자 제안을 고려, 결정 한다.

4) 현실성: 상기 고려–결정 내용이 자신(민섭)의 희망–근무조건과의 부합 정도를 고려한다.

5) 타당성: 업무변경의 희망 · 계획과 부합되지 않을 경우, 다른 직장을 탐색키로 하고 직업능력개발원 및 직업소개소 등을 방문, 상담한다.

6) 가치: 자기(민섭)의 인생관 및 직업가치 면에서 업무변경(타회사 전근가능성 포함)노력의 추진여부를 숙고한다.

7) 시간: 상기 고려–추진과정의 적정 소요시간(예: 6월~1년)기간에 변화가 없을 경우, 여가–취미활동의 개발과 함께 현 직장업무를 지속한다.

• 다시 설정된 목표: 상급자–인사과장 면담 전에 '직업적성능력검사'를 받아 보고, 필요시 관련 직업훈련과정에 등록–수강한다.

2. 19세의 영자

• 설정된 목표: 부모와 임신문제를 상의하고 생활계획을 수립한다.

• 준거

1) 성과: 부모 측 이해 및 수용으로 미혼모 생활에 적응한다.

2) 행동성: 교회목사와 상의하여 낙태여부 관련 이해와 가능한 지원을 요청한다.

3) 측정: (측정지표는 불확실하거나 가정내 수용–적응도로 대치?)

4) 현실성: 부모 측의 딸(영자) 입장 이해–수용 정도가 주요 현실성 고려변수가 될 것임.

5) 타당성: 영자의 아기출산까지 학교 휴학–가정내 정양을 부모 측이 배려토록 하는 상담자 권유가 타당성 있는 접근일 것임.

6) 가치: 영자의 아기출산–양육의도와 생명윤리적 측면을 포함한 상담자 측의 종합적 고려 및 상담적 지원이 필요함.

7) 시간: 상기 고려 및 상담적 지원은 최소 1년의 시간이 소요될 것임.

• 다시 설정된 목표: 부모측 이해배려가 미흡하고 영자 본인의 수용 경우, 미혼모시설 입소를 권유하여 시설 측 담당자와 공동적 상담을 진행.

3. 32세의 수정

• 설정된 목표: 직업소개소를 통한 가사도우미 등의 일거리를 찾아 가정경제를

꾸린다.

- 준거

  1) 성과: 두 곳 이상의 직업소개소 신청을 통해 월생활비 충당의 수입보장을 성취한다.

  2) 행동성: 다소 불만족한 일이라도 1년 이상 꾸준히 출근하도록 한다.

  3) 측정: 3인 가족생활의 보장여부를 측정지표로 삼는다.

  4) 현실성: 내담자(수정) 신체조건이 손상되지 않는 정도의 정규적 출근의 가능성이다.

  5) 타당성: 두 아이를 포함한 3인 가족생활이 보장되는 범위내면 타당성이 성립된다.

  6) 가치: 결혼 초기보다 열악한 현 생활조건에 적응될 수 있는 새 서민적 가치관과 현실적응형 가치관에 적응되도록 한다.

  7) 시간: 위에서 말한 현실적응형 전업주부 생활이 안정되려면 최소 1년 이상의 시간이 소요될 것으로 전망된다.

- 다시 설정된 목표: 빈곤(불우) 전업주부를 위한 '여성 사회복지지원 정책 프로그램의 수혜 가능성의 탐색방법'을 상담자 측에서 알려주기로 한다.

> **【권고– 유의사항】**
> "이하 4~10번의 해답(안)들은 학습자 그룹 내에서 실제 토의를 거쳐 가장 바람직한 내용을 선정하여 기록하도록 권고하는 바입니다. 해답안 선정 및 결정과정상의 문제점–의문점에 관해서는 '교본 저자'(mjkeum@daegu.ac.kr)와 연락되는 대로 자문해 드릴 예정입니다."

상담 연습(4):
상담 실행 방법의 모색

6

이제 내담자는 자기 문제에 대해 잘 이해하고 목표도 세워 놓았다. 그러나 어떤 내담자는 문제에 대해 잘 이해하고 목표도 세워 놓았지만, 이 목표를 어떻게 성취해야 하는지에 대해서는 분명한 생각을 갖지 못한다. 목표란 내담자가 문제를 해결하는 데 있어서 달성하고자 하는 것이고, 남아 있는 부분은 이를 '어떻게' 달성하느냐이다. '어떻게'에 해당하는 부분이 실행 방법이다. 앞 장에서, 아내와의 잦은 말다툼과 싸움으로 관계가 점점 악화된 박씨가 세운 목표는 "현재 우리가 하루에 평균 2번 정도 싸우는 횟수를 3주 후에는 일주일에 평균 2번 정도로 줄이고 싶다"였다. 실행 방법은 이를 어떻게 줄여가느냐이다. 전에도 싸우지 않으려고 애썼지만 말끝마다 빈정대고 감정을 건드리기 때문에 싸우지 않을 수 없던 부부였다. 목표를 세웠다고 해서 부부가 싸울 일이 줄어드는 것도 아니고, 덜 빈정대거나 감정을 건드리지 않게 되는 것이 아니다.

그러면 어떻게 줄여갈 것인가? 면접 방법에만 관심을 갖고 노력해온 초심 상담자들이 특별히 어려움을 겪는 부분이 바로 이 부분이다. 대개는 내담자와 부부관계의 불만족을 먼저 툭 털어놓음으로써 정화를 하고, 의사소통의 문제, 선입견, 아내에 대한 생각 등 갖가지 내담자의 생각과 행동을 탐색하게 되면, 내담자는 저절로 의사소통의 방식이 달라질 것으로 생각하는 경우도 없지 않다. 또는 즉각적인 역할 연습 등을 해서 의사소통 방식의 변화를 꾀하기도 한다. 내담자의 문제가 각각 다르고 접근하는 방법도 다양할 것이기 때문에, 상담자가 접근 방법을 언제나 생각하여 마련할 수도 없고 또 그래서도 안된다. 세워 놓은 목표를 성취하는 방법도 내담자와 같이 논의하여 결정함으로써 상담에 대한 내담자의 참여를 증진시켜, 보다 자율적으로 목표를 성취할 수 있게 해야 한다.

실행 방법을 선정하여 실천하고 목표를 성취하기까지에는 몇 가지 단계가 필요하다. 첫 번째 단계는 어떤 방법이 가능한가 하는 것이다. 모든 가능성있는 방법들을 생각하여 그것들 중 실행할 수 있는 방법을 선택하여 적용하고, 적용해 본 후 평가하는 것들이 실행에 포함된다. 내담자들이 목표를 달성할 수 있는 방법을 금방 찾아낸다는 것은 쉬운 일이 아니다. 이럴 때 '중지 수렴'(브레인스토밍, brain storming)은 내담자들로 하여금 융통성 있는 사고를 할 수 있도록 도와준다. 여러 사람의 중지를 모은다는 의미에서 붙여진 '중지 수렴' 기법은 여러 사람의 지혜 또는 의견을 모으는 것으로, 각각의 사람들이 제안하는 의견을 그 효과에는 상관없이 가능한 한 많이 수집하는 것을 뜻한다. 여기서는 일단 사람들이 제안하는 의견의 질이 아니라 양에 관심이 주어진다. 중지 수렴에 있어 몇 가지 보편적인 규칙이 있다.

(1) 되도록 많은 의견을 제시하고 수집하라.
(2) 여러 가지 의견이 다 제시되기 전까지는 각 의견에 대한 비판, 평가, 논평들을 미루거나 보류하도록 하라.
(3) 가능성이 희박한 의견이라도 이를 토대로 하여 다른 의견이 나올 수 있기 때문에 장려한다.
(4) 제안들을 이리저리 짜맞추어 새로운 제안을 하는 경우도 받아들인다.
(5) 여러 가지 의견이 다 제시되면 가장 쓸모있는 방법이 될 수 있도록 제시된 방법들을 다듬어서 조합한다.
(6) 방법들에 대한 조합과 분류가 끝난 다음에는 쓸모가 적거나, 실행하기 어려운 방법, 바람직하지 않은 방법들을 제외시켜 나간다.
(7) 최종적으로 남아있는 방법을 토대로 하여 목표를 가장 잘 이룰 수 있는 방법이 어떤 것인지 선택한다.

김○○씨는 심장마비의 우려가 있는 사람이다. 그의 친척 가운데 여러 명이 심장마비로 일찍 사망하였다. 그는 비만한 편이며, 운동을 거의 하지 않고 있다. 현재의 스트레스를 많이 주는 일이다. 하루 한 갑 이상의 담배를 피우고 있으므로 그가 세운 목표 가운데 하나는 금연이다. 그는 앞으로 한달 내로 이 목표를 달성하려고 마음먹고 있다. 그래서 다음과 같이 가능한 방법들을 생각해 보았다.

(1) 각오를 단단히 한다.
(2) 하루에 한 개피씩 줄여나간다.
(3) 폐암환자를 주제로 한 영화를 본다.
(4) 금연하도록 도와달라고 하나님께 기도한다.
(5) 성능이 좋은 필터를 사용한다.
(6) 별로 좋아하지 않는 담배 종류로 바꾸어 본다.
(7) 타르의 니코틴이 많이 함유된 담배를 피워본다.
(8) 더 이상 견딜 수 없을 때까지 계속해서 담배를 피워본다.

(9) 나는 담배를 끊으려 한다고 사람들에게 말하고 다닌다.

(10) 내가 담배를 끊으려고 결심했다는 사실을 신문에 낸다.

(11) 담배 1개피를 피울 때마다 1,000원씩 지불한다.

(12) 최면을 건다. 최면 후에는 여러 가지 방법으로 담배를 피우려는 욕구를 줄여간다.

(13) 담배를 피우면 고통스러운 전기자극을 가한다.

(14) 담배를 끊겠다고 목사님 앞에서 맹세한다.

(15) 금연자 모임에 가입한다.

(16) 병원을 방문하여 폐암으로 죽어가는 사람들과 이야기를 나눈다.

(17) 나도 모르게 담배를 사서 한두 모금 빨았을 때, 그 사실을 깨닫는 즉시 나머지를 집어 던진다.

(18) 누군가를 고용해서 나와 동행하도록 하고, 내가 담배를 피우면 그 자리에서 나를 놀리도록 한다.

(19) 손에 기브스 붕대를 매어 담배를 집을 수 없게 만든다.

(20) 담배를 한 개피라도 피운 날에는 아예 TV를 못보도록 한다.

(21) 그 주간에 담배를 피우지 않으면 보상으로 낚시를 간다.

(22) 담배 대신에 껌을 씹는다.

(23) 담배 피우는 친구를 피한다. 그와 만나지 않는다.

(24) 입을 꿰멘다.

(25) 가지고 있는 담배 모두를 태우 버리는 의식을 엄숙하게 거행한다. 그리고 담배없이 살아나간다.

(26) 담배 대신에 딱딱한 사탕을 빤다.

(27) 담배를 피우고 싶어질 때마다 점수(쿠폰)를 주고 피우지 않는다. 그리고 점수가 꽤 모아졌을 때 어떤 방법으로든 스스로 상을 받는다.

중지 수렴으로 될 수 있는 대로 많이, 도가 지나친 제안들도 받아들인 후 그 중에서 선택하여 실천하게 한다. 사실 내담자는 내담자이기 때문에 자기 문제를 해결하는 데 창조적으로 접근하기 힘들며, 창조력이 있다 해도 사용하지 못할 때가 많다. 일단 목표가 정해지면 이것을 성취하는 일은 그리 어렵지 않다. 문제는 상담자가 내담자의 창조력을 얼마나 자극했느냐에 달려 있다. 일단 많은 방법들을 제안, 확인한 후에 그것들이 현실적인지를 평가해야 한다. 즉 내담자의 자원과 환경의 제한성들을 살펴본 후 이에 적절치 않은 것은 제외시킨다.

방법을 선택하면 실해하는 것이 남은 절차이다. 방법을 실행하 나갈 때 종종 어려움이 발생하고 그 때마다 내담자는 안내, 지지, 격려를 필요로 한다. 또 실행해나갈 때 상담자는 그 방법으로 말미암아 내담자에게 어떤 변화가 있는지를 살펴야 한다. 목표 설정 후 방법들을 확인하여 선택하고 적용해가는 일련의 연속된 과정을 거치면서 목표를 성취해나간다. 다음에 당신이 앞 장에서 각 사례에 대해 세웠던 목표를 성취하기 위한 중지 수렴기법을 연습하기로 한다.

연습 29 실행 방법의 다양성 검토

여기서는 연습 27 목표의 구체화 연습에서 세웠던 각 사례별 목표들을 성취하기 위한 실행 방법들을 생각해 본다. 물론 상담에서는 내담자가 이를 주도하게 해야 하나, 상담자는 내담자의 상상력을 자극하여 목표를 달성하는 참신한 방법들을 생각해내도록 도와야 하기 때문에 본 연습이 요구된다. 연습에서 세워놓은 목표를 옮겨 쓰고 그 밑에 방법들을 될 수 있는 대로 많이 적어보시오.

1. 30세의 민섭

- 목　　　표:
- 실행 방법: 가.＿＿＿＿＿＿＿＿＿＿＿＿＿＿＿＿＿＿＿＿
　　　　　　　나.＿＿＿＿＿＿＿＿＿＿＿＿＿＿＿＿＿＿＿＿
　　　　　　　다.＿＿＿＿＿＿＿＿＿＿＿＿＿＿＿＿＿＿＿＿
　　　　　　　라.＿＿＿＿＿＿＿＿＿＿＿＿＿＿＿＿＿＿＿＿
　　　　　　　마.＿＿＿＿＿＿＿＿＿＿＿＿＿＿＿＿＿＿＿＿

2. 19세의 영자

- 목　　　표:
- 실행 방법: 가.＿＿＿＿＿＿＿＿＿＿＿＿＿＿＿＿＿＿＿＿

나. _____
다. _____
라. _____
마. _____

3. 32세의 수정

- 목   표:
- 실행 방법: 가. _____
  나. _____
  다. _____
  라. _____
  마. _____

4. 51세의 이씨

- 목   표:
- 실행 방법: 가. _____
  나. _____
  다. _____
  라. _____
  마. _____

5. 대학 3학년 여학생

- 목   표:
- 실행 방법: 가. _____
  나. _____
  다. _____
  라. _____
  마. _____

6. 대학 4학년 경태

  • 목   표:
  • 실행 방법: 가. _____
            나. _____
            다. _____
            라. _____
            마. _____

7. 대학 2학년 내담자

  • 목   표:
  • 실행 방법: 가. _____
            나. _____
            다. _____
            라. _____
            마. _____

8. 대학 4학년 희정

  • 목   표:
  • 실행 방법: 가. _____
            나. _____
            다. _____
            라. _____
            바. _____

9. 대학 1학년 성욱

  • 목   표:
  • 실행 방법: 가. _____
            나. _____
            다. _____

라. _____

마. _____

10. 상담교사인 정선생님

• 목　　표:

• 실행 방법: 가. _____

　　　　　나. _____

　　　　　다. _____

　　　　　라. _____

　　　　　마. _____

[연습 29의 답 예시] ·· 241~

1. 30세의 민섭
   - 목표: 현재의 업무 변경 가능성을 탐색한다.
   - 실행방법: 가. 회사 상급자, 고참과 먼저 상의한다.
     　　　　　나. 현재의 업무가 불만족인 이유를 분석한다.
     　　　　　다. 아는 상담소를 방문하여 상담을 받아본다.
     　　　　　라. 현재 회계업무의 장·단점을 평가한다.
     　　　　　마. 회계업무 담당자로서의 미래 과정을 상상해본다.

2. 19세의 영자
   - 목표: 부모에게 심정을 털어놓고 호소한다.
   - 실행방법: 가. 부모에게 '어버이날 선물'을 먼저 드려서 분위기를 준비한다.
     　　　　　나. 친구 몇 명에게 털어놓고 상의한다.
     　　　　　다. 미혼모시설을 찾아가 실정을 알아본다.
     　　　　　라. 교회 목사(신부)님께 상의드린다.
     　　　　　마. 낙태 안하고 미혼모 생활의 환경(실정)을 알아보고 각오를 준비
     　　　　　 한다.

3. 32세의 수정
   - 목표: 직업소개소를 통해 일거리를 신청한다.
   - 실행방법: 가. 가까운 동창친구와 상의한다
     　　　　　나. 주부상담소 상담자와 의논한다.
     　　　　　다. 격조했던 먼 친척어른이라도 찾아가 의논한다.
     　　　　　라. 직업 적성검사를 해본다.
     　　　　　마. 신문광고의 시간제 일거리를 찾아본다.

4. 52세의 이씨(교통사고로 아들을 잃은 아버지)
   - 목표: 가장 가까운 친구와 이야기를 나눈 후, 심리안정을 위한 '상담소 상담
     신청'을 한다.

- 실행방법: 가. 상담소 찾기.

　　　　　　나. 부인과 함께 처가 어른 만나기.

　　　　　　다. 슬픔, 좌절감 진정을 위해 교회 예배 참석하기.

　　　　　　라. 요가학원, 단전호흡 수련 받기.

　　　　　　마. 우선 심신 기력 회복을 위해 매일 등산하기.

5. 대학 3학년 여학생
- 목표: 학생상담소 찾기
- 실행방법: 가. 친구 한 명을 찾아 동행한다.

　　　　　　나. 상담소에 먼저 전화로 시간 약속한다.

　　　　　　다. 대학생 상담해설집을 빌려 읽어본다.

　　　　　　라. 지도교수 또는 가깝게 느끼는 선생을 찾아간다.

　　　　　　마. 대학생 교과서(예: '청춘이니까 괴롭다')를 읽는다.

6. 대학 4학년 경태
- 목표: 지도교수와 의논후 진학결정
- 실행방법: 가. 지도교수에게 면담신청을 먼저 한다.

　　　　　　나. 학과 선배와 먼저 의논한다.

　　　　　　다. 고교동창이나 친구들과 의논한다.

　　　　　　라. 대학원 진학한 선배와 먼저 의논한다.

　　　　　　마. 대학원 졸업 선배들의 진로현황을 알아본다.

7. 대학 2학년 내담자
- 목표: 심리안정의 상담프로그램 진행
- 실행방법: 가. 상담소를 찾아가 불안심리 경험을 토로한다.

　　　　　　나. 단전호흡 프로그램을 참여한다.

　　　　　　다. 요가학원을 등록한다.

　　　　　　라. 친구와 여행 또는 등산을 정례적으로 한다.

　　　　　　마. 이성 친구를 사귄다.

8. 대학 4학년 희정
- 목표: 대인능력 향상을 위한 상담 프로그램 참여
- 실행방법: 가. 의도적으로 친구 사귀기 연습을 한다.

　　　　　　나. 비교적 대화 가능의 친구와 여행을 한다.

다. 남의 눈치를 보지 않고, '말하기 연습'을 한다.

라. 대학상담소의 집단 상담을 참여한다.

마. 명상 요가 수련을 받는다.

9. 대학 1학년 성욱

- 목표: 대학상담실의 집단 상담 훈련에 참여
- 실행방법: 가. 마음이 통하는 이성친구를 사귄다.

　　　　　나. 성격검사를 받는다.

　　　　　다. 남의 평가에 의존하지 않고, 자기 자신의 생각을 기준으로 판단하고 '이기적인 학생' 평을 감수한다.

　　　　　라. 他人(타인) 比較(비교) 습관을 버린다.

　　　　　마. 天上天下(천상천하) 唯我獨尊(유아독존) 철학을 믿기로 한다.

10. 상담교사인 정선생님

- 목표: '자기주장 훈련 프로그램'에 참여
- 실행방법: 가. 상담자도 자기주장 능력의 실천이 필요함을 숙지한다.

　　　　　나. 연수과정에서 적극적으로 발언한다.

　　　　　다. 동료 교사들과 '거부-요구의 연습'을 반복해본다.

　　　　　라. '世上(세상)은 나를 위해 존재함'을 믿는다.

　　　　　마. '자기주장 日誌(일지)' 기록을 연습한다.

상담 연습(5):
당황스러운 상황의 처리

상담을 진행하다 보면 상담자는 다루기에 난처한 입장에 놓일 때가 종종 있다. 내담자는 불쑥 선물을 내놓을 때도 있고, 상담자의 얼굴을 붉히게 하는 질문도 있다. 20분쯤 지각하면서 "억지로 왔다. 당신이 나를 고칠 수 있느냐"는 식의 말을 빈정대듯 말할 때, 내담자가 상담에 대한 동기가 줄어들었음을 보면서도 이를 어떻게 다루어야 할지 난감해 할 때가 있다. 두세 번 잘 오던 내담자가 "결국 내 문제는 내가 해결해야 되는 것 아니냐"고 물으며 상담을 종료시키려고 하는 경우, 말도 별로 없이 앉아 있다가 "지금 몇시나 되었지요?"하면서 상담에 저항을 보이는 경우, "선생님의 최종 학력은 무엇이냐?"고 물으면서 상담자의 전문성을 의심하는 경우 등 상담중에 부딪히는 당황스러운 상황은 무수히 많다. 초심자의 경우는 경험의 부족과 개인적 문제에 따라 이러한 당황스런 장면들을 더 자주 겪게 될 것을 쉽게 짐작할 수 있다. 특히 상담 경험이 적기 때문에 당황스러운 장면을 활용한다는 생각보다도 그 상황에 위축되어 충분하게 기능을 발휘하지 못하기도 한다. 그것이 비단 초심자의 경우에만 있는 것은 아니다. 사실 상담 중의 어떤 상황도, 어떤 내담자의 말과 행동도 치료에 저촉이 되는 것은 없다. 내담자의 말, 행동 및 상담중에 이루어지는 상황 모두가 내담자의 특성이나 문제, 내담자 상담자 관계를 보여주기 때문이다.

그러므로 상담자는 아무리 당황스러운 장면이라도 적절히 다룸으로써 생산적인 자료로서 활용하는 것이 필요하다. 그러나 상담자를 당황하게 하는 내담자의 예상치 못한 반응들의 의미가 무엇인지를 지각한다고 해서, 반응도 저절로 나와 활용되는 것은 아니다. 상담 면접연습을 통해서만 그 활용을 극대화할 수 있으며, 그것을 돕는 것이 이 책의 목적이다. 초심자가 실제 상담에 임하기 전에 이러한 상황을 확인하고 반응을 연습하여야 이에 대비할 수 있다. 앞으로 하게 되는 연습에서는 상담에서 실제로 발생했던 당황스러운 장면들을 수집하여 실제로 어떻게 대처했는지를 열거함으로써, 다른 이론적 서적보다는 실제적으로 도움이 되도록 하였다.

연습 30 당황스러운 상황에서의 반응

이제, 제시되는 8가지 상황에서 내담자의 다양한 말과 행동에 어떻게 반응하는 것이 바람직한지를 연습해 보자. 각 사례마다 내담자 반응에 대해 실제 상담 중에 있음직한 상담자의 반응들을 적어 놓았다. 제시된 반응들은 실제 상담중에 상담자들이 내담자 반응들을 어떻게 처리하며 반응하는지를 확인해 정리해 놓은 것이다. 그 당시의 상황 맥락이 없는 것이므로 무엇이 더 바람직한지를 평가하기 어렵지만, 당신은 각 반응들이 갖는 유익한 점과 한계점들을 비교, 검토할 수 있을 것이다.

각 반응들 밑에 그 반응의 특성을 적어 봄으로써 당신은 반응 대안들을 융통성있게 갖는 기초를 다지게 된다. 각 반응 대안들을 검토한 후 마지막에 당신은 어떻게 할 것인지 혹은 어떤 반응을 보이고 싶은지를 적어보시오. 제시된 반응들 중에서 선택하여 다듬어서 쓸 수도 있고, 몇 개를 조합해서도 만들 수 있으며, 더 바람직한 반응을 창의적으로 만들 수도 있다. 당황스런 상황은 상담중에 필연적으로 있기 마련이기 때문에 당신은 미리 준비를 하는 것이다.

상담의 동기가 없어졌거나 떨어졌을 때

1. "결국 내 문제는 나 스스로 해결하는 것 아니겠어요? 문제가 있는 것도 좀 그런데, 해결까지 남에게 도움을 받는다는 게 영 마음에 걸려요."

가. "자기 문제는 자기가 해결한다는 것은 나도 같은 생각이야. 그러나 우리가 지금 논의하고 있는 것은 어떻게 스스로 해결해 나가느냐인 것 아닌가?"
반응의 특성: _____

나. "남에게 도움을 받는다는 것이 못난이 짓인 것처럼 느껴지나 보군. 상담하러 오는 발걸음이 무겁겠는데?"
반응의 특성: _____

다. "지금가지 문제들이 있으면 스스로 해결해 보려고 노력해온 것 같군요."

　　반응의 특성:＿＿＿＿＿＿＿＿＿＿＿＿＿＿＿＿＿＿＿＿＿

라. "남의 도움을 받아 문제를 해결한다는 것이 마음에 걸린단 말이죠. 어떤 점
　　이 마음에 걸리는데요?"

　　반응의 특성:＿＿＿＿＿＿＿＿＿＿＿＿＿＿＿＿＿＿＿＿＿

마. "자신의 문제를 스스로 해결해야 한다는 생각을 가지고 있어서 남의 도움
　　을 받는 것이 마음에 내키지 않은 모양이지요. 그렇지만 도움을 받는 것일
　　뿐 실제로 해결하는 것은 자기 스스로라고 생각해요."

　　반응의 특성:＿＿＿＿＿＿＿＿＿＿＿＿＿＿＿＿＿＿＿＿＿

바. "그렇죠. 그런 생각을 가지시는게 당연합니다. 누구라도 자신의 문제는 스
　　스로 해결하기를 바라죠. 하지만 그런 문제해결을 보다 빨리 하기 위해 다
　　른 사람의 도움을 구하는 것도 현명한 일이라고 생각해요."

　　반응의 특성:＿＿＿＿＿＿＿＿＿＿＿＿＿＿＿＿＿＿＿＿＿

• 당신의 반응:＿＿＿＿＿＿＿＿＿＿＿＿＿＿＿＿＿＿＿＿＿＿＿
　　　　　　　＿＿＿＿＿＿＿＿＿＿＿＿＿＿＿＿＿＿＿＿＿＿＿

2. "저는 여기에 계속 오는 이유를 모르겠어요. 내 자신에 대해 계속 이야기하
　　고 있지만 별 변화가 없군요."

가. "자신은 할 바를 다 했다고 생각되는데, 아무런 변화가 없다면 답답하겠
　　군."

　　반응의 특성:＿＿＿＿＿＿＿＿＿＿＿＿＿＿＿＿＿＿＿＿＿

나. "상담에 대해 회의를 느끼는 것 같은데, 어떻게 했었더라면 그런 회의가 생
　　기지 않았을까?"

　　반응의 특성:＿＿＿＿＿＿＿＿＿＿＿＿＿＿＿＿＿＿＿＿＿

다. "지쳤나 보군. 상담을 그만두고 싶고 더 애쓰고 싶지 않은 것 같군."

　　반응의 특성:＿＿＿＿＿＿＿＿＿＿＿＿＿＿＿＿＿＿＿＿＿

라. "변화가 없는데도 계속 오는 이유가 무안지 모르겠다는 말인 것 같군요. 어

떤 변화를 기대하시나요?"

반응의 특성: _____

마. "변화가 일어나기를 기대했는데 그렇지 않은 것 같아 실망을 하고 있군요. 그렇다면 상담을 받기 전과 받은 후 지금까지의 ○○씨의 행동과 태도를 자세히 비교해 볼까요?"

반응의 특성: _____

바. "빨리 문제가 해결됐으면 하고 바라는데, 이 상담에서 별로 도움을 받지 못하고 있다는 생각을 하고 계시군요. 구체적으로 어떤 변화를 원하고 있는지 한 번 얘기해 보시죠."

반응의 특성: _____

• 당신의 반응: _____

_____

3. "상담을 얼마 정도 해야 될까요. 몇 번이나 와야 제 문제가 해결될까요?"

가. "글쎄요. 해봐야 알겠지만 우선은 1주일에 한 번씩 1학기 정도는 해봐야 할 것 같은데요. 어느 정도 해야 해결될 수 있을지가 궁금하셨군요."

반응의 특성: _____

나. "당신은 얼마 만큼 필요하다고 생각하세요?"

반응의 특성: _____

다. "횟수를 정해 놓고 상담을 시작할 수도 있지만, 먼저 문제가 호전되어 가는 정도를 보면서 서서히 결정해야 합니다."

반응의 특성: _____

라. "그것은 상황에 따라 다소 유동적이라는 생각이 드는군요. 그래서 얼마나 해야 서로 만족할 만한 수준이 될지 확실하게 말하기는 어렵지만, 다만 분명한 것은 우리가 서로 노력하는 정도에 따라 문제가 빨리 해결될 수 있다는 겁니다."

반응의 특성: _____

• 당신의 반응: _____

_____

4. "나는 지금 내가 어디에 서 있는지를 모르겠어요."

　가. "그것을 당장 우리 상담에 적용해 볼 수 있을까요?"

　　　반응의 특성: _____

　나. "갈 길을 잃었다는 느낌인가 본데, 무척 당황이 될 것 같은데."

　　　반응의 특성: _____

　다. "그런 생각이 드는 이유를 자세히 말해보겠어요?"

　　　반응의 특성: _____

　라. "참 막막하겠군요. 지금 자신이 어디에 와 있는지, 자신이 서 있는 자리가 어디쯤인지 전혀 감이 안잡히는가 보군요."

　　　반응의 특성: _____

　마. "마치 한치 앞도 보이지 않는 자욱한 안개 속에 서 있는 듯한 느낌을 가지고 계시는군요. 그러자면 무척 힘드실텐데, 힘든 점을 한 번 얘기해 보시죠."

　　　반응의 특성: _____

• 당신의 반응: _____

_____

5. "괜히 선생님 시간을 뺏는 것 같아요. 선생님은 애쓰시는데 저는 별 변화가 없어 죄송해요."

　가. "별 변화가 없어서 나한테 미안하다구요? 날 위해서 상담하는 것은 아닌데, 나한테 미안할 것 없죠. 그런데 별로 변화가 없어서 어떡하나."

　　　반응의 특성: _____

　나. "상담자의 노력에 무언가 변화를 보여줘야 한다는 생각이 부담스러운 거군요. 물론 눈에 보이는 변화가 있다면 더욱 좋겠지만 언제나 변화가 있는

것은 아니고, 또 그렇게 쉽게 변화되지 않는다고 해서 시간을 뺏는다고 느낄 필요는 없어요. 그리고 상담 시간은 완전히 ○○씨를 위해 마련된 시간입니다. 좀더 노력해 봅시다."

반응의 특성: _____

다. "○○씨는 자신의 문제해결에 도움을 받으려고 상담을 받고 있는데, 상담자에게 미안함을 느낄 필요는 없어요."

반응의 특성: _____

라. "그것에 관해서는 신경쓸 필요가 없을 것 같아요. 저는 ○○씨와 같은 사람을 도와주려고 여기에 있는 것이고, 그리고 무엇보다도 제가 보기에 ○○씨도 무척 노력을 하고 있어요."

반응의 특성: _____

• 당신의 반응: _____

_____

6. 내담자가 약간의 침묵 후에 별안간 묻는다. "지금 몇 시나 되었지요?"

가. "언제까지 상담이 계속될지 걱정이 되십니까? 지금 특별히 할 일이라도……"

반응의 특성: _____

나. "지금 3시 35분이군요. 그런데 당신은 시간을 물어보기보다는 다른 말을 하고 싶은 것 아닙니까? 어려워하지 말고 이야기해 보세요."

반응의 특성: _____

다. "○시 ○○분이에요. 시간이 궁금하셨나요?"

반응의 특성: _____

라. "○시 ○○분인데, 근데 왜 묻죠?"

반응의 특성: _____

마. "나와의 대화가 잘 되지 않는다고 느낀 것 같은데……"

반응의 특성: _____

• 당신의 반응: _____

_____

상담자의 전문성이나 경험을 신뢰하지 못하는 경우

1. "선생님, 나같은 문제를 가진 사람이 있습니까? 혹시 그런 사람을 상담해 보신 적이 있으세요?"

가. "똑같지는 않지만 비슷한 불편을 호소하는 사람들은 있지요."

반응의 특성: _____

나. "꼭 같지는 않지만 비슷한 경우를 상담해본 적이 있어요. 왜 묻죠?"

반응의 특성: _____

다. "그런 문제를 가진 사람들은 많이 있다고 봅니다. 살아가면서 드물지 않게 겪을 수 있는 문제라는 생각이 들어요. (경우에 따라서) 실제로 비슷한 경우를 해본 적은 없습니다."

반응의 특성: _____

라. "사람은 서로 다른 것 같아도 공통점이 많이 있어요. 비슷한 문제로 괴로워하는 학생들이 많이 있죠. 혼자만 그런 문제를 가지고 있다고 생각하면 더욱 괴로워지죠."

반응의 특성: _____

마. "비록 똑같은 건 아니지만 비슷한 경우는 더러 봤습니다. 혹시 자신이 가지고 있는 문제가 너무 독특하거나 심각해서 도저히 상담을 통해선 해결할 수 없다는 생각을 하고 계시는 것 아닌가요?"

반응의 특성: _____

• 당신의 반응: _____

_____

2. "선생님의 전공이 무엇인가요?", "지금 여기서 직책은 무엇인가요?"

가. "저에 대해 궁금하신 것이 많나 보군요."

반응의 특성: _____

나. "전공은 심리학이고요. 여기서는 자원봉사자로 일하죠. 그것들이 궁금하셨
어요?"

반응의 특성: _____

다. "상담자가 어떤 사람이기를 기대하고 오셨나요?"

반응의 특성: _____

라. "근데 그런 것들을 어떻게 해서 알고 싶으신지 궁금하네요."

반응의 특성: _____

• 당신의 반응: _____

_____

3. "저, 혹시… 선생님 결혼하셨어요?"

가. "네, 결혼했습니다(혹은 안했습니다). 그런데 그것이 궁금하셨어요?"

반응의 특성: _____

나. "제 결혼 여부가 당신의 문제를 풀어나가는 데 어떤 관련이 있나요?"

반응의 특성: _____

다. "궁금하세요?"

반응의 특성: _____

• 당신의 반응: _____

_____

4. "이런 말을 해야 할지 말아야 할지 모르겠어요. 말을 해도 별 소용이 없을
것 같아요."

가. "말하기가 좀 주저되시나 보군요. 무엇 때문에 그런지 알 수 없지만, 혹시
나를(상담을) 믿기가 아직은 어려운 것은 아닌지……"

반응의 특성:_____

나. "그렇게 얘기하니까 더 관심이 가는데요."

　반응의 특성:_____

다. "그냥 한 번 얘기해 보세요. 정말 소용이 없는지 같이 알아보죠."

　반응의 특성:_____

라. "말을 해도 별 소용이 없을 것 같다구요. 뭔가 해결을 하고 싶은데 노력한
　다고 될까? 이런 생각이 들면 무척 암담할 것 같군요."

　반응의 특성:_____

마. "말을 해도 소용이 없을 것 같으면 참 망설여지죠. 그런데 소용이 없을 것
　이라는 게 뭘 말하는 거죠?"

　반응의 특성:_____

바. "글쎄요. 궁금하기는 한데. (잠깐 뜸을 들이고) 마음에 내키는 대로 하시죠."

　반응의 특성:_____

• 당신의 반응:_____

_____

5. "저 뭐라고 불러야 될지 모르겠어요. 호칭 말이예요. 선생님은 아닌 것 같
　고, 상담자님이라고 하니 좀 어색하고……"

가. "뭐라고 부를지 어색하지요. ○○씨는 뭐라고 부르고 싶으세요."

　반응의 특성:_____

나. "뭐라고 부르면 편안할까요? 나는 선생님이라는 표현이 듣기 편한데."

　반응의 특성:_____

다. "부르기 편한 대로 부르세요."

　반응의 특성:_____

라. "네. 여기선 보통 선생님이라고 부르는데, 그게 좀 어색할까요?"

　반응의 특성:_____

마. "보통은 선생님이라고 하는데, 어떻게 해서 곤란한지 궁금하군요."

　　반응의 특성: _____

• 당신의 반응: _____

　　_____

대답을 할 수 없거나 대답하기에 난처한 질문을 할 때

1. "우리는 왜 밥을 먹어야만 하지요?"

　가. "살려고 먹지."

　　반응의 특성: _____

　나. "보통은 살려고 먹는다고들 쉽게 말하지만, ○○는 어떻게 생각하나?"

　　반응의 특성: _____

　다. "살려고 먹느냐, 먹으려고 사느냐하는 논쟁은 계속되고 있지만, ○○에게
　　그것이 어떤 의미가 있지?"

　　반응의 특성: _____

　라. "살기 위해서? 그런 질문을 하는 걸 보니 마치 '왜 살아야 하나'를 묻는 것
　　처럼 들리는데 그런가요?"

　　반응의 특성: _____

　마. "글쎄……, 대답하기가 쉽지 않군요. 그것보다는 어떻게 해서 그런 의문이
　　생기는지 궁금하네요."

　　반응의 특성: _____

• 당신의 반응: _____

　　_____

2. "선생님, 여자와 (혹은 남자와) 같이 자본 경험이 있으세요?"

　가. "아, 아니, 없어요." (혹은, 예, 있어요.)

　　반응의 특성: _____

나. "필요하다면 말해 줄 수도 있지만 왜 그런 걸 묻죠?"

　　반응의 특성:＿＿＿＿＿＿＿＿＿＿＿＿＿＿＿＿＿＿＿＿＿＿＿＿

다. "갑자기 그런 걸 물어보니까 굉장히 당황스러운데."

　　반응의 특성:＿＿＿＿＿＿＿＿＿＿＿＿＿＿＿＿＿＿＿＿＿＿＿＿

라. "(웃으며) 그럼요. 뭔가 하실 말씀이라도?"

　　반응의 특성:＿＿＿＿＿＿＿＿＿＿＿＿＿＿＿＿＿＿＿＿＿＿＿＿

· 당신의 반응:＿＿＿＿＿＿＿＿＿＿＿＿＿＿＿＿＿＿＿＿＿＿＿＿＿

　　＿＿＿＿＿＿＿＿＿＿＿＿＿＿＿＿＿＿＿＿＿＿＿＿＿＿＿＿＿＿

자기 문제를 전문용어를 사용하며 호소하는 내담자

"제 문제는 강박증이예요. 어떤 생각이든 떠오르면 머리에서 떠나지 않거든
요."

가. "어떤 생각들이 계속 나지요?"

　　반응의 특성:＿＿＿＿＿＿＿＿＿＿＿＿＿＿＿＿＿＿＿＿＿＿＿＿

나. "생각이 떠오르면 머리에서 떠나지 않는다구요. 좀더 설명해 보겠어요?"

　　반응의 특성:＿＿＿＿＿＿＿＿＿＿＿＿＿＿＿＿＿＿＿＿＿＿＿＿

다. "지금도 어떤 생각을 하고 있나요?"

　　반응의 특성:＿＿＿＿＿＿＿＿＿＿＿＿＿＿＿＿＿＿＿＿＿＿＿＿

라. "그것 때문에 일상 생활 하기가 많이 힘든가요?"

　　반응의 특성:＿＿＿＿＿＿＿＿＿＿＿＿＿＿＿＿＿＿＿＿＿＿＿＿

마. "굉장히 괴로울텐데, 잊으려고 해도 같은 생각을 자꾸하게 되면 그게 강박
증이라고 생각된다는 말이지요. ○○씨는 강박증이 어떤 거라고 생각하는
데요?"

　　반응의 특성:＿＿＿＿＿＿＿＿＿＿＿＿＿＿＿＿＿＿＿＿＿＿＿＿

· 당신의 반응:＿＿＿＿＿＿＿＿＿＿＿＿＿＿＿＿＿＿＿＿＿＿＿＿＿

1. "저는 벌써 이 검사를 네 번째 해보는 거예요. 문항들을 외우다시피 하지요."

가. "심리검사하는 데 이력이 났겠군요. 언제 그렇게 여러 번 했어요?"

반응의 특성: _____

나. "심리검사에 대해서 어떻게 생각하시는지 듣고 싶군요."

반응의 특성: _____

다. "제일 나중에 한 것이 언제죠?"

반응의 특성: _____

라. "자꾸 똑같은 검사를 하니까 짜증이 나지요? 그래도 이 검사는 받을 때의 상황에 따라서 결과가 다르게 나올 수도 있고 하니까 다시 한 번 해보세요. 현재 ○○씨의 상태를 잘 이해하는 데 도움이 될 수 있을 거예요."

반응의 특성: _____

마. "정말 그렇겠군요. 싫증나기도 하겠어요. 상당히 오랫 동안 그 문제로 고민해 왔던 것 같군요."

반응의 특성: _____

• 당신의 반응: _____

_____

2. "저는 병원에서 정신과 전문의에게서 상담을 받아본 적이 있어요. 그 분은 약만 지어주고 그 약이 잘 맞는지, 안 맞는지만 체크하는 정도였어요."

가. "그 분이 약에만 관심을 갖고 당신의 다른 면에는 소홀하셨나 보군요."

반응의 특성: _____

나. "그래서 그 분에게 실망하셨나본데 어떤 것들을 기대하셨어요?"

반응의 특성: _____

다. "주로 약물치료만 받았다는 말이군요. 그 때는 어떤 일로 정신과에 갔었나요?"

　　반응의 특성: _____

라. "본인이 기대했던 것과는 달랐다고 느끼는 것 같군요. 그래서 어떻게 했나요?"

　　반응의 특성: _____

마. "옛날에 상담을 받아봤지만 별 소용이 없었다는 얘기군요. 그러면 다시 이렇게 상담을 시작하면서도 큰 기대는 별로 없다는 얘기일 수도 있을텐데, 어떠세요?"

　　반응의 특성: _____

바. "그 선생님이 ○○씨에게 별 관심을 기울이지 않았다는 얘기인지도 모르겠군요."

　　반응의 특성: _____

• 당신의 반응: _____

_____

선물을 가져오거나 초대를 할 경우

1. "선생님이 저를 위해 귀중한 시간을 내주셔서 감사해서요, 조그만 정성을 준비했어요" 하면서 선물을 내민다.

가. "어, 고마워요."

　　반응의 특성: _____

나. "어머, 너무 고마운데요. 사실 ○○씨와 얘기를 나누는 시간에 나도 보람을 느낄 수 있었는데……, 잘 쓰겠어요."

　　반응의 특성: _____

다. (정색을 하며) "성의가 고맙기는 하지만 그냥 받아서는 안될 것 같군요. 뇌물을 함부로 받으면 뒤탈이 반드시 생기니까. 일단 이 뇌물에 대해 얘기해 봅시다."

반응의 특성:_____

라. "정성스러운 선물이니 고맙게 받겠어요."

　　반응의 특성:_____

마. "○○씨는 제 시간에 대해 상담료를 지불하고 있는데 따로 선물을 준비하
　　셨군요. 제가 어떻게 해야 될지 좀 부담이 되는데요."

　　반응의 특성:_____

• 당신의 반응:_____

_____

(2) "저, 선생님, 제가 언제 저녁식사를 대접하고 싶은데요. 시간을 내주시겠어
　　요?"

가. "저녁식사요? ○○씨가 상담시간 외에 다른 시간과 장소에서 나를 만나서
　　얘기하고 싶은가 보지요? 상담시간에 얘기하는 것이 어떻다고 느껴지는데
　　요?"

　　반응의 특성:_____

나. "저녁이요? 정말 말씀은 고마운데 제가 저녁시간이 여의치가 않거든요. 미
　　안한데 시간 내기가 어렵군요."

　　반응의 특성:_____

다. "마음은 고맙지만 어렵겠는데요."

　　반응의 특성:_____

라. "고맙기는 한데, 일단은 ○○씨의 얘기를 어느 정도 매듭지어야 할 섯 같군
　　요. 그리고 나서야 거리낌없이 응할 수 있을 것 같아요."

　　반응의 특성:_____

마. "상담시간 외에 다른 데서 만나는 것이 우리 상담에 어떤 도움이 될까요?"

　　반응의 특성:_____

• 당신의 반응:_____

_____

3. "선생님, 너무 감사해요. 지난번 상담을 하고 나서 너무 너무 좋아졌어요."

　가. "좋아졌다니 나도 기쁘군요. 어떤 점이 그렇게 좋아졌습니까?"

　　　반응의 특성: ＿＿＿＿＿＿＿＿＿＿＿＿＿＿＿＿＿＿＿＿

　나. "하지만 좀더 기다려 볼 필요도 있을 것 같군요."

　　　반응의 특성: ＿＿＿＿＿＿＿＿＿＿＿＿＿＿＿＿＿＿＿＿

• 당신의 반응: ＿＿＿＿＿＿＿＿＿＿＿＿＿＿＿＿＿＿＿

＿＿＿＿＿＿＿＿＿＿＿＿＿＿＿＿＿＿＿＿＿＿＿＿＿＿＿＿

4. "선생님은 꼭 제 누나(혹은 형)처럼 푸근하고 좋아요. 제가 이제부터 누나라
고 불러도 될까요?"

　가. "내가 누나처럼 푸근하게 느껴지나 보군. 누나라고 부르는 게 우리에게 어
　　　떤 도움이 될까?"

　　　반응의 특성: ＿＿＿＿＿＿＿＿＿＿＿＿＿＿＿＿＿＿＿＿

　나. "푸근하고 좋아서 형이라고 부르고 싶단 말이지?"

　　　반응의 특성: ＿＿＿＿＿＿＿＿＿＿＿＿＿＿＿＿＿＿＿＿

　다. "누나처럼 느낀다니 기분이 좋긴 한데, 누나라고 생각하면 얘기하기 곤란
　　　한 점도 있어요. 지금까지처럼 선생님이라는 호칭이 더 좋을 것 같군요."

　　　반응의 특성: ＿＿＿＿＿＿＿＿＿＿＿＿＿＿＿＿＿＿＿＿

　라. "그 마음만은 간직하고 선생님이라는 호칭을 공식적으로 사용했으면 좋겠
　　　는데요."

　　　반응의 특성: ＿＿＿＿＿＿＿＿＿＿＿＿＿＿＿＿＿＿＿＿

　마. "누나처럼 느껴지는가 본데, 그래도 호칭을 누나라고 하는 것은 우리 관계
　　　를 너무 한정짓는 것 같아서 그대로 선생님이라고 했으면 좋겠어요. 제가
　　　누나였으면 좋겠어요?"

　　　반응의 특성: ＿＿＿＿＿＿＿＿＿＿＿＿＿＿＿＿＿＿＿＿

• 당신의 반응: ＿＿＿＿＿＿＿＿＿＿＿＿＿＿＿＿＿＿＿

＿＿＿＿＿＿＿＿＿＿＿＿＿＿＿＿＿＿＿＿＿＿＿＿＿＿＿＿

1. "내가 들어올 때 나간 학생은 아주 당황한 것처럼 보이던데요?"

   가. "아, 그렇게 보였나. 그 학생에 대해 궁금한 모양이지?"

      반응의 특성: _____

   나. "다른 학생은 어떤 식으로 상담을 받는지 궁금한가 보군요?"

      반응의 특성: _____

   다. "그렇게 보였나?"

      반응의 특성: _____

   라. "당신은 지금 어떠신데요?"

      반응의 특성: _____

   마. "어떻게 보였는데요?"

      반응의 특성: _____

   바. "그 학생에 대해 궁금해 하는군요. 내가 당신과의 상담에 대해 다른 사람에게 들려 줄 수 없듯이 그 사람에 관해서도 이야기할 수 없군요. 혹시 당신도 당황하게 될 것 같습니까?"

      반응의 특성: _____

   • 당신의 반응: _____

      _____

2. "담임선생님이 저를 어떻게 대하고 계신지를 지금 이야기했습니다만 선생님은 그 분을 어떻게 생각하고 계십니까?"

   가. "글쎄, 그것은 어째서 묻는거지?"

      반응의 특성: _____

   나. "○○가 담임선생님을 보는 입장과 내가 보는 입장은 좀 다르군요. 사람을 보는 관점은 서로 다르니까 그 다른 점을 이해해주기 바래요."

반응의 특성: _____

다. "내가 어떻게 생각할 것 같다고 생각되지?"

반응의 특성: _____

라. "○○가 말한 것처럼 ~ 한 분이라는 생각이 드는군요."

반응의 특성: _____

마. "내가 그 분을 직접은 모르니까 지금 들은 얘기로는 그분이 ○○씨를 제대로 이해하지 못하고 있을 것 같은데요."

반응의 특성: _____

바. "나는 그 분을 개인적으로는 좋아합니다. 그러나 그 선생님이 인간적으로 대하지 않고 아주 차갑게 대하고 있다는 학생의 느낌에 관심이 가는군요."

반응의 특성: _____

• 당신의 반응: _____

_____

3. "저의 어머니를 만나보셨지요. 어머니는 틀림없이 나에 대한 이야기를 많이 하셨을 겁니다. 뭐라고 하던가요?"

가. "어머니께서 나에게 뭐라고 이야기를 했을 것 같아요?"

반응의 특성: _____

나. "궁금한가 보지? 뭐라고 하셨을 것 같은가?"

반응의 특성: _____

다. "먼저 ○○가 어머니께서 자신에 대해 무어라고 말씀하셨을지를 맞혀 보세요."

반응의 특성: _____

라. "어머님이 이러이러한 얘기를 하셨어요. 나는 그걸 ~게 생각하는데, ○○씨 생각은 어떤가요?"

반응의 특성: _____

마. "너도 알다시피 너의 어머니가 이야기한 것을 너에게 이야기해 줄 수가 없어. 마치 그분에게 우리들의 대화 내용을 말해줄 수 없는 것처럼 말이다. 한 가지 해두고 싶은 말은 어머니와의 대화로 나는 어머니에 대한 너의 입장이나 너에 대한 어머니의 입장을 보다 잘 이해하게 되었다는 것이야."

반응의 특성: _____

바. "너의 어머니는 나하고 이야기한 것을 너에게 얘기하지 말았으면 하시더구나. 궁금한 것이 있으면 네가 직접 어머니에게 묻기를 바라시더군. 이 점에 대해서 네가 어떻게 생각하는지 궁금한데……"

반응의 특성: _____

• 당신의 반응: _____

_____

4. "선생님은 저를 잘 이해해주셔서 참 좋은 분이라는 생각이 듭니다. 그렇지만 선생님께서도 역시 저의 태도가 신경에 거슬리시지요?"

가. "나에게 ○○씨의 태도가 신경에 거슬릴까봐 걱정이 되는가봐?"

반응의 특성: _____

나. "내가 이해를 해줘서 좋지만 ○○씨의 태도가 나의 신경에 거슬릴 거라고 생각된단 말이지. 그래, 어떤 점에서 그럴 거라고 생각되었나?"

반응의 특성: _____

다. "저는 ○○씨가 왜 그런 태도를 갖는지 이해가 되고 신경이 거슬리지는 않아요. 그러기보다는 그런 점 때문에 사람들과의 관계가 원만히 되지 않을까 걱정이 되는군요."

반응의 특성: _____

라. "가끔 ~한 대목에서 당신이 어려움을 느낄 것이라는 생각이 들어요."

반응의 특성: _____

마. "나를 좋게 생각한다니 반갑군. 그리고 신경이 다소 쓰이는 건 사실이야. 너는 그저께 교문밖 골목에서 담배를 피우고 있었지. 그런 너의 모습을 보면 나도 다소 신경이 쓰이는 것 같애. 그런데 나한테 뭔가 하고 싶은 말이

있는데도 아직 말을 하기가 혹시 부담스러운 것이 아닌지 모르겠어."

반응의 특성: _____

• 당신의 반응: _____

_____

5. "선생님은 집안이 가난한 것에 대해서 어떻게 생각하세요?"

가. "글쎄요. 대답하기가 어렵군요. 흔히 가난은 사람을 불편하게 만든다고 하
잖아요? ○○씨의 의견이나 그에 관한 경험을 들려 주세요."

반응의 특성: _____

나. "가난하면 여러 가지 불편한 점이 많고, 하고 싶은 것을 못하는 것도 많은
테니 불만이 많을 수 있다고 생각해요. 그렇지만 한편으론 가정이 오히려
화목하고 소박한 생활 습관을 갖게 될 수도 있다고 생각하죠. 가난한 것도
정도의 차이가 있을 것 같은데, 어떤 걸 물은거죠?"

반응의 특성: _____

다. "○○씨는 그것에 대해서 어떻게 생각하시죠?"

반응의 특성: _____

라. "가난한 것에 대한 내 생각을 알고 싶은가보군. ○○씨는 어떻게 생각하는
데?"

반응의 특성: _____

마. "살아가는 데 어려움이 많이 따르겠죠. 하지만 가난에 물들어 사는 것보다
는 가난을 극복해서 사는게 더 의의가 있다고 생각돼요."

반응의 특성: _____

바. "글쎄, 좋아한다고는 말할 수 없겠지. 그러나 나는 너의 처지를 이해하려고
애쓰고 있어. 가능한 한 최선을 다해서 말이야. 그 동안 여러 번 만나는 동
안에 너의 입장을 이해하기가 좀 쉬워진 것 같군. 그러나 우리 두 사람이
이야기를 시작한 이래 너는 집안형편에 대해서나 경제 문제에 대한 네 느
낌을 솔직하게 털어 놓은 적이 없었던 것 같아. 오늘은 좀 마음을 털어 놓
고 얘기할 수 있는지 궁금한데……"

반응의 특성: _____

• 당신의 반응: _____

_____

침묵하는 내담자

침묵의 의미가 상황에 따라 매우 다르므로 다음에 제시된 반응들은 각기 다른 상황을 염두에 둔 것들이다.

가. "지금 무슨 생각을 하세요?"

반응의 특성: _____

나. "심각한 말을 시작하는 것은 언제나 어렵지요."

반응의 특성: _____

다. "말로 표현할 수 있을 때까지 기다릴 테니까. 안심하고 천천히 말하셔도 됩니다."

반응의 특성: _____

라. "당신이 말하고 싶은 것을 표현하기가 힘든 것 같은데, 그렇습니까?"

반응의 특성: _____

마. "당신의 생각이 어떻게 돌아가고 있는지 약간 힌트를 준다면 내가 말로 나타내기 쉽도록 도와드리고 싶습니다."

반응의 특성: _____

바. "당신은 지금 말하고 싶지 않은 모양이죠?"

반응의 특성: _____

사. "우리가 여러 번 만나서 이야기를 해왔는데, 당신은 어머니에 대해서는 한마디도 이야기를 하지 않은 것 같습니다."

반응의 특성: _____

• 당신의 반응: _____

_____

[연습 30의 답 예시] ···251~

[상담의 동기가 없어졌거나 떨어졌을 때]

1. 가. 문제해결 '과정'의 타당성 논의/확인의 중요성을 지적
    나. 상담소 來訪(내방)관련 부담(심리)의 이해
    다. 내담자측 습관성 대처방식의 지적
    라. 조력 요청(상담) 관련 부담(양가 심리)을 이해
    마. 해결 주체는 내담자측임을 강조
    바. 상담 요청의 내담자측 입장 이해
  • 당신의 반응: 자기 문제의 해결을 타인조력에 의존한다기보다는 참고할 뿐으로 종국적 책임은 스스로에 있지 않을까요?

2. 가. 변화 없음의 답답한 내담자 심정을 공감
    나. 보다 효과적 상담접근을 위한 代案(대안)을 물음
    다. 내담자 낙담 심정을 이해해줌
    라. 내담자가 희망하는 변화의 구체적 내용을 확인하기 위함
    마. 상담 전후의 변화를 확인시키기 위함
    바. 위의 라항과 내용이 비슷함
  • 당신의 반응: 당신이 원하는 변화가 느껴지지 않는다는 말씀을 이해하면서도, 이제 당초 상담목표와 지금의 상태를 비교해 보고 싶군요.

3. 가. 상담기간의 궁금증을 이해하고 한 학기 대비의 필요성을 알려줌
    나. 내담자측 예상을 문의(확인)
    다. 상담 문제의 해결시기는 서서히 결정됨을 알려줌
    라. 노력정도의 다름을 알려줌
  • 당신의 반응: 위 두 사람의 노력 정도에 따라 빠를 수도 느릴 수도 있겠는데 대체로 한 학기를 잡고 시작하면 어떨까 싶어요.

4. 가. 현 위치를 알고 싶은 희망을 확인함
    나. 상담과정의 혼란감을 인정

다. 내담자측 생각의 이유를 확인하기 위함

라. 내담자측 불명료감을 인정함

마. 내담자측 애매감(오리무중 같은)을 탐색

- 당신의 반응: 상담과정이 오리무중 같은 느낌을 이해합니다만 그에 관련된 생각을 더 이야기해봅시다.

5. 가. 별 변화가 없음을 인정

나. 시간경과는 사실이나 추가적 노력의 필요성을 강조

다. 내담자를 위한 상담이니 미안감의 불필요성을 강조

라. 상담자 입장을 이해시키고 내담자 노력을 인정함

- 당신의 반응: 내담자측 노력의 사실을 인지하고 있음을 강조하고 싶군요. 비록 뚜렷한 상담효과는 느껴지지 않더라도...

6. 가. 시간 관련 물음을 초점화

나. 시간을 묻지 말고 하고 싶은 말을 하도록 권유

다. 시간 관련의 궁금증을 확인

라. '왜' 라는 질문의 부적절성

마. 시간경과에도 대화가 무익하다는 심정을 반영

- 당신의 반응: 시간경과에도 상담과정이 유익하게 느껴지지 않는다는 당신의 심정을 이해합니다. 여기서 상담을 끝내고 지금껏 과정의 결과를 (+), (−)결산을 한다면 어떨까요?

[상담자의 전문성이나 경험을 신뢰하지 못하는 경우]

1. 가. 내담자 문제의 보편성과 상담자 경험을 알려줌

나. '왜' 라는 질문의 부적절성

다. 상담문제에 보편성과 상담자의 솔직한 자기공개

라. 혼자만의 문제라는 생각에 불리성 측면을 환기

마. 자신만의 문제라는 생각여부를 확인

- 당신의 반응: 비슷한 문제의 상담경험이 있지만, 당신 문제는 해결하기 힘들 것이라는 생각인지 궁금해요.

2. 가. 일반적 관심임을 언급

나. 신상을 공개하면서 궁금했는지 확인

다. 상담자에 대한 기대(이미지)가 무엇인지 질문

라. 상담자 신상정보에 대한 관심에 이유를 간접적으로 시인

- 당신의 반응: 저는 심리학과 졸업의 심리상담사입니다만 저에 대해 어떻게 느끼시는지 말해주세요.

3. 가. 결혼여부의 궁금성의 확인만

　나. 상담자의 결혼여부와 상담과정의 관련성을 문의

　다. 궁금 여부만 질문

- 당신의 반응: 저는 결혼한 입장입니다만, 당신은 상담자의 결혼여부에 대해 어떻게 생각하시나요?

4. 가. 말씀하기 주저되는 부분에 사적인 정보이고, 공개하기 싫으면 안 해도 무방합니다.

　나. 상담자가 오히려 호기심이 있음을 언급

　다. 언급하는 것이 소용이 있는지, 없는지를 말하도록 권유

　라. 공개해도 유익하지 않을 경우, 불편 가능성이 있음을 언급

　마. 언급 무용론의 의미를 탐색

　바. 내담자의 자유의사에 맡길 것임을 언급

- 당신의 반응: 다소 주저할 내용이라도 상담자는 경청에 익숙합니다만, 당신의 결정에 따르도록 하겠습니다.

5. 가. 내담자측 의견을 먼저 묻기

　나. '선생님' 호칭의 편의성을 밝힘

　다. 내담자측 의향에 위임

　라. 내담자측 의견 확인

　마. '선생님 호칭' 곤란 여부 확인

- 당신의 반응: 저는 아무래도 괜찮습니다.

[대답을 할 수 없거나 대답하기에 난처한 질문을 할 때]

1. 가. 상식적 사실이나 무익한 반응

　나. 내담자측 생각을 탐문

　다. 상기 문장의 전반부 문구('~논쟁 계속~')는 필요 없음

　라. '왜 사는가?'의 확대 질문

　마. 내담자측 의문 배경을 탐색

- 당신의 반응: 위 '마' 항과 동일함

2. 가. 사실여부의 확인

　　나. '왜' 라는 응답의 무익성

　　다. '당황스러워 함' 은 부적절

　　라. 사실여부의 우선적 응답 필요

　• 당신의 반응: 한두 번의 경험은 있습니다만 당신의 생각을 듣고 싶군요.

[자기 문제를 전문용어를 사용하면서 호소하는 내담자]

1. 가. 감각적 행동과 구별되지 않음

　　나. 강박적 사고(연상)로 전재하고 내용 탐문

　　다. 강박적 행동과 구별하지 않음

　　라. '그 것' 의 내용확인의 우선적 필요

　　마. 강박증에 대한 인식내용을 탐문

　• 당신의 반응: 당신의 강박증 경험의 내용을 말씀해주세요.

[상담이나 심리치료 경험이 있음을 과시하는 경우]

1. 가. 언급된 심리검사의 시기를 질문

　　나. 경험한 심리검사에 관한 의견을 질문

　　다. 심리검사의 최종 경험을 질문

　　라. 반복적 검사의 부담을 이해하면서도 재검사의 필요성 언급

　　마. 내담자측 부담을 인정

　• 당신의 반응: 반복 검사가 부담되더라도 현재의 상태를 확인하기 위해서 협조해주시면 고맙겠습니다.

2. 가. 내담자의 미흡한 경험을 이해

　　나. 정신건강의사에 대한 기대감 탐색

　　다. 약물 치료의 중심의 정신과 방문 이유를 탐문

　　라. 기대 갈등의 경험을 이해하고 그 결과를 탐문

　　마. 과거와 같은 기대 미흡일 수 있음의 예상을 언급

　　바. 관심 미흡의 이전 경험을 지적

　• 당신의 반응: 내담자에 대한 관심이 미흡했다는 과거 경험을 저는 참작하겠습니다.

[선물을 가져오거나 초대할 경우]

1. 가. 내담자 선물의 기계적 접수

나. 선물 접수와 사의 표명

다. 내담자 선물에 대한 의미를 과대 탐색

라. 선물의 단순 접수

마. 상담자측 부담을 실토

• 당신의 반응: 위 '마' 항의 문장내용과 동일

2. 가. 식사초대에 상담중 대화 느낌 질문

나. 시간 부족의 이유로 오찬 초대를 거절

다. 식사 초대를 완곡히 거절

라. 상담 회기의 우선적 종결을 강조

마. 상담 회기 밖에서의 만남의 유익성을 질문

• 당신의 반응: 고맙습니다만, 상담 과정이 마무리된 후에 차 한 잔 정도 나누기에 습관이 있기는 합니다.

3. 가. 상담효과의 구체적 내용을 질문

나. 상담성과에 관해서는 유보적일 필요가 있음을 언급

• 당신의 반응: 어떤 점이 좋아졌는지 구체적으로 말씀해주십시오.

4. 가. 누나로 호칭변경의 유익성을 질문

나. 가족 형제 의식의 발로임을 확인

다. 상담자측의 정체성 유지를 시사함

라. 상담자의 전문적 정체성에 대한 인식을 견지시킴

마. 비전문적(가족형) 호칭 희망을 확인

• 당신의 반응: 위 '마' 항의 문장 내용과 동일

[내담자의 질문]

1. 가. 궁금 차원의 관심여부 확인

나. 다른 내담자에 대한 상담자측 태도에 대해 관심여부 확인

다. 다른 내담자 상담회기 반응 관련 확인

라. 내담자 자신은 어떤 상태(느낌)인지 탐문

마. 내담자 감각을 구체적으로 확인

바. 내담자 관련 탐색

• 당신의 반응: 위 '마' 항의 문장 내용과 동일

2. 가. 반문식 질문으로 부적절

나. 대인지각의 개인차 지적

다. 반문식 질문

라. 내담자측 인상지각에 동조

마. 제3자(담임교사)의 지각 오류 가능성을 시사

바. 솔직한 자기공개와 내담자측 느낌에 대한 관심 강조

- 당신의 반응: 위 '바' 항의 문장 내용과 동일

3. 가. 직답하지 않고, 내담자측의 추정(상상)임을 물음

나. 위 '가' 와 동일한 반응 특성임

다. 위의 '가' , '나' 와 유사한 반응 특성임

라. 제3자와의 관련 담화를 공개하고 내담자 의견을 물음

마. 입장이해 외에 제3자와의 담화 내용은 공개하지 않음을 언급

바. 상담자의 관련 입장을 밝힘

- 당신의 반응: 위 '바' 항의 문장 내용과 동일

4. 가. 걱정돼서 질문함의 여부를 질문

나. 신경 거슬림의 전제는 부적절

다. '거슬리지 않음 vs. 원만치 않음' 가능성에 이중적 의미 전달

라. '어려움' 단어 의미의 모호성

마. 반응 의미의 단순화 필요

- 당신의 반응: 네가 혹 말하기 부담스러운 부분이 있어도 나한테 말해주기를 바래요.

5. 가. 집안 가난에 관련 내담자측 경험을 탐색

나. 내담자측 관심의 초점을 탐색

다. 반문식 질문(부적절)

라. 위 '다' 와 유사반응

마. 가난을 극복하는 생활의 의의를 강조

바. 내담자 초점 관심의 자기공개를 촉구

- 당신의 반응: 위 '바' 항의 문장 내용과 동일

[침묵하는 내담자]

가. 침묵중에 생각을 탐색

나. 말하기 부담되는 입장을 이해

다. 상담자의 침묵 인내를 언급

라. 언어 표현의 부담을 확인해줌

마. 언어 표현의 조력 용의를 언급

바. 표현의 부담(주저)을 확인

사. 상담자측의 관심 인물을 밝힘

• 당신의 반응: 한 번도 말하지 않은 어머니에 대한 당신의 생각이나 느낌을 말해 주기를 바래요.

8

상담 실습자에게
보내는 몇 가지 조언

상담자 자신의 정신건강

상담자의 일이란 다양한 문제를 호소하는 내담자들을 만나 그들의 이야기를 듣고 그 문제를 같이 해결하는 것으로 이루어진다. 그러기 때문에 하루 종일 우울한 이야기를 들어야 하고, 문제를 어떻게 해결해 나가는지에 대해서 계속해서 생각을 해야 한다. 모든 일상생활이 머리를 써서 이루어지는 의사결정의 과정이지만, 상담의 경우에는 긍정적인 내용보다는 다른 뾰족한 방도가 없어 찾아온 문제들에 집중되어 있다. 그래서 "상담자 선생님은 어떻게 스트레스를 푸세요?"라는 질문을 받을 때가 있다. 이러한 질문은 상담자라면 진지하게 생각해야 할 부분이다. 왜냐하면 상담과정이란 자연스럽게 발생하는 긴장의 과정이라고 할 수 있는데, 여기에 상담자 개인의 기존의 긴장이 더하여지면 그 기장의 양이 적정 수준 이상을 초과하여 상담에 부정적으로 작용할 수 있기 때문이다. 그러므로 상담자는 누적되는 긴장을 경계하고 이를 처리할 수 있는 방안들을 가지고 있어야 한다.

상담을 한 후 자기에게 긴장을 주는 사건이나 감정을 동료 상담자와 토론하는 것은 바람직한 방법 중 하나이다. 비밀유지 관계 때문에 망설일 수는 있으나, 토론되는 내용은 내담자 신상에 대한 것이 아니라 상담자가 겪은 문제임을 생각하면 그리 망설일 이유가 못된다. 토론을 하여 당면한 문제를 해결한다는 생각보다는 그저 상담과 관련된 생각과 감정을 동료 상담자와 이야기함으로써 자신의 긴장감이 이완되고, 보다 객관적 전문성을 회복할 수 있게 하는 것이 바람직하다. 또한 앞에서도 교육분석이 자신을 이해하고 개인적 상담이론을 세우는 데 기여한다고 했지만, 교육분석은 전문적 자질의 향상뿐아니라 자신의 정신건강에도 기여할 수 있다. 교육분석이란 바로 상담자들이 받는 심리치료나 상담이기 때문이다.

그 외에도 나름대로의 이완기법을 능숙하게 적용하여 자신을 이완시킬 수 있어야 한다. 음악을 듣는다든지, 명상을 한다든지, 단전호흡을 한다든지 해서 상담에 임하기 전 잠깐 동안의 시간에 이용할 수 있으면 좋다.

당황스러운 상담 장면의 처리를 다룬 앞의 장에서 많은 상황들을 고려했지만 상담자들은 면접중에 많은 긴장의 순간을 맞는다. 초심자의 경우는 과잉욕구나 과도한 책임감에 의해 긴장과 불안이 더욱 조장될 수 있으나, 그럴 필요가 없다. 상담은 일상 생활에서 이루어지는 진지한 대화가 문제해결 중심으로 진행되는 데 불과하다. "과연 이 내담자의 문제를 내가 해결해 줄 수 있는가?"하는 마음과 "내담자의 저 말에 무엇이라고 대답해 주어야 하나?"하는 초조감이 처음 상담을 하는 사람을 긴장하게 하고 불안하게 만든다. 그러나 상담자가 반드시 내담자의 문제를 해결해 주기보다 내담자 스스로 탐색하고 정리하는 과정을 돕는다는 사실을 명심하는 것이 중요하다. 따라서 면접이 진행되도록 노력하면서 내담자로 하여금 상담관계가 어떤 것인가를 경험하게 하여야 한다. 처음 상담을 시작하는 대개의 상담자들은 불안한 나머지 면접을 너무 빨리 진행하거나 결과적으로 과잉노력을 보인다.

상담 실습시에는 잘 해보겠다는 포부와 동기가 작용하기가 쉽다. 그러나 너무 높은 수준의 목표를 세우고 시작한 상담 사례에서는 결코 결과에 만족할 수 없기 마련이다. 따라서 초심 상담자다운 자연스러움과 솔직성을 지니는 것이 중요하다. 성현들이 말한 "너 자신을 알라"는 결국 "너 자신에게 솔직하라"는 말로 새겨야 할 것이다. 한편 상담 면접이 끝나면서 갖기 쉬운 "도와준 게 없다," "내담자를 완전히 이해하지 못했다"는 생각 때문에 낙담할 필요가 없다. 대신 상담자로서의 전문적 직무를 이만하면 괜찮게 한 셈이라고 자기 스스로를 위로하고, 다음에는 더 만족스럽게 할 수 있다고 스스로 격려하는 것이 바람직하다.

특히 상담중 내담자가 보이는 침묵에 상담자가 당황하기 쉽고 불안해지기가 쉽다. 침묵에 대한 이런 당황과 불안감은 특히 초심 상담자들이 경험하는 것이다. 즉 불과 몇 초밖에 안된 침묵이 몇 분 이상이 경과한 것처럼 긴장스러운 부담을 주게 된다. 이러한 긴장과 불안은 주로 "저 내담자에게 내가 무엇을 잘못 말하지나 않았나?," "이 내담자가 나에게 무슨 불평이 있거나 도전적인 심정이 돼 있는 것이 아닐까?" 등의 추측을 상담자에게 불러 일으키고 또 이러한 추측을 하고 있는 자신에 대해 더욱 불안해 하는 수가 많다. 그러나 상담중의 내담자의 침묵은 내담자 편에서 갖는 자기이해나 통찰의 접근 과정에서 나타나는 경우가 더 많다. 다시 말하여 내담자 자신에게 의미있는 자료에 부딪치거나 마음의 흐름을 재정비해야 할 경우에 침묵이 나타난다는 점에서, 상담이 잘 진행되고 있는 증거라고도 볼 수 있는 것이다. 따라서 상담자로서는 내담자의 침묵에 참을성을 갖고 기다리는 훈련이 필요하다.

상담 이론 및 기법의 활용

이론과 실제의 거리

상담 초보자와 상담 실습자들이 흔히 "당신은 어떤 이론의 상담을 하느냐?"라는 질문을 제기한다. 그러나 어느 한 상담 방법을 '지시적,' '인본주의적,' '행동주의적,' '절충적' 이론이라고 규정하는 것은 실제로 아무런 의미가 없고, 대개의 상담자들은 자기가 편안하게 느끼고 자신의 성격과 조화되는 이론을 활용한다.

상담에 관해 관심이 있는 사람들은 이미 책이나 강의를 통해 상담에 대한 이론적 입장이 얼마나 다양한지를 알고 있을 것이다. 다양한 상담 이론들은 방법이나 기법에서 뿐만 아니라 목표, 기본 개념, 철학적 입장에서도 상당한 차이를 보인다. 그래서 초심 상담자들은 상담 과정을 개념화하는 데 있어서 이러한 차이점들 때문에 더욱 어려움을 느낀다. 그러나 사람들에 따라서는 이러한 다양성을 건전한 것으로 보기도 하는데, 사람들은 서로 다른 경험을 서로 다른 방법으로 기술하기 때문이다. 그러나 그러한 견해의 다양성은 소경들이 코끼리의 부분들을 만져서 코끼리를 말하는 것과 같은 우를 범할 수 있으며, 경험이 적은 초심자들은 이러한 우를 범할 가능성이 더욱 크다.

만약 우리들 각각이 과거를 모두 기억할 수 있다면 이론이 필요없을지도 모른다. 문제를 해결하기 위해 과거의 사실들을 회상할 필요가 있는데, 우리의 기억과 경험은 매우 제한적이기 때문에 현재에 당면한 문제를 완전하게 이해할 수가 없다. 그래서 우리는 전에 경험해 보지 못했거나 회상할 수 없는 문제를 해결하기 위해 이론을 필요로 한다. 다시 말해 이론은 문제를 다루어 나가는데 체계적 접근방법을 마련해 준다. 이론은 현상들의 관계나 원칙으로 형성되기 때문에 실제보다는 원칙을 다룬다. 그래서 일상적 현실과는 상관없는 이상이나 원칙을 형성하여 실제에 적용할 수 없다고 보여지는 이론도 있다. 그러나 대개의 경우 상담자가 문제에 직면할 때 그 문제를 이론에 적용해 봄으로써 복잡한 현상을 쉽게 이해할 수 있고, 다양한 정보를 체계적으로 요약할 수도 있으며, 성과도 예언해 볼 수 있게 된다. 그래서 우리는 상담 이론을 알고 어느 한 가지 이론에는 통달할 것을 요구한다.

그러나 '어떤 이론에 맞추어 상담을 할 것인가에 신경을 쓰다보면 실습 상담자의 자연스러운 기능이 구속되거나 둔화되기 마련이다. 이는 어느 특정한 상담 이론에 맞추어 역할을 연기해서는 안된다는 말이다. 상담중에 자신의 반응 양식을 상담 기법에 맞추지 말고, 오히려 자신의 자연스러운 성격과 언행에 상담 기법을 맞추어 가도록 해야 할 것이다. 진심으로 내담자에게 흥미를 가지고 도와주고 있다는 태도를 전달한다면, 설령 상담 기법상의 오류를 범한다해도 좋은 상담 관계' 를 유지할 수 있다.

또 내담자를 정확히 이해하려는 나머지, 마음속으로 "… 하기 때문에 …하지 않을까?"하는 식의 가설을 세워 이를 검증하려 하거나, "이것은 투사이고, 저것은 접근회피 갈등"이라는 식으로 단정을 내려서는 안된다. 오히려 아무 것도 모르고 있다는 심정에서 내담자로 하여금 그의 문제를 스스로 말하도록 하는 것이 중요하다. 상담자로서의 통찰력과 내담자 스스로의 자기이해는 어디까지나 별개의 것임을 명심해야 한다. 상담자가 내담자 문제의 이면을 이해하고 파악했다고 하더라도 어디까지나 내담자가 수용할 수 있는 수준으로, 그리고 받아들일 수 있을 때에 그것을 전달해 주어야 한다.

대체로 상담 이론가들이 공통적으로 말하는 상담 원리가 있다면, 다음의 두 가지로 요약될 수 있을 것이다.

(1) 상담은 내담자에게 하나의 학습 과정이다.
(2) 내담자도 상담자의 언행을 통해 상담자의 태도를 추정한다.

첫 번째의 항목과 관련해서는 상담자의 비소유적 온정과 수용 등이 관계 요인이지만, 보다 주목되어야 할 것은 상담자는 내담자가 어떤 결정과 행동을 취하는 데 관련된 모든 요인을 검토하도록 돕는 책임이 있다는 사실이다.

두 번째 항목과 관련해서는 내담자에 대한 이해와 수용을 적극적으로 표현해야 한다는 점이 중요하다. 그러므로 상담자가 내담자를 이해하면서 이를 말로 전달하지 않는 것은 상담 면접에서는 상상조차 할 수 없는 일이고, 언어적 전달로 부족할 때에는 상담자의 행동으로 표현되고 입증되어야 하는 것이다. 그러므로 상담자의 발언은 내담자가 속하고 있는 문화 집단 및 의식구조의 특성에 따라 적합하게 표현한다는 논리가 성립된다. 이렇게 보면 이론적 접근 방법의 차이점은 결국 내담자 행동과 감정에 대한 상담자 반응의 순서와 강조점에 있다. 따라서 내담자를 어떤 방법으로 다루느냐를 결정하기 전에 내담자의 인지, 감정, 행동의 현재 상태를 이해하고 수용하는 것이 중요하다.

자기 나름대로의 방식: 자신의 이론 형성

앞 절에서 언급했듯이, 이론은 직면한 문제를 체계적으로 이해하게 하고 예언하는 등 새로운 곳을 여행하는 사람에게 안내서와 지도의 역할을 한다. 그 같은 안내서가 없어도 여행은 할 수 있겠지만 많은 어려움을 각오해야 할 것이다.

상담을 이론적으로 연구하거나 실천하려고 하는 사람들은 그들 나름의 이론을 지니고 있다. 그리고 그같은 이론을 대체로 '절충적'인 것이라고 말하고 있다. 현존하고 있는 여러 이론들 중에서 여러 부분들을 체계적인 방법으로 구성하여 맞추어서 개인적인 이론을 만들기 때문이다.

개인적인 상담 이론을 만드는 일은 계속적으로 다듬어가야 할 어려운 작업이다. 이전에 해놓은 연구들을 찾아보고 새로운 지식과 경험을 쌓아가면서 수정을 가하는 작업을 계속해야 하기 때문이다. 여기서 초보적인 상담자를 위해 몇 가지 밟아야 할 단계를 소개한다.

첫 번째 단계는 오늘날의 중요한 상담 이론에 대한 깊은 이해가 있어야 한다는 것이다. 내 자신의 개인적인 이론을 독립적이면서 창조적으로 만들 수 있는 힘은 이미 만들어진 이론들을 충분하게 이해하는 작업에서 이루어진다. 현존하는 중요한 이론들을 오해와 편견을 갖지 않고 이해하면서, 그런 이론들이 생겨나고 계속 훌륭하게 유지되어 가고 있는 까닭을 생각해 봐야 한다. 그러나 중요한 이론들에서 자신의 잘못된 생각을 타당화시킬 부분들을 찾아내거나 그런 것을 실제로 활용하는 위험성이 있음을 늘 경계해야 한다. 어떤 선배 상담자는 늘 책상 옆에 지침이 될 만한 상담 이론서를 두고 수시로 사례에 적용해 보길 권하기도 한다.

두 번째로, 개인적인 상담 이론을 구성할 때 상담자들은 반드시 그들 자신의 인간관에 대해 알고 있어야 한다. 상담자들은 기본적으로 바람직한 삶을 영위하는 데 필요한 가치관, 태도, 그리고 신념에 대해 깊은 탐구를 해야 한다. 그들 자신이 생각하고 있는 인간이란 어떤 것이냐, 그리고 그들 자신은 어떤 사람이냐 하는 것에 대한 탐색을 통하여 확실한 답을 얻도록 해야 한다. 인간으로 하여금 행동하고 변화하게 만드는 동기는 무엇이며, 그 같은 변화는 어떻게 생겨나게 되는지에 대해서 생각해봐야 한다. 그리고 사람의 행동, 감정 및 사고간의 관계에 대해서도 깊은 연구를 해야 한다. 교육분석을 받음으로써 이를 확인하는 데 도움을 받을 수 있다.

세 번째는 자신에게 가장 잘 맞는 '모델'을 찾는 일이다. 여기서 모델은 사람일 수도 있고, 상담 방법일 수도 있다. 모델이 사람일 경우, 그 모델은 원숙하고 믿음직한 성격의 소유자일 뿐 아니라 자신이 하고 있는 일을 잘 하는 기능적인 사람이어야 한다. 다시 말해서 앎과 삶 양쪽이 조화있게 갖추어져 있는 모델을 찾는 것이 중요하다. 상담자들은 흔히 한 사람 또는 한 이론의 모든 부분과 특징을 그대로 이용하지는 않는다. 그들은 여러 이론과 모델에서 제각기 그들에게 알맞고 잘 받아들여질 수 있는 부분을 떼어 그들 나름의 개인적인 이론을 형성하고 실제 상담에 적용한다. 모델을 찾는 범위는 넓을수록 좋다. 모델을 넓은 범위에서 찾아야 한다는 것은 여러 선행 모델을 통하여 그들의 장단점을 관찰할 기회를 갖는다는 뜻이다. 처음부터 이상적인 모델을 선택하기보다는 여러 모델을 비교하고 탐색하는 과정에서 받아들일 수 있는 최선의 모델을 발굴하는 것이 더 바람직하다.

마지막 단계는, 선택된 혹은 형성된 이론을 검증하는 힘든 작업이다. 앞의 세 단계를 거치면서 자신의 개인적 이론을 형성한 사람은 그것을 이론만으로 접어두어서는 안된다. 실제 상황에 적용하면서 검증을 해야 한다. 가설을 세우고, 그에 따라 검증을 하고, 얻어진 결과를 토대로 새로운 가설을 또 다시 세워 검증하는 과정을 몇 번이고 거듭하여야 한다. 자신의 개인적인 이론은 이같이 반복된 과정으로 얻은 결과를 첨부하여 체계화된 것으로 형성하여야 한다.

상담자가 개인적 상담 이론을 가질 때 얻을 수 있는 이점도 많지만, 초보적인 상담자가 분명히 알고 있어야 할 것은 아무리 훌륭한 이론이라도 그 이론 나름의 제한점과 취약점을 지니고 있다는 것이다. 하물며 자신의 개인적 이론을, 모든 내담자를 아무런 불편함이 없이 쉽게 받아들일 수 있을 정도로 완전하게 형성된 이론으로 착각해서는 안 될 것이다. 그러므로 상담자는 자신의 개인적 이론을 실제 상담에 적용할 때마다 제한점을 염두에 두고 전체 상담 과정을 진행시키고 결과를 평가해야 한다. 자신과 타인에 대해 언제나 개방적 자세를 이론 형성 과정에 필요하다.

상담 실습자의 전문적 성장

우리가 지금 하고 있는 연습은 실제 내담자를 만나기 전 혹은 실제 내담자를 만나면서 전문적 성장을 위해 하는 노력 중 하나이다. 연습을 하면서 느꼈겠지만, 상담이 결코 물 흐르듯이 자연스럽고 평온한 것이기보다는 매우 긴장된 과정임을 새삼 확인했을 것이다. 본 연습을 하는 사람은 대부분 초심자일 것이므로, 이러한 느낌과 더불어 막중한 책임감도 갖게 될 것이다. 연습과 실습을 통해 초심자는 상담자로서의 책임감 및 자신감을 경험하게 되고, 내담자를 이해하는 면에서 전문적 성장을 이룩하게 된다. 이러한 전문적 성장에의 책임은 어디까지나 자신의 노력에 달려 있음에 주목해야 할 것이다. 그러므로 실습자는 자기가 생각하는 접근 방법이 (1) 자신의 성품 및 신념에 맞는 것인가? (2) 상담의 실제 원리와 어긋나지 않는가? 등의 자기검토를 하지 않으면 안될 것이다.

상담을 잘 할 수 있는 수준에 도달하기 위한 첫 걸음으로써 실습자는 자신의 감정과 동기에 대한 통찰을 가져야 할 것이다. 상담자로서의 감정과 동기에 관련된 자기이해가 이루어지기 전에는 상담의 초보적 수준을 넘는 데 많은 시간이 걸릴 것이다. 이러한 상담자로서의 자기통찰은 실습과 연습을 통해서, 상담지도자(supervisor)로부터의 개인 지도 및 집단 과정을 통해서, 그리고 교육분석을 통해서 상당부분 성취될 수 있다.

참고로 내담자 이해의 과정을 통해서 본 상담자의 성장 수준을 가늠해 보기로 한다.

[수준 1] 상담이 교육적 · 사회적 담화 및 조언과 다름없다고 생각하는 수준
[수준 2] 주로 내담자에게 동정과 지지를 보여주는 수준

|수준 3| 주로 내담자가 말하는 내용을 경청하는 수준

|수준 4| 내담자가 말하는 것을 요령있게 반복 요약해 주는 수준

|수준 5| 내담자가 말하는 내용에 담긴 감정을 상담자가 알아차리는 수준

|수준 6| 내담자가 표현하는 감정을 반영해 주는 수준

|수준 7| 내담자의 마음을 계속 공감해 주면서 공감한 내용을 내담자에게 전달해 주는 수준

|수준 8| 내담자가 표현한 감정을 반영, 명료화해 줄 뿐만 아니라 내담자로 하여금 자신이해를 증진하도록 촉진시키는 수준

|수준 9| 내담자로 하여금 자신, 환경, 자신과 환경과의 관계에 관해 바람직하게 정리된 통찰을 가지도록 촉진시켜 주는 수준

|수준 10| 이러한 통찰을 토대로 내담자로 하여금 자기의 개성 및 자질을 발휘하면서 현실적 생활장면을 효과적으로 대처하기 위한 행동변화를 촉진시켜 주는 수준

초심 상담자는 연습과 실습을 통해 적어도 5~8수준까지는 숙달되는 것이 바람직하다. 앞에서도 말한 바와 같이 상담자로서 자신의 감정적 측면과 동기적 측면에 대한 기본적 통찰을 이룩하는 것이 우선되어야 하고, 그 다음 여러 수준별 노력을 꾸준히 해야 한다. 상담자로서의 전문적 기능은 시간의 경과에 따라 저절로 따라오는 것이 아니고 연습자의 노력의 결과로 이루어지는 것이기 때문이다.

상담자로서의 전문적 성장을 위한 실습자의 노력으로 연습 과제의 수행, **상담지도자**로부터의 교육 등 공식적인 것만으로는 부족하다. 그 외에도 다른 상담자의 사례를 공유할 수 있는 사례연구회의 참석과 자신에 대한 이해를 위해 보다 적극적인 방법인 교육분석을 받는 과정도 유용하다. 또한 자신의 사례경험을 체계적으로 축적하는 것이 무엇보다도 전문가로서의 성장에 도움이 된다.

사례연구회의

사례연구회의는 상담의 실제 사례를 어떻게 다루는가를 다른 상담자 및 **감독지도자**와 함께 검토함으로써 사례 담당자의 전문적 성장을 기하고 내담자를 보다 효과적으로 돕기 위해 상담을 관장하는 기관에서 규칙적으로 갖는 연구모임이다. 이 사례 연구회의에서 이루어지는 토론을 통해 상담사례의 처리와 접근 방법에 대한 상담 실습자들의 이해를 촉진시키게 된다. 상담자들의 전문적 성장을 위해 사례보고자들은 내담자 문제의 진단과 상담 계획상의 문제를 지닌 사례나 상담 과정 및 방법상의 문제 등을 보여주는 사례를 선택하여 보고하면 바람직하다.

사례를 제시할 때는 (1) 검토받고자 하는 측면 또는 제시하는 이유, (2) 사례 진행의 요약 및 상담자의 의문점, (3) 심리학적 소견, (4) 심리검사 결과의 해석 내용, (5) 상담자의 잠정적 소견 등을 체계적으로 정리하며, 사례연구회의에 참석한 자들도 이에 준하여 토의 · 질의하며 경험을 축적한다. 교육적 사례연구회의가 종료된 후에도 상담 실습생들은 연구회의에서 토의된 것을 근거로 해당 사례에 대한 이론의 설정, 건의, 결론 등을 요약 · 기술해 봄으로써 전문적 성장을 촉진시킬 수 있다.

교육분석

교육분석은 상담자가 개인적 성숙을 위해 선배 전문가에게 받는 상담을 말한다. 다양한 문제를 호소하며 구체적으로 그 문제가 해결되기를 기대하는 내담자들이 상담을 통해 그 문제뿐만 아니라 자신에 대한 이해를 우선 이루고 이를 수용함으로써 개인적 성장을 이루듯이, 상담자들도 남을 상담해 주기 위해서는 먼저 자신에 대한 이해가 요구된다. 상담자로서 자신의 감정적 측면과 동기에 대한 기본적 통찰이 있어야만 상담자-내담자 관계를 상담 내용에 끌여들여 변화를 이룰 수 있다. 자신에 대한 이해가 없이는 상담자-내담자 관계를 파악할 수도, 이용할 수도 없다.

교육분석은 상담 및 임상심리 전문가 또는 심리치료 전문의사에 의해 이루어진다. 사실 교육분석은 초심자일 때 어느 일정 시기에만 요구된다기보다는 계속되는 상담자 생활에 주기적으로 필요하다. 그러나 상담 초심자들은 상담이론의 학습과 상담 실제뿐 아니라, 인간적 성숙을 우선적으로 생각해야 한다. 예를 들어 교육분석은 정신분석에서 말하는 역전이의 문제를 미리 검토해 볼 수 있는 기회가 되기 때문이다.

상담자로서 자신의 개인적·사회적 가치관, 자신의 욕망과 행동동기, 그리고 자신의 대인관계 속성 등을 이해하는 것이 필수적인 과정이고 이러한 것들을 교육분석을 통해 얻을 수 있다. 교육분석 뿐 아니라 훈련집단(T-그룹), 인간관계 훈련들을 통해서 자신에 대한 철저한 이해와 대인관계의 감수성을 향상시킬 필요가 있다. 보다 명확한 자기이해와 대인 지각은 상담전문가로서의 판단능력을 키워 줄 뿐만 아니라 상담자 자신의 인간적 성숙을 돕는다.

사례경험의 축적과 전문가로서의 성장

상담이 과학(science)이냐 기예(art)냐 하는 논란은 거듭되고 있다. 다양한 상담 이론이 제기되고, 수정되며, 수많은 상담 연구의 누적만 보더라도 과학으로서의 상담은 자리를 굳혀나가고 있다. 그러나 다양한 이론이 있지만 상담자 자신은 자기 나름대로의 이론을 세워 상담을 해야 하고, 동일한 이론적 접근 방법을 표방한 상담자들이라도 그 실제적 모습에 차이가 있으며, 비록 다른 이론적 입장을 취하지만 실제에서는 보편성이 나타난다는 점은 객관적으로 증명하기 어려운 상담의 예술적 측면들이다.

바로 이러한 상담의 예술적 측면이 있기에 집중적인 상담의 학문적 노력에도 불구하고 장시간의 상담 경험과 많은 수의 상담사례가 요구된다. 상담지도자가 지도시간에 지적하는 내용이, 탄탄한 학문적 배경과 상담자로서의 열의를 갖고 있는 초심상담자에게도 이해되지 못하고 있음을 종종 보게 된다. 그래서 내담자들이 나이 많은 상담자를 선호하거나 기대하는 것이 일면 타당성이 있는지도 모른다. 앞 절에서도 지적했지만 이론과 실제에는 거리가 있고 내담자에 따라 전혀 예상하지 못한 순간이 출현할 수도 있기 때문에 탄탄한 학문적 배경과 열정적 열의로도 해결하기 어려운 부분들이 있다. 자기 나름대로의 이론을 정립하는 데도 경험과 시간이 요구되고 상담자 자신을 이해해 나가는 데도 경험과 시간이 요구된다. 그래서 초심 상담자나 실습자에게 배정되는 내담자는 비록 의도적이지는 않지만 어떤 면에서는 상담자의 실습 대상자 역할을 할 때가 종종 있다. 초심 상담자는 이런 면을 경계해야 하지만 전문성의 획득이라는 면에서는 어쩔 수 없는 필요과정이라 하겠다. 또 상담경험뿐 아니라 생활인으로서의 생활경험도 상담자의 전문성을 윤택하게 한다. 그렇다고 상담자가 모든 영역의 경험을 총망라할 수는 없기 때문에 끝없는 자기탐색 과정과 자기통찰 과정이 더욱 요구되는 것이다.

초심 상담자로선 세월이 흐른다 해서, 또 경험 사례수가 많아진다고 해서 저절로 전문성이 다져질 것이라는 안일한 생각을 해서는 안된다. 잘못 낀 첫 번째 단추 때문에 아랫 단추도 계속하여 잘못 끼게 된다는 상식적 통찰을 염두에 둔다면 초심자일 때의 과학적 · 전문적 훈련은 아무리 강조해도 지나치지 않다.

상담 실습자를 위한 참고문헌

상담자의 학문적 기초를 다지는 데 참고가 되는 문헌은 이장호(2005)의 「상담심리학(제4판)」의 각장 마지막에 첨부된 연구문헌을 참고할 수 있다. 여기서는 상담실습을 도와주거나 혹은 실제 연습을 할 수 있겠끔 꾸며진 문헌들에 제한하여 목록화하였다.

가족생활교육 프로그램 자료집(2005). 한국가족상담교육연구소, 14830. '성공적 노화'. 2007 한국노인과학학술단체연합회 추계연합학술대회 자료집.

고영인 편(2001). 상담연습 워크북(개정판). 서울: 문음사.

기영화(2011). 노인교육의 실제. 학지사. 275쪽.

김계현(2002). 카운슬링의 실제(개정판). 서울: 학지사.

김현·박성희·이유미·주경희·최숙리(2005). 노인집단상담 프로그램 매뉴얼. 경기도노인복지상담실. 236쪽.

김환·이장호(2006). 상담면접의 기초(제3판). 서울: 학지사.

심엉애 역(2005). 방어기제를 다루는 상담기법. 서울: 김영애가족치료연구소. (Clark, A. J. (1998). *Defense Mechanisms in the Counseling Process.* Thousand Oaks, CA: Sage)

노년기 정신건강: 노인의 정서문제를 다루는 전문가 개입전략. *Dan Blazer' Emotional problems in later life: Intervention strategies for professional caregivers,* 2nd Ed. (2007). 학지사. 332쪽.

노인상담사례연구회 추계워크숍 자료집(2010). 노인상담의 이해와 실제. 110쪽.

박재간 외 8인(2006). 노인상담론. 공동체.

박정길·최소영(공역)(2005). 코칭 바이블. I. McDermott & W. Jago, *The Coaching*

Bible. 웅진윙스. 301쪽.

박태수 외(2003). 개인상담의 실제. 서울: 학지사.

백지연 역(2011). 성인을 위한 놀이치료. Charles E. Schaefer Ed.(2003). 북스힐. 403쪽.

안창일 외 역(1995). 상담과 심리치료의 제기법, 서울: 중앙적성출판사. (Corey, G. (1986). *Case Approach to Counseling and Psychotherapy* (2nd ed.). Pacific Grove, CA: Brooks-Cole/Wadsworth.의 번역서임.)

양옥경 · 김정진 · 서미경 · 김미옥 · 김소희(2000). 사회복지실천론. 나남. 419쪽.

윤찬중 · 명봉호(2008). 노인여가와 치료레크리에이션. 진영사. 358쪽.

오츠 슈이치, 황소연 옮김(2009). 죽을 때 후회하는 스물 다섯 가지. Book21. 239쪽.

우재현(1994). 게슈탈트 치료 프로그램. 정암서원. 156쪽.

육성필 · 최광현 · 김은주 · 이혜선(2011). 경기복지재단 편, 노인자살 위기개입. 학지사. 318쪽.

이동렬 · 유성경 공역(2003). 상담의 디딤돌. 서울: 시그마프레스. (Meier, S. T. & Davis, S. R. (2000). *The elements of counseling* (4th ed.). Pacific Grove, CA: Brooks-Cole/Wadsworth)

이수연(2002). 카운슬링 기술의 실제. 서울: 홍익출판사.

이은경 · 이지연 공역(2003). 좋은 상담자 되기. 서울: 시그마프레스. (Corey, M. S. & Corey, G. (2002). *Becoming a helper* (4th ed.). Pacific Grove, CA: Brooks-Cole/Wadsworth)

이장호(2009). 노인상담. 서울디지털대학교 강좌교재. 76쪽.

이장호(2005). 상담심리학(제4판). 서울: 박영사.

이장호 · 김영경(2006). 노인상담: 경험적 접근, 시그마프레스, 383쪽.

이장호 · 정남운 · 조성호(2005). 상담심리학의 기초(개정증보 2판). 서울: 학지사.

이장호 외 9인 공역(2011). 임상노인심리학. M. Hersen, V. B. Van Hasselt Eds. *Handbook of Clinical Geropsychology.* 시그마프레스. 657쪽.

이주일 외(2008). 성공적인 한국노인의 삶: 다학제간 심층 인터뷰 사례. 박학사. 407쪽.

이지연(2010). 뿌리깊은 나무로 취업열매 맺기: 일자리 개척동아리 운영 매뉴얼. 한국직업능력개발원.

이지영(2011). 정서조절 코칭북: 내 감정의 주인이 되어라. 시그마프레스. 450쪽.

이형득 · 설기문 공역(2000). 조력기술훈련의 실제: 상담실습지침서. 서울: 형설출판

사. (Gazda, G. M., Asbury, F. R., Balzer, F. J., Childers, W. C., & Walters, R. P. (1977). *Human Relaions Development*, 2nd ed., Boston: Allyn & Bacon)

이호선(2005), 노인상담. 학지사. 366쪽.

임성문 외 역(2004). 심리상담의 과정과 기법: 효과적인 상담자가 되기 위한 안내서. 서울: 시그마프레스. (Hackney, H. L. & Cormier, L. S. (2001). *The professional counselor: a process guide to helping* (4th ed.). Boston: Allyn and Bacon)

주은선 역(2001). 상담의 기술. 서울: 학지사. (Hill, C. E. & O'Brien, K. M. (1999). *Helping skills: Faciliting exploration, insight and action.* Washington, DC: American Psychological Association)

제석봉 · 유계식 역(2003). 유능한 상담자: 상담의 문제 대처와 기회 개발적 접근, 서울: 시그마프레스. (Egan, G. (2002). *The skilled helper: a problem-management and opportunity-development approach to helping*, 7th ed.)

제석봉 · 이윤주 · 박충선 · 이수용 공역(2006). 사회복지 상담심리학. *Bob Shebib' Choices: Counseling skills for social workers and other professionals*(2003). 학지사. 510쪽.

조맹제(2007). 아름다운 노후를 위한 정신건강. 서울대출판부. 111쪽.

진영선 · 김영경 · 박선영 공역(2010). 임상노년심리학. Norhus. Vanden Bos. Berg. Fromholt Eds. *Clinical Geropsychology.* 학지사. 556쪽.

천정웅 역(1988). 예수님은 어떻게 상담하셨는가? D. Buchanan, *The Counseling If Jesus.* 아가페. 226쪽.

최성재(2007). 새로 시작하는 제3기 인생. 서울대출판부. 144쪽.

탄저잉 편, 김명은 옮김(2004). 살아있는 동안 꼭 해야 할 49가지. 위즈덤하우스. 215쪽.

한국가이던스(2008). 심리검사 가이드.

한국노인의 전화(1997). 한국노인의전화 상담사례분석집 IV. 153쪽.

한국노인의 전화(2006). 21기 노인복지상담원 전문교육 자료집. 213쪽.

한국인성개발연구원 옮김(2007). 엔카운터 그룹. *C. Rogers on Encounter Group* (1970).

한국직업능력개발원(2011). 2011년도 고령자고용지원서비스 역량강화사업(직무교육 전문가과정 자료집).

한규량(2010). '노인학' 자습서. No! 老하는 52이야기. 대한출판. 210쪽.

한규량 편저(2011). 노인복지 상담이론과 실제. 124쪽.

한성열 편역(1999). 노년기의 의미와 즐거움. 에릭슨, 스키너, 로저스외 지음. 학지사. 297쪽.

현명호 외 역(2004). 상담 및 심리치료의 통합적 접근(개정판). 시그마프레스. (Corey, G. (2001). *The Art of Integrative Counseling.* Pacific Grove, CA: Brook-Cole/Wadsworth)

홍경자(2001). 상담의 과정(자기이해와 자기지도력을 돕는). 서울: 학지사.

Bromley, D.B. (1990). *Behavioural gerontology: Central issues in the psychology of Ageing,* Wiley.

Carstensen, L.L., B.A. Edelstein, & L. Dornbrand. Eds.(1996). *Practical handbook of clinical gerontology.* Sage Publications, 717쪽.

Cavanaugh J.C.(2006). *Adult development and Aging,* 5th Ed., Fredda Blanchard-Fields, Wadsworth.

Drummond, R.J. & K.D. Jones(2006). *Assessment procedures for counselors and helping professionals,* 6th Ed. Pearson Merrill Prentice Hall. 454쪽.

Ebersole, P., P. Hess, & A. S. Luggen, Mosby(2004). *Toward healthy aging: Human needs and nursing response.* 789쪽.

Hackney, H.(2000). *Pratice issues for the beginning counselor.* Boston: Allyn and Bacon.

Herr, J.J. & J.H. Weakland(1979). *Counseling elders and their families: Practical techniques for applied gerontology.* Springer Publishing Co.

Hersen, M. & Vincent B. Van Hasselt(1996). *Psychological treatment of older adults: An introductory text,* Plenum Press.

Itayes, S.C., V.M. Follette, & M.M. Linehan, Eds.(2004). *Mindfulness and Acceptance: Expanding the Cognitive Behavioral Tradition.* Gulford Press.

Ivey, A.E., M.B. Ivey, & C.P. Zalaquett(2008). *Essentilas of intentional interviewing counseling in a multicultural world,* 2nd Ed. Brooks/Cole. 382쪽.

Jongsma, A. E. Jr. & Peterson, L. M.(2003). *The complete adult psychotherapy treatment planner* (3rd ed.). Hoboken, N. J.: John Wiley & Sons.

Jongsma, A. E. Jr., Peterson, L. M. & Mclnnis, W. P.(2003). *The Child Psychotherapy Treatment Planner* (3rd ed.). Hoboken, N. J.: John Wiley & Sons.

Jongma, A. E. Jr., Peterson, L. M. & McInnis, W. P.(2003). *The Adolescent Psychotherapy Treatment Planner* (3rd ed.). Hoboken, N. J.: John Wiley & Sons.

Kennedy, G.J.(2000). *Geriatric Mental health care*, The Guilford Press. 347쪽.

Lineham, M.M.(1993), *Stalls Training Manual for Treating Borderline Personality Disorder*. Gulford Press.

Naumburg, M.(1973). *An introduction to art therapy: Studies of the Free Art Expression of behavior problem children and adolescents as a means of diagnosis and therapy.* Teachers College Press. 225쪽.

Orbach, Ann(2003). *Counselling older clients.* Sage Publications. 133쪽.

Russell-Chapin, L., Ivey, A. E.(2004). *Your Supervised Practicum And Internship-Field Resources For Turning Theory Into Action.* Belmont, CA: Brooks/Cole.

Spar, J.E. & A. Rue(2006). *Clinical manual of Geriatric Psychology.* Psychiatric Publishing, Inc.

The Dalai Lama(1997). *Sleeping, dreaming, and dying.* Wisdom Publications.

Weiss, R.S. & S.A. Bass(2002). *Challenges of the third age: Meaning and purpose in later life.* Oxford Univ. Press. 206쪽.

맺음말

자, 우리는 이제 먼 길을 걸어왔다(앞에서도 강조했지만 모든 연습을 꼼꼼히 하기를 권했기 때문에). 예상컨대, 대강 알고 있다고 생각하면서 떠난 길이었지만 여러분은 길목마다 생각지 못한 상황을 만나기도 했었을 것이다. 정말 이런 상담 사례가 있는 것인지, 상담에서 이렇게 시간을 끌며 반응을 해도 되는 것인지, 그냥 건너뛰면 안되는 것인지, 내가 한 답이 맞는 것인지 등 많은 유혹과 의문이 그때 그때마다 불쑥 솟는 사람도 많았을 것이다.

어떤 분은 이미 지적하고 계셨겠지만, 이 책에는 평가부분이 빠져 있다. 지필로 이루어지는 평가방법에 좋은 아이디어가 없어 본 편에서는 생략되었지만 다음 편에는 첨가할 것을 약속하는 바이다. 그럼에도 불구하고 여러분은 여기서도 자신을 평가해 보아야 하는데, 그 방법으로, 시작할 당시의 자신의 반응과 끝날 시기의 반응을 비교해 볼 수도 있고, 사례 지도시 지적되는 내용이 어떻게 변화되었는지를 추적해 볼 수도 있으며, 각 반응들이 얼마나 자동적으로 이루어지는지를 평가해 볼 수도 있다.

이 책을 보신 분들은 이 나라, 이 시대에 전문적 상담이란 동일 직업에 관련된 분들이기에 이 책에 대한 책임을 나누어 가지려고 한다. 각 상담 연습을 하시면서 수정되어야 할 내용이나 첨가되어야 할 내용이 있으시면 기탄없이 저자에게 조언해 주기 바란다. 앞으로 무수히 많은 상담지원자들이 있을 것이 자명한 일이고, 권할 만한 상담연습서가 있어야 할 것은 이 시대의 의무일 것이다. 그러므로 이 책이 더욱 완전하게 완성되어가는 일에 서로 노력을 아끼지 말아야 할 것을 당부한다.

찾아보기

[ㄱ]

감정과 정서의 지각 43

개방적 질문 170

공감적 이해 35

공감적 이해 수준의 변별 52

공감적 이해의 5수준 50

공감적 이해의 기본 수준 56

교육적 직면 125

기쁨 38

기저선(base line) 214

[ㄴ]

난처한 질문 259

내담자의 가치관 221

내담자의 지각 9

내담자의 질문 265

내담자의 침묵 280

높은 수준의 공감적 이해 64

높은 수준의 수용적 존중 70

높은 수준의 일관적 성실성 82

높은 수준의 자기 공개 반응 152

높은 수준의 전문적 구체성 88

높은 수준의 즉시성 반응 164

높은 수준의 직면 반응 140

[ㄷ]

당황스러운 상황에서의 반응 251

동기 조성 및 구조화 4

두려움 38

[ㅁ]

면접의 습관적 태도 유형 28

목표 설정 및 문제 해결을 위한 노력 5

목표의 구체화 223

[ㅂ]

바람직한 질문 반응의 변별 176

Berenson과 Mitchell 125

분노 38

불안 38

Brammer 117

[ㅅ]

사랑 39

사례연구회의 287

상담 연습자의 자기점검 15

상담교육 2

상담목표 221

상담의 과정 7

상담의 촉진적 관계 33

상담자 자신의 정신건강　278
상담자의 전문성　256
상담자의 태도　10
상담지도자(supervisor)　286
새로운 조망　114
성공감과 실패감　38
성장동기의 이해　61
Selby와 Calhoun　125
수용적 존중　68
수용적 존중 수준의 변별　69
시기　39
실습자의 전문적 성장　286
실천 결과의 평가와 종결　6
실천 행동의 계획　6
심리적 교육 125

[ㅇ]
A. A(Alcoholic Anonymous)　144
여기 그리고 지금의 즉시성　156
'왜' 라는 질문　174
요약　117
우회적 질문　173
유아급사 증후군　125
의도의 확인　223
이론과 실제의 거리　281
이중 질문　172
일관적 성실성 수준의 변별　78
일관적 성실성의 5수준　77

[ㅈ]
자기 공개 반응의 5수준　146
자기 공개 반응의 변별　147
자기공개 반응　144
자부심과 수치심　39

자신의 이론 형성　283
전문용어를 사용　260
전문적 구체성　86
전문적 구체성 수준의 변별　88
정보제공 반응　125
죄책감　39
준거에 따른 목표의 검토　227
중지 수렴(브레인스토밍)　238
즉시성 반응　155
즉시성 반응의 5수준　159
즉시적 반응의 변별　160
증오　39
직면 반응　131
직면 반응의 5수준　135
직면 반응의 변별　136
질투　39
집약된 면접 과정　7

[ㅊ]
초심상담자　2
촉진적 관계 형성을 위한 훈련 모형　12
촉진적 관계의 형성　4
침묵　279
침묵하는 내담자　269

[ㅌ]
통합적 면접 연습　191

[ㅍ]
폐쇄적 질문　170

[ㅎ]
행동방향 설정　219

저자약력

이장호

중국 흑룡강성 출생
경북고, 서울문리과대 심리학과 졸업
Univ. of Texas at Austin 상담심리학 박사
서울대 심리학과 교수
한국카운슬러협회 회장, 한국심리학회 회장 등 역임
(사)한국상담학회 고문
서울디지털대학교 상담심리학부 초빙교수

— 주요저서 —
상담심리학, 4판(박영사, 2005)
상담심리학의 기초, 2판(학지사, 2005)
상담면접의 기초, 2판(공저)(학지사, 2006)
집단상담의 원리와 실제, 2판(법문사, 2006)
상담사례 공부하기: 사례연구와 수퍼비전(박영사, 2007)
집단상담의 기초: 원리와 실제(공저)(박영사, 2011)
노인상담: 경험적 접근, 2판(공저)(시그마프레스, 2012)
노인상담의 실제(공저)(법문사, 2013)
노인심리상담연습(공저)(법문사, 2014)
집단상담-원리와 실제-(공저)(법문사, 2015)

금명자

서울 출생
서울대 의대 간호학과 졸업
서울대 심리학과 석·박사
한국청소년상담원 교수
한국상담심리학회장
전국대학교 학생생활상담센터협의회 회장
현 대구대학교 심리학과 교수
　　대구대학교 학생생활상담센터 소장
e-mail: mjkeum@daegu.ac.kr

— 주요저서 —
청소년 개인상담(공저)(한국청소년상담원, 1996)
청소년 개인상담 실습교재(공저)(한국청소년상담원, 1997)
청소년상담 과정 및 기법(공저)(한국청소년상담원, 2000)
전문적 상담현장의 윤리(공저)(학지사, 2010) 외 다수

상담연습 교본 [제4판]

1992년 2월 27일 초판 발행
2006년 2월 25일 제2판 발행
2012년 2월 25일 제3판 발행
2014년 6월 20일 제4판 인쇄
2024년 1월 20일 제4판 11쇄 발행

저 자   이 장 호 · 금 명 자
발행인   배   효   선

발행처   도서
          출판   法 文 社

주 소   10881 경기도 파주시 회동길 37-29
        (파주출판문화정보산업단지)
등 록   1957. 12. 12 / 제2-76호(윤)
TEL(031)955-6511, FAX(031)955-6528
e-mail(영업): bms@bobmunsa.co.kr
    (편집): edit66@bobmunsa.co.kr
홈페이지 http://www.bobmunsa.co.kr
조 판   성 지 이 디 피

정가 22,000원   ISBN 978-89-18-21064-3

※ 저자와 협의하여 인지를 생략함.